THE LOVER'S CURSE
A Tiered Reader of Aeneid 4

TIERED TEXT BY
Carla Hurt
foundinantiquity.com

EDITED BY
Jessica McCormack
lupusalatus.com

ORIGINAL TEXT BY
Pūblius Vergilius Marō

First published 2023 by Found in Antiquity.

Version 1.2 last updated 11/10/2024.

Subscribe to my email newsletter at
foundinantiquity.com/theloverscurse
to receive your FREE ebook of *The Lover's
Curse* and a link to the book's digital
vocabulary flashcards!

Signing up keeps you updated about our
upcoming Latin publications, supplements,
audiobook tie-in, and more.

Leave a review on Amazon to support
the creation of Latin resources!

CONTENTS

ACKNOWLEDGEMENTS

Many thanks to my editor Jessica McCormack, without whose watchful eye this project would not have been possible. I would also like to thank Seumas Macdonald for proof-reading the manuscript. All remaining errors are my own.

Thank you to my Patreon supporters for continuing to support me throughout this long process of creating a book. Thank you also to everyone who has subscribed to my email newsletter. You have been a continual source of encouragement.

Thank you to my Year 11 and 12 students of 2022 for being the test-subjects of the earliest version of these tiered readings. It was wonderful to read selections of book 4 of the Aeneid with you, and I hope that one day you will have the pleasure of reading the rest of this wonderful epic poem.

INTRODUCTION

Who is this book for?

This book is intended for an audience of intermediate readers, including those who are taking Latin in high school or university as well as independent learners. It aims to bridge the gap between the plain, efficient, learner-focused language of textbooks and the richly descriptive language of poetry.

Learners on the 'intermediate plateau' have finished or are close to finishing the equivalent of an introductory course, usually structured around a textbook series such as Ørberg's *Lingua Latina Per Se Illustrata: Familia Romana*, Aguilar & Tarrega's *Via Latina*, the *Cambridge Latin Course*, the *Oxford Latin Course*, *Suburani*, *Ecce Romani*, or any other course which provides a substantial amount of reading along with explanations of all major features of grammar.

Intermediate learners face a steep learning curve. There is an abrupt spike in difficulty between educational Latin texts and most surviving Classical texts. Teachers writing for second language learners carefully restrict their unique word count so that their students can focus on the essentials. Authors writing for native audiences do not shelter their vocabulary, but use whatever words they find most appropriate for the situation. Poets in particular will reach for rarer and more specialised words, both to enhance their expression and to paint a picture with sound and rhythm.

Learners who have completed an introductory language course—even one with substantial reading content—are unfamiliar with the vast majority of those rarer words. Consequently they find themselves frequently leafing through the dictionary or glancing at glosses when reading authentic texts.

For example, a student may have memorised the 1,000 most frequent Latin words according to Dickinson College Commentaries' *Latin Core Vocabulary*. But Vergil's *Aeneid* contains a unique vocabulary of 5,864 words. In a best-case scenario, where those 1,000 words correspond exactly to the 1,000 most frequent words used in the *Aeneid*, the learner would only know 17% of the total unique words used in the Aeneid, or about 77% of the words on a page (~82% if excluding proper names, which are often obscure). In reality, these figures will be significantly lower, as a learner will not reliably recognise all known vocabulary in a new context and in different forms. Thus, for at least 1 in 5 words, the reader would have to stop to look up a definition, try to work out the definition from context, or pass over the word as an unknown item.

After the most frequent 1,000 words of the *Aeneid*, the remaining 4,864 occur twelve times or less in the entire twelve book epic—meaning a learner will encounter them once per book on average. 1,958 words occur within the entire *Aeneid* only once. Learning vocabulary, whether by rote or by reading, is more difficult and yields diminishing returns as the words become rarer.

Intermediate learners find themselves caught between two levels of difficulty: textbooks are easy to read but—by their very design—do not provide much exposure to rare vocabulary, whereas authentic texts feel discouragingly full of rare words which seldom repeat.

Tiered texts offer a solution: they transition from basic language to more complex language by telling the story first in simpler language, then introducing more complex language in successive retellings of the same story. This helps learners read authentic texts more easily while maximising time spent in the target language. As an alternative to struggling with a text and a dictionary, tiered readers provide more opportunity for rarer words to be comprehended and repeatedly encountered in the target language.

I have assumed that the reader has some familiarity with the most common words in Latin likely to be covered in an introductory textbook series. However, I have not written this book to strictly conform to the vocabulary lists of any particular textbook, whether it be *Familia Romana* or the *Cambridge Latin Course*. It is difficult to predict which words are well-known to students even when everyone takes the same course, as individual learners remember different amounts of vocabulary and some items which seem basic to the teacher are opaque to the student. There are also instances where the early chapters of beginner textbooks overuse certain words in senses they rarely mean or where other words are needed, often because the more appropriate word for the situation introduces more 'advanced' grammar or looks less like an English word.[1] To the best of my ability and knowledge (and with substantial feedback from my editor Jessica McCormack), I have tried to avoid reproducing the vocabulary biases of textbooks or introducing new Anglicisms into Latin, and instead endeavoured to use the basic language that is natural to Latin.

Because this book is not written specifically to follow on from any particular textbook, but is built on a common core of basic Latin, it is intended to be useful for all Latin students who have reached the intermediate plateau, regardless of what course they have taken prior.

Nevertheless, if you are teaching this story with a class you know well, you may want to mark up the text with synonyms that you know will be understood with these students. A teacher who has taught a group for many years knows how to connect new learning to prior knowledge; a writer can only do their best to present the language as clearly and objectively as possible.

---

1 For example, *labōrō* is overused as a basic and neutral-sounding verb for 'I work' in the *CLC*, *OLC* and *Suburani*, whereas it usually has connotations of striving and struggling; *Döderlein's Handbook of Latin Synonyms* advises '*labōrāre* denotes, as an intransitive verb, to be in a state of trouble and toil.' As another example, *dīcō* is often overused and used in inappropriate situations in early chapters of the *OLC* because *loquor* is avoided until a much later chapter on deponent verbs.

Structure of the Tiered Reader

The main text of *Aeneid* book 4 has been divided into five large chapters (*capita*), numbered in Roman numerals (I-V). Each of these chapters contains around thirty smaller sections (*capitula*), numbered in Arabic numerals. Thus the first section in the book is numbered I.1, and the last is numbered V.36.

Each section explains the meaning of a few lines (*versūs*) of Vergil's original poetry.

Most sections begin with pictures and sentences intended to target specific words that will appear in that section. These are often concrete terms that cannot be easily explained in simpler words, such as species of animals, colours, items of clothing, tools, and specific verbs. The target words are in **bold** typeface. I strongly encourage the reader to try to work out their meaning from the clues given, before resorting to the glossary. You are more likely to process and retain the meaning if you do this, and the meaning will belong more to you.

All sections contain three tiers (*gradūs*), numbered 1-3. So Tier 1 in the first section is numbered I.1.1, Tier 2 is I.1.2, and Tier 3 is I.1.3. These location codes are helpful when setting specific work or tasks, recording what has been read, or navigating supplementary resources keyed to this book (such as an audiobook or workbook).

Each section ends with the original text in Vergil's words (*Verba Vergiliī*).

Tier 1 is an almost colloquial retelling of the scene, with shorter and more separated sentences using the simplest language. Tier 2 presents longer sentences. It generally follows the overall grammatical structure of the original lines, but replaces the most difficult words or phrases with easier synonyms. Tier 3 is an exact copy of Vergil's words, only rearranged into a prose-like word order.

If a word is featured as a bolded target word with pictures and sentences, it may be used from Tier 1 or Tier 2 onwards even if that word is not otherwise a common word. This is to take advantage of the fact that it has been explained by the illustrated sentence, and to take the opportunity to use it multiple times while it is still in short-term memory.

Tier 1 and Tier 2 often contain explanations of cultural or geographical background information to help readers understand the obscure references in the story. This is to cut down on the need to explain background information in English and increase time spent in the target language.

Style decisions

Readers may notice that, in this book, adjectives often come before the nouns they describe. While Latin word order is flexible, classical authors leaned towards adjective-noun order more often than noun-adjective order. This is not just a phenomenon of poetry: it has been found that 81% of modifiers in Caesar's *Gallic Wars* (omitting participles) come before the noun they described, and in Cicero that figure is 69%.[2] In these tiers, I have moved adjectives closer to the nouns they describe but left the pair in the order that Vergil had placed them in.

Secondly, the poetic text features the 3rd declension accusative plural ending *-īs*. This variant spelling is rarely practised enough in introductory textbooks but very common in authentic texts. In order to ease the transition to authentic texts, Tier 1 and 2 regularly feature *-ēs* as the accusative plural, while Tier 3 usually features *-īs* (except in occasional circumstances where the meaning was particularly obscured by the spelling *-īs*). The original text always uses *-īs*.

How to read this book

While it may be simplest to read every section in the order it is printed, it is not strictly required to read this book in a linear fashion.

Here are some possible orders in which the book can be read:

- Read each section in the order it is printed, starting with the vocabulary sentences and working straight up to the original text for each section. This will keep the reader in the same context for longer and provide more repeated exposure to the same words. If done in a class setting, it allows the class to reach the final tier and discuss the

---

2   Arthur T. Walker, "Some Facts of Latin Word-Order," *The Classical Journal* 13, no. 9 (June 1918): 647-8.

original language sooner. The downside is that it may be less exciting as the plot moves forward the slowest in this method.

- If reading through a curriculum of prescribed lines from *Aeneid* book 4, you could read the set lines in detail using all Tiers, but only Tier 1 of the extracurricular lines to put the set lines in narrative context.

- Read Tier 1 of the whole book, then Tier 2, then Tier 3, then the original poetry.

- Skip Tier 1 entirely and read from Tier 2 to the original for every section.

- Start reading the original text of every section, only consulting earlier tiers if further explanation is needed. (For experienced readers.)

There may be other ways to read these tiers. If you are an independent reader, you can experiment with reading it in different ways to get the most value out of this book.

If you are a teacher, you could read whole sections together in class, you could set whole sections as pre-reading, or you could assign certain tiers such as Tier 1 as pre-reading and read from Tier 2 onwards in class. You could also set different reading activities for different tiers, or ask students to indicate what words correspond to each other in Tier 2 and 3.

Jessica McCormack and I intend to produce a companion workbook that will provide a variety of reading activities and response tasks based on this text. This will increase the opportunities for students to engage meaningfully and productively with the language when reading this book.

Read longer passages

I strongly recommend you read the original text uninterrupted in longer stretches than the three or four lines presented per section, after you have come to comprehend their meaning. The charm and power of the unfolding narrative is missed if you never read the original straight through as the author intended.

Vergil often cleverly echoes the language of what happened a hundred lines earlier, such as when we hear Juno's plan to send a storm and then later experience the storm itself, or when we hear Jupiter's message to Mercury and then hear Mercury's message to Aeneas. You would never notice the larger patterns in Vergil's craftsmanship if you only picked through the original text in ten or twenty or fifty lines per sitting.

Sit yourself down, when you have the time, and read 300 lines or so without stopping or worrying about missing a word here or there. See for yourself how much it changes the reading experience. Watch the imagery flash through your mind, hear the rhythms and sound pictures run along, feel the drama as it unfolds rapidly.

The Appendix, attached here for just this purpose, contains the original text of book 4 with no interruptions.

Read outside your set lines

If you are a student and your teacher has set specific lines to cover in your course, I would encourage you to try reading outside the set lines to see if it changes your perspective on the characters in book 4. Ask your teacher what parts of book 4 they wished they could have included in the course, or try simply filling in the gaps that were skipped in chronological order.

Understandably, you may be too busy to do extracurricular reading right now. Please keep this book after your course is finished and read it for pleasure once all your assessments and exams are finished. It is delightful to read the *Aeneid* for its own sake and not to stress about whether such-and-such a literary device will be tested in an exam. Make sure that your studies, well-intentioned as they are, do not strip the joy away from reading. Once all the external pressure is gone, read poetry for the fun of it.

Bonus stories

I have written two bonus stories in Latin. The first (*'Quid accidit ante Aenēidos librum quārtum?'*) explains the themes and plot of the *Aeneid*, and what has happened up to book 4. The second (*'Dīdō et Sychaeus'*) provides a creative retelling of Dido's tragic backstory (embellished from what is briefly narrated in *Aeneid* 1.340-364). I recommend reading *'Quid accidit?'* before I.1, and *'Dīdō et Sychaeus'* before I.5.

Narrative voice

The views of the narrator and characters in this epic are not necessarily my own, as I try to describe the world from what I perceive to be their perspective. Contestable statements such as *Aenēās Dīdōnem occīdit* may appear in picture captions or added into tiers, but these thoughts are intended to be communicated from the perspective of fallible characters, rather than an impartial narrator.

BONUS STORIES

Quid accidit ante Aenēidos librum quārtum?

Mox legēmus librum quārtum Aenēidos. Sed quid est 'Aenēis'? 'Aenēis' est longum carmen dē virō nōmine Aenēā. Sunt duodecim librī Aenēidos, nam carmen longum est. Poēta Vergilius id scrīpsit, sed mortuus est antequam perfēcit. Aenēis tamen pulcherrimum et splendidissimum carmen est.

Sed antequam hunc librum legimus, audiāmus fābulam Aenēae quam multī Rōmānī nōverant.

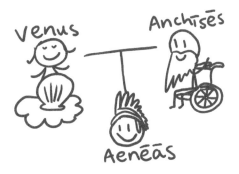

Ōlim erat fortis vir nōmine Aenēās. Aenēās Trojānus erat: in urbe Trojā nātus est. Māter ejus erat Venus, dea amōris, et pater ejus erat Anchīsēs, vir nōbilis ā sanguine rēgum Trojānōrum nātus. Nōbile et dīvīnum erat genus Aenēae.

Ōlim Paris, Trojānus prīnceps, uxōrem Menelāī amāvit et cēpit. Haec uxor erat Helena, pulcherrima fēmina in tōtō mundō. Vir ejus, Menelāus, rēx Graecus erat quī in urbe Spartā regēbat.

Uxōre ablātā, Menelāus īrātus ad frātrem suum, Agamemnonem, accēdit. Agamemnōn erat rēx Mycēnārum, urbis maximae in tōtā Graeciā. Agamemnōn īrātus erat quod Paris, Trojānus prīnceps, frātris uxōrem cēperat. Itaque omnēs prīncipēs Graecōs convocāvit ad bellum in Trojānōs parandum.

Bellum longissimum erat. Decem annōs Trojānī et Graecī bellum gerēbant. Aenēās saepe pugnāvit prō patriā suā; fortis dux erat.

Tandem cecidit urbs Troja cum Graecī equum ligneum aedificāvissent et simulāvissent sē discessisse. Trojānī enim equum ligneum in urbem dūxērunt. Deinde, aliī Graecī ex equō nocte exiērunt et portās Trojae aperuērunt, aliī Graecī in urbem cucurrērunt Trojānōsque oppugnāvērunt. Mox tōta urbs capta est.

Dum Aenēās dormiēbat, imāgō Hectoris mortuī eī appāruit et jussit eum urbem cum familiā relinquere novamque urbem in aliā terrā condere. Aenēās ex urbe effūgit cum parvō fīliō Ascaniō et patre Anchīsā, sed ēheu! Uxor ejus, nōmine Creūsa, mortua est dum Aenēās et aliī ex urbe fugiēbant.

Deinde, Aenēās dūxit Trojānōs, quī Trojā effūgerant, ad aliquās nāvēs, et factus est dux eōrum. Trojānī diū nāvigābant circum omnia maria, terram quaerentēs ubi novam urbem condere possent.

Aenēās erat pius vir, nam colēbat deōs, amābat patriam, et cūrābat familiam suam. 'Pius vir' est vir quī officia perficit prō deīs, patriā, familiāque. Deī saepe monēbant Aenēān quid facere dēbēret; Aenēās saepe sacrificia deīs faciēbat. Sīc est Rōmāna religiō: hominēs deōs colunt ut deī sibi faveant; deī hominēs piōs juvāre solent. Sī tamen fāta prohibent, deī nōn possunt hominēs juvāre. Nam nūllus deus potest fātīs obstāre. Nēmō potest fātīs obstāre.

Fāta autem nōn regunt omnēs rēs: exemplī grātiā, sī vir pullum occīdit, pullusne fātīs mortuus est? Dubium est. Sī autem vir magnum rēgem occīdit, fortasse rēx fātīs mortuus est. Fāta cōnstituērunt necesse esse Trojam cadere, itaque cecidit Troja; nēmō potuit Trojam servāre. Sed quandō et quōmodo Troja caderet, fāta nōn praedīxērunt. Nōn omnia praedīcunt fāta.

Fāta Aenēae erant haec: novam urbem in Ītaliā condere, nōmine Lāvīnium. Et fāta fīliī Aenēae, Ascaniī, erant urbem nōmine Albam Longam condere. Alba Longa erat urbs antīquior quam Rōma; Rōmulus et aliī rēgēs Rōmānī ortī sunt ab hāc urbe. Sīc Aenēās factus est conditor Rōmānī populī.

Sed quamquam fāta ejus erant condere novam urbem, nōn facile erat. Difficile erat Aenēae fāta sequī, nam saepissimē Jūnō, dea potēns, Aenēae Trojānīsque obstābat. Cūr tam ōderat Jūnō Trojānōs? Multās causās habēbat, haec autem causa maxima erat: Jūnō valdē amābat urbem Karthāginem, quae est in Āfricā. Sed fāta cōnstituerant Rōmānōs hanc urbem dēlētūrōs esse.

Jūnō sibi dīxit, 'Sī Aenēās Lāvīnium condiderit (et fīlius ejus Albam Longam condiderit), ōlim Rōmānī ab Ītaliā surgent et Karthāginem oppugnābunt. Heu, pulchram urbem meam!'

Jūnō nōn potuit fāta mūtāre, nam quae fāta dīcunt mūtārī nōn possunt, neque ā mortālibus neque ā deīs immortālibus. Sed īrāta erat Jūnō, īrātissima quidem; multum eī displicuit suam cārissimam urbem dēlērī vidēre. Itaque saepissimē Jūnō Aenēae obstābat et tempestātēs et malās deās in eum mittēbat.

Quam difficile erat Aenēae ad Ītaliam advenīre et novam urbem condere!

Quōdam diē, cum Trojānī ā Siciliā nāvigārent ac tandem ad Ītaliam accēderent, Jūnō in eōs tempestātem mīsit. Tempestās eōs pepulit ad Āfricam et ad lītora Karthāginis. Karthāginem ingressus, Aenēās Dīdōnī occurrit, rēgīnae Karthāginis. Dīdō eum benignē accēpit—quod nārrātum est in librō prīmō Aenēidos. Et rēgina eum rogāvit ut nārrāret quōmodo Troja cecidisset, et quid fēcissent Trojānī post cāsum Trojae. Trojae cāsus in librō secundō Aenēidos nārrātus est, et longum iter Trojānōrum in librō tertiō Aenēidos nārrātum est.

Nunc, in hōc librō quārtō, amor et mors Dīdōnis nārrantur.

Anteā, in librō prīmō, Venus Cupīdinem ad Dīdōnem mīserat ut ignem amōris in eam īnspīrāret. Dīdō coācta est amāre Aenēān, hospitem suum. Venus, māter Aenēae et Cupīdinis, timēbat nē Jūnō animum Dīdōnis mūtāret ut hostis esset Trojānīs. Nihil cūrāvit Venus dē vītā vel fortūnā Dīdōnis; modo salūtem Aenēae servāre cupiēbat.

Heu, īnfēlīcem Dīdōnem! Miseram Dīdōnem! Nēmō potest deīs resistere. Sed nescit Dīdō Cupīdinem in sē ignem amōris īnspīrāvisse: putat sē amāre suā sponte! Aenēās tamen scit fāta sua. Quid faciet Aenēās? Num Aenēās contrā fāta amōrem sequētur? Legāmus et videāmus!

Dīdō et Sychaeus

Olim erat urbs antīqua nōmine Tyros. Tyrī habitābant Pygmaliōn, Dīdō et Sychaeus. Pygmaliōn fuit fīlius rēgis, et ipse rēx factus est cum pater mortuus est. Ejus soror erat Dīdō, fīlia rēgis. Sychaeus, vir Dīdōnis, dīvitissimus erat. Sychaeus etiam dīvitior quam rēx Pygmaliōn erat.

Dīdō et Sychaeus laetī erant et inter sē valdē amābant. Sed Pygmaliōn nōn laetus erat; aurum Sychaeī valdē cupīvit. Pygmaliōn avārus erat.

Ōlim Sychaeus domī sacrificium faciēbat, ante ārās stāns, cum subitō Pygmaliōn eum oppugnāvit. Nōn sīcut fortis vir eum oppugnāvit, sed subitō eum incautum oppugnāvit. In mediō pectore gladiō eum trānsfixit. Sychaeus, sacrificium faciēns, in ārās cecidit: mortuus jam est. Sanguis ejus ubīque erat—etiam in ārīs, et in Penātibus, in locō ubi sacrificium faciēbat. Nefās erat!

Sychaeō mortuō Pygmaliōn spērāvit ejus aurum capere. Sed Sychaeus aurum in terrā cēlāverat neque ūllī dīxerat ubi cēlātum esset. Pygmaliōn igitur nōn poterat aurum invenīre. Intereā, Pygmaliōn corpus Sychaeī cēlāvit et dīxit omnibus eum abiisse, eum aegrōtāre, eum nōn posse hospitēs accipere, eī dormiendum esse, et cētera.

Dīdō ānxia erat. Nesciēbat ubi vir ejus esset. Diū virum quaerēbat sed eum invenīre nōn poterat. Quādam nocte, in somnō, imāgō Sychaeī Dīdōnī appāruit et,

'Mea cārissima uxor,' inquit, 'dēsine mē quaerere. Mortuus sum, crūdēliter occīsus ā tuō frātre, Pygmaliōne. Ecce, hoc vulnus quod vidēs in meō pectore tuus frāter mihi dedit. Vir avārissimus est tuus frāter. Mox tē rogābit ubi aurum meum sit. Timeō nē Pygmaliōn tibi mala faciat, meum aurum quaerēns. Tibi ostendam ubi aurum sit: ecce, vidēsne illam arborem, altam et veterem? In terrā sub illā arbore aurum inveniēs. Ī nunc; fuge tuum frātrem; convocā amīcōs quibus crēdere potes, cape aurum et clam id portā in nāvēs. Deinde nāvigā ad novam terram et novam urbem conde. Ibi tūta eris. Valē, cāra uxor. Tē amō.'

Imāgō Sychaeī ēvānuit, nec Dīdō umquam posteā Sychaeum vīdit, dum vīvēbat.

Dīdō celeriter cōnsilium perfēcit; nāvēs parāvit; amīcōs convocāvit; ad terram novam nāvigāvit.

Et fēcit hoc sacrum vōtum:

'Ō conjūnx, cāre Sychaee, etiam mortuus tū mē amās! Et ego tē mortuum semper amābō. Ōlim tē vidēbō in terrā mortuōrum, in Orcō. Illā diē, laeta tē iterum vidēbō. Heu, sed illa diēs nōn est hodiē. Dum autem vīvō, sōla manēbō. Tū sōlus semper fuistī meus conjūnx, et semper eris.'

Sīc Dīdō jūrāvit sē sōlam, sine virō, mānsūram esse, et sacrum vōtum fēcit.

CAPUT I

Caecus Ignis

I.1 versūs 1-5

Ecce, **vulnus**.

Rēgīna amōre **vulnerāta** (=**saucia**) est.

Māter avis suōs pullōs **alit**. '**Alit**' significat 'cibum dat et amat.'

Equī herbam **carpunt** et edunt.

Gradus Prīmus (I.1.1)

Dīdō sōla est.
Aenēās fābulam dē cāsū Trojae et dē itinere Trojānōrum
   jam cōnfēcit.
Cēna cōnfecta est et omnēs abiērunt dormītum.
Nox est.
Sed Dīdō dormīre nōn potest.
Rēgīna, quae diū vulnerāta est amōre,
sōla manet in cubiculō.
Vulnus suum alit, dum ignī amōris ārdet.
Amor eam carpit et edit, sīcut animālia herbam carpunt et edunt.
Sed nēmō videt ignem Dīdōnis amōris.
In animō Dīdōnis Aenēās saepe recurrit, nam fortis et nōbilis est.
Dīdō vultum verbaque Aenēae in animō videt et audit,
nec potest quiētem capere,
nam magnā cūrā tenētur.

Gradus Secundus (I.1.2)

Sed rēgīna, jamdūdum gravī cūrā vulnerāta,
vulnus alit sanguine, et ignī carpitur.
Nēmō potest vidēre hunc ignem: ignis caecus est.
Virtūs Aenēae in animō multum recurrit,
et honor gentis ejus multum recurrit in animō;

2

vultus verbaque Aenēae haerent īnfīxī in pectore Dīdōnis,
nec cūra placidam quiētem corporī ejus dat.

Gradus Tertius (I.1.3)

At rēgīna, jamdūdum gravī cūrā saucia,
vulnus alit vēnīs et caecō ignī carpitur.
Virtūs virī in animō multa recursat,
et gentis honōs multus recursat;
vultūs verbaque haerent īnfīxī pectore,
nec cūra placidam quiētem membrīs dat.

VERBA VERGILIĪ, VERSŪS 1-5

At rēgīna gravī jamdūdum saucia cūrā
vulnus alit vēnīs et caecō carpitur ignī.
Multa virī virtūs animō multusque recursat
gentis honōs; haerent īnfīxī pectore vultūs
verbaque nec placidam membrīs dat cūra quiētem.

I.2 versūs 6-9

Ecce, sol oritur.

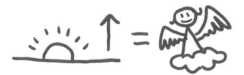

Ortus sōlis est 'Aurōra', et Aurōra est dea quae prīmam lūcem
diēī indūcit.

3

Aurōra lampadem portat et terrās illūminat.

Gradus Prīmus (I.2.1)

Posteā, dea Aurōra terrās lūce sōlis illūminābat,
et umbram dē caelō remōverat,
ubi īnsāna Dīdō sorōrī dīxit:
'Anna, soror, ānxia sum nec possum dormīre!'

Gradus Secundus (I.2.2)

Posteā Aurōra terrās illūminābat lampade Phoebī,
(Phoebus, vel Apollō, est deus sōlis)
hūmidamque umbram dē caelō remōverat,
ubi īnsāna Dīdō haec verba dīxit sorōrī Annae,
quae sorōrem Dīdōnem valdē amābat et cum eā saepe
    cōnsentiēbat.
Dīdō, 'Anna, soror,' inquit, 'quae mala somnia mē ānxiam terrent!'

Gradus Tertius (I.2.3)

Postera Aurōra terrās lūstrābat Phoebēā lampade
ūmentemque umbram polō dīmōverat,
cum sīc [Dīdō], male sāna, adloquitur ūnanimam sorōrem:
'Anna soror, quae īnsomnia mē suspēnsam terrent!'

VERBA VERGILIĪ, VERSŪS 6-9

Postera Phoebēā lūstrābat lampade terrās
ūmentemque Aurōra polō dīmōverat umbram,
cum sīc ūnanimam adloquitur male sāna sorōrem:
'Anna soror, quae mē suspēnsam īnsomnia terrent!'

I.3 versūs 10-14

Aenēās habet pulchrum ōs, pulchrum **pectus**, et pulchra **arma**.

Aenēās **jactātus est fātīs**.

Gradus Prīmus (I.3.1)

Dīdō: 'Quis est hic novus vir quī ad domum meam vēnit?
Ō, quam pulchra sunt ejus verba, et quam fortis est hic vir!
Fortis est et bene armātus.
Crēdō eum filium esse deōrum
nam ille nōn timidus est, sed fortis est,
et filiī deōrum nōn timidī sunt.
Ēheu, quam multum ille jactātus est fātīs!
Quantīs bellīs, quantīs pugnīs aderat, dē quibus canēbat!'

Gradus Secundus (I.3.2)

'Quis est hic novus hospes quī ad nostram domum pervēnit?
Ō, quam bene loquitur,
quam fortis est ille, pectore et armīs!
Crēdō eum nātum esse ā deīs.
Timor enim animōs ignōbilēs indicat.
Heu, quam jactātus ille est fātīs!
Quae bella passus est, dē quibus canēbat!'

5

Gradus Tertius (I.3.3)

'Quis hic novus hospes nostrīs sēdibus successit,
quem ōre sēsē ferēns,
quam fortī pectore et armīs [sē ferēns]!
Crēdō equidem, nec vāna [est] fidēs,
genus [ejus] esse deōrum.
Timor arguit dēgenerēs animōs.
Heu, quibus fātīs ille jactātus [est]!
Quae bella exhausta canēbat!'

Verba Vergiliī, versūs 10-14

'Quis novus hic nostrīs successit sēdibus hospes,
quem sēsē ōre ferēns, quam fortī pectore et armīs!
Crēdō equidem, nec vāna fidēs, genus esse deōrum.
Dēgenerēs animōs timor arguit. Heu, quibus ille
jactātus fātīs! Quae bella exhausta canēbat!'

I.4 versūs 15-19

Ecce, **fax**. **Facēs** sunt signa mātrimōniī, nam amor
ārdet sīcut **fax**.

Ecce, **thalamus**, vel lectus. **Thalamī** sunt signa mātrimōniī,
quod duo hominēs in ūnō lectō dormiunt.

Ecce, **vīnculum**. **Vīncula** sunt signa mātrimōniī, quod **vīncula jungunt** duōs hominēs.

Gradus Prīmus (I.4.1)

Dīdō: 'Nōlō mē jungere alicui in mātrimōniō.
Id fīxum et immōtum est mihi in meō animō.
Nam prīmus vir quem amāvī mē miseram relīquit morte suō.
Mē taedet mātrimōniī!
Sī nōn cōnstituissem nē uxor iterum essem,
fortasse potuissem facere hunc ūnum errōrem et amāre
    hunc virum.'

Gradus Secundus (I.4.2)

'Sī nōn manēret fīxum et immōtum mihi in meō animō
nē mē cui (<alicui) jungerem vinculīs mātrimōniī,
postquam prīmus vir quem amāvī mē dēseruit morte suō,
sī mē nōn taeduisset thalamī mātrimōniī et facis
    (<fax) mātrimōniī,
fortasse potuissem huic ūnī culpae succumbere.'

Gradus Tertius (I.4.3)

'Sī nōn sedēret fīxum immōtumque mihi animō
nē vellem mē sociāre cui vinclō jugālī,
postquam prīmus amor [mē] dēceptam morte fefellit;[1]
sī thalamī taedaeque nōn pertaesum fuisset,
forsan potuī huic ūnī culpae succumbere.'

---

1 Dīdō nōn dīcit suum virum sē dēcēpisse aut fefellisse; haec eadem verba in sepulchrīs saepe inscripta sunt, et dēmōnstrant dolōrem maximum.

'Sī mihi nōn animō fīxum immōtumque sedēret
nē cui mē vinclō vellem sociāre jugālī,
postquam prīmus amor dēceptam morte fefellit;
sī nōn pertaesum thalamī taedaeque fuisset,
huic ūnī forsan potuī succumbere culpae.'

I.5 versūs 20-23

Ecce, **penātēs**. **Penātēs** sunt statuae deōrum quī domum dēfendunt. Hī deī familiam dēfendunt, sī familia eōs colunt.

Ēheu! **Penātēs sparsī sunt** sanguine hūmānō! Nefās est!

Gradus Prīmus (I.5.1)

Dīdō: 'Ō Anna, audī mē, nam volō tēcum loquī.
Postquam Pygmaliōn Sychaeum (meum miserum virum) occīdit
et sanguinem frātris sparsit in penātēs,
hic vir (Aenēās) sōlus mē affēcit.

Nunc autem incerta sum utrum amāre velim.
Sed amōrem sentiō, id sciō.
Haec flamma in meō corde est similis illī flammae quam sēnsī cum
    Sychaeum amāvī.'

Gradus Secundus (I.5.2)

'Ō Anna, fatēbor, post mortem miserī conjugis Sychaeī,
et postquam Pygmālion sparsit penātēs frāternō sanguine,
hic vir sōlus meīs incertīs sensibus persuāsit
et mōvit meum incertum animum.
Agnōscō vestīgia veteris flammae amōris.'

Gradus Tertius (I.5.3)

'Anna (fatēbor enim),
post fāta miserī conjugis Sychaeī
et penātīs sparsōs frāternā caede,
hic sōlus sēnsūs īnflexit animumque labantem impulit.
Agnōscō vestīgia veteris flammae.'

VERBA VERGILIĪ, VERSŪS 20-23

'Anna (fatēbor enim) miserī post fāta Sychaeī
conjugis et sparsōs frāternā caede penātīs
sōlus hic īnflexit sēnsūs animumque labantem
impulit. Agnōscō veteris vestīgia flammae.'

I.6 versūs 24-27

Ecce, **fulmen**. **Fulmen** est tēlum Jovis. Juppiter **fulmina**
saepe jacit.

'**Pudor**' est timor jūstae reprehēnsiōnis. Haec puella, memor **pudōris**, modesta est, nec vult aliōs sē vidēre malum facientem.

Gradus Prīmus (I.6.1)

Dīdō: 'Sed mālim terram aperīre et mē dēvorāre
ante quam violem meum pudōrem.
Mālim Jovem, patrem deōrum, fulmen in mē jacere,
et mē mittere ad terram mortuōrum,
antequam meum pudōrem violem.
Pudor facit ut sōla sine virō vīvam; nōlō pudōrem neglegere.'

Gradus Secundus (I.6.2)

'Sed prius velim vel īma terra aperiat et mē dēvoret,
vel Juppiter (pater omnipotēns) fulmen in mē jaciat,
et mē agat ad umbrās quae in Erebō (terrā mortuōrum) habitant,
et mē agat ad noctem profundam mortis,
antequam, pudor, tē violem aut tua imperia neglegam.'

Gradus Tertius (I.6.3)

'Sed prius optem vel īma tellūs mihi dehīscat
vel pater omnipotēns adigat mē fulmine ad umbrās,
pallentīs umbrās Erebō noctemque profundam,
ante quam, pudor, tē violō aut tua jūra resolvō.'

VERBA VERGILIĪ, VERSŪS 24-27

'Sed mihi vel tellūs optem prius īma dehīscat
vel pater omnipotēns adigat mē fulmine ad umbrās,
pallentīs umbrās Erebō noctemque profundam,
ante, pudor, quam tē violō aut tua jūra resolvō.'

I.7 versūs 28-30

Ecce, **lacrima**. Cum trīstis es, **lacrimae** surgunt (=**oriuntur**).

Ecce, **sinus**. **Sinus** est locus concavus. Est **sinus** in pectore et in gremiō.

Ecce, **sepulchrum**. Mortuī in **sepulchrīs** conditī sunt.

Gradus Prīmus (I.7.1)

Dīdō: 'Ille, Sychaeus, quī prīmus mē amāvit, meum
   amōrem abstulit;
Quamquam mortuus est, volō Sychaeum in sepulchrō suō amōrem
   meum habēre.'
Sīc Dīdō dīxit et lacrimāvit.
Multae lacrimae in sinum ejus cecidērunt.

Gradus Secundus (I.7.2)

'Ille, quī prīmus mē in mātrimōnium dūxit,
meum amōrem abstulit;
ille meum amōrem habeat sēcum, et servet in sepulchrō suō.'
Sīc locūta, lacrimae ortae sunt et in sinum cecidērunt:
Dīdō sinum lacrimīs implēvit.

Gradus Tertius (I.7.3)

'Ille, quī prīmus mē sibi jūnxit, meōs amōrēs abstulit;
ille habeat sēcum servetque sepulchrō.'
Sīc effāta [Dīdō] sinum lacrimīs obortīs implēvit.

VERBA VERGILIĪ, VERSŪS 28-30

'Ille meōs, prīmus quī mē sibi jūnxit, amōrēs
abstulit; ille habeat sēcum servetque sepulchrō.'
Sīc effāta sinum lacrimīs implēvit obortīs.

I.8 versūs 31-34

Ecce, **lūx**. (**Lūx** ↔ umbra)

Equī herbam **carpunt** et edunt.

Ecce, uxor marītum suum **maeret**. Stat prope sepulchrum virī. Trīstis est et sōla manet.

Post ignem, **cinis** invenītur.

Gradus Prīmus (I.8.1)

Anna respondet:
'Ō cāra soror, cārior mihi quam lūx,
amōre ārdēs!
Hic amor tē carpit et edit, sīcut animālia herbam carpunt et edunt.
Vīsne, sōla et maerēns, amōre carpī?
Juvenis es: tōtam juventam perditūra es!
Semperne maerēbis tuum virum mortuum?
Nōnne vīs habēre filiōs et filiās, et alia dōna Veneris?
Num crēdis mortuōs hominēs cūrāre utrum sōla maneās?'

Gradus Secundus (I.8.2)

Anna respondet:
'Ō soror, dīlēcta magis quam lūx mihi (tuae sorōrī),
carperis amōre!
Vīsne sōla amōre carpī, mortuum virum maerēns,
dum tōta juventa perditur?
Nōnne vīs nōvisse dulcēs filiōs et filiās, et dōna Veneris?
Crēdisne cinerem et animās mortuōrum cūrāre hās rēs?'

Gradus Tertius (I.8.3)

Anna refert: 'Ō [soror] dīlēcta magis lūce [mihi] sorōrī,
sōlane maerēns carpēris perpetuā juventā
nec nōveris dulcīs nātōs nec praemia Veneris?
Crēdis cinerem aut mānīs sepultōs id cūrāre?'

Verba Vergiliī, versūs 31-34

Anna refert: 'Ō lūce magis dīlēcta sorōrī,
sōlane perpetuā maerēns carpēre juventā
nec dulcīs nātōs Veneris nec praemia nōris?
Id cinerem aut mānīs crēdis cūrāre sepultōs?'

I.9 versūs 35-38

Puella puerum **dēspicit**. Puer **dēspectus est**.

Gradus Prīmus (I.9.1)

Anna: 'Anteā, nēminem amāvistī.
Dīcāmus hoc vērum esse:
postquam Sychaeus mortuus est,
Nēmō amōrem tuum excitāvit, nam maerēbās.
Etiam Iarbās, prīnceps Āfricānus, tibi nōn placuit.
Dēspexistī Iarbān et aliōs Āfricānōs ducēs.
Sed nunc hic ūnicus vir tibi placet!
Cūr pugnās contrā amōrem tibi grātum?
Amōrī tuō cēde, soror!'

Gradus Secundus (I.9.2)

'Dīcāmus hoc vērum esse:
nūllī virī umquam amōrem tuum excitāverunt,

cum maerērēs Sychaeum,
nec virī Libyae, nec virī Tyrī;
Iarbās, prīnceps Āfricānus, dēspectus est,
et aliī Āfricānī ducēs quī multa bella gerunt et multōs
   triumphōs habent.
Tūne etiam pugnābis contrā amōrem tibi grātum?'

Gradus Tertius (I.9.3)

'Estō: nūllī marītī quondam [tē] aegram flexērunt,
nōn Libyae, nōn ante Tyrō;
Iarbās dēspectus [est], ductōrēsque aliī,
quōs Āfrica terra, dīves triumphīs, alit:
placitōne amōrī etiam pugnābis?'

Verba Vergiliī, versūs 35-38

'Estō: aegram nūllī quondam flexēre marītī,
nōn Libyae, nōn ante Tyrō; dēspectus Iarbās
ductōrēsque aliī, quōs Āfrica terra triumphīs
dīves alit: placitōne etiam pugnābis amōrī?'

I.10 versūs 39-44

Ecce, cingulum. Cingulum est vestīmentum quod **cingit** abdomen.

Barbarus minātur. Aliī **minās** ejus audiunt et territī sunt. '**Minae**' sunt verba hostīlia quae hominēs dīcunt ubi volunt terrēre inimīcōs suōs.

Gradus Prīmus (I.10.1)

Anna: 'Nōnne scīs ubi habitēs? Haec terra est inimīca!
Circum nōs sunt hostēs et dēsertae terrae:
Ab hāc parte, Gaetūlī, Numidae, et Barcaeī (hominēs ferōcēs)
   nōs cingunt,
ab illā parte, mare perīculōsum et dēserta terra nōs cingunt.
Nūllōs amīcōs habēmus—neque hīc in Āfricā, neque illīc
   in Phoenīciā.
In Phoenīciā, bella surgunt ab urbe Tyrō, et tū hoc bene scīs.
Nam frāter tuus Pygmaliōn bellum contrā tē parat.
Ille tē monet et minās jactat.
Estne necesse mihi haec omnia dīcere?'

Gradus Secundus (I.10.2)

'Nec venit in mentem in quōrum terrā habitēs?
Hinc urbēs Gaetūlōrum, genus invictum bellō, cingunt,
et ferōcēs Numidae cingunt, et perīculōsa pars maris
   nōmine Syrtis;
('Syrtis' est locus in marī prope Āfricānam terram inter
   Karthāginem et Cyrēnēn
ubi nāvēs in harēnā haerent neque in altam aquam
   effugere possunt)
hinc regiō dēserta cingunt, et hinc ferōcēs Barcaeī cingunt.
Tū bene scīs bella surgere ab urbe Tyrō:
Estne necesse mihi dīcere haec bella et minās frātris?'

Gradus Tertius (I.10.3)

'Nec venit in mentem quōrum arvīs cōnsēderis?
Hinc Gaetūlae urbēs,
genus īnsuperābile bellō,
et īnfrēnī Numidae cingunt et inhospita Syrtis;
Hinc regiō dēserta sitī lātēque furentēs Barcaeī [cingunt].
Quid dīcam bella surgentia Tyrō germānīque minās?'

Verba Vergiliī, versūs 39-44

'Nec venit in mentem quōrum cōnsēderis arvīs?
Hinc Gaetūlae urbēs, genus īnsuperābile bellō,
et Numidae īnfrēnī cingunt et inhospita Syrtis;
hinc dēserta sitī regiō lātēque furentēs
Barcaeī. Quid bella Tyrō surgentia dīcam
germānīque minās?'

I.11 versūs 45-49

Dīdō Jūnōnem colit, et Jūnō Dīdōnī **favet**.

Dī, cum alicui **favent**, 'secundī' sunt. Dī **secundī**
hominibus **favent**.

17

Gradus Prīmus (I.11.1)

Anna: 'Crēdō, certē, deōs tibi favēre. Jūnō tibi favet.
Nam crēdō Trojānōs hūc vēnisse Jūnōne cēterīsque dīs volentibus.
Deī ventum mīsērunt quī eōs hūc dūceret.
Ō soror, sī Aenēās tē in mātrimōnium dūxerit,
quam urbem vidēbis! Urbs potentissima erit!
Et rēgnum tuum potentissimum erit!
Quantam glōriam nōs Pūnicī habēbimus!'

Gradus Secundus (I.11.2)

'Crēdō equidem, dīs volentibus et Jūnōne secundā,
Trojānās nāvēs ventō hūc vēnisse.
Quam urbem tū vidēbis, soror!
Quae rēgna vidēbis surgere, mātrimōniō tālī!
Armīs Trojānīs nōs juvantibus,
quantīs rēbus Pūnica glōria surget!'

Gradus Tertius (I.11.3)

'Reor equidem, dīs auspicibus et Jūnōne secundā,
Īliacās carīnās hunc cursum ventō tenuisse.
Quam hanc urbem tū cernēs, soror,
quae rēgna [cernēs] surgere conjugiō tālī!
Armīs Teucrum comitantibus,
quantīs rēbus Pūnica glōria sē attollet!'

VERBA VERGILIĪ, VERSŪS 45-49

'Dīs equidem auspicibus reor et Jūnōne secundā
hunc cursum Īliacās ventō tenuisse carīnās.
Quam tū urbem, soror, hanc cernēs, quae surgere rēgna
conjugiō tālī! Teucrum comitantibus armīs
Pūnica sē quantīs attollet glōria rēbus!'

I.12 versūs 50-53

Fēmina 'Ignōsce mihi!' inquit.

'Nihil est. Tibi ignōscō,' inquit amīcus. Amīcus eī veniam dat.

Ecce, Orīōn. Orīōn in caelum oritur Novembrī, ubi hiems est.

Gradus Prīmus (I.12.1)

Anna: 'Nōlī tē vexāre. Rogā deōs ut tibi ignōscant, et fac sacrificia.
Accipe Aenēān hospitem et dīc eī, "Nōlī abīre!
Manē hīc! Nōlī festīnāre!
Nam hiems est et multae tempestātēs sunt in marī.
Nāvēs tuae jactārī mergīque possunt tempestātibus,
nam caelum inimīcum est."'

Gradus Secundus (I.12.2)

'Age, modo rogā deōs veniam
et litā sacra.

Benignē accipe Aenēān hospitem
et dīc eī multās causās morandī,
dum hiems et saeva tempestās marī furit,
dum nāvēs quassātae sunt et caelum inimīcum est.'

Gradus Tertius (I.12.3)

'Tū modo posce deōs veniam,
sacrīsque litātīs indulgē hospitiō
causāsque morandī innecte,
dum hiems et aquōsus Orīōn pelagō dēsaevit,
dum ratēs quassātae [sunt] et caelum nōn tractābile [est].'

Verba Vergiliī, versūs 50-53

'Tū modo posce deōs veniam, sacrīsque litātīs
indulgē hospitiō causāsque innecte morandī,
dum pelagō dēsaevit hiems et aquōsus Orīōn,
quassātaeque ratēs, dum nōn tractābile caelum.'

I.13 versūs 54-59

Ecce, **dēlūbrum**. **Dēlūbrum** est parvum templum ubi deus vel dea colitur.

Ecce, **āra**. **Āra** est locus in quō sacrificia fiunt.

duo →
dentēs

Ecce, **ovis**. Dum **ovis** juvenis est, habet duōs dentēs longiōrēs.
Haec **ovis** vocātur '**bidēns**' nam duōs dentēs longiōrēs habet.

Gradus Prīmus (I.13.1)

Cum haec dīxisset, Anna animum Dīdōnis amōre flammāvit
et spem dedit et remōvit pudōrem Dīdōnis quae incerta fuerat.
Prīmum ad templa adeunt et sacrificia faciunt in ārīs,
ut pācem petant.
Caedunt ovēs juvenēs
et sacrificia faciunt Cererī, Apollinī, et Bacchō.
Etiam sacrificium faciunt Jūnōnī ante omnēs aliōs,
quod illa est dea mātrimōniī.

Gradus Secundus (I.13.2)

Hīs dictīs, Anna animum Dīdōnis amōre flammāvit
et spem dedit dubiae mentī ejus et remōvit pudōrem.
Prīmum ad templa adeunt pācemque per ārās petiērunt;
caedunt ovēs quās dē mōre lēgērunt,
et sacrificia faciunt Cererī, quae lēgēs fert,
et Apollinī et patrī Bacchō, et Jūnōnī ante omnēs,
quae cūrat vincla mātrimōniī.

Gradus Tertius (I.13.3)

Hīs dictīs animum impēnsō amōre flammāvit
spemque dedit dubiae mentī solvitque pudōrem.
Prīncipiō [ad] dēlūbra adeunt pācemque per ārās exquīrunt;
mactant bidentīs lēctās dē mōre
lēgiferae Cererī Phoebōque patrīque Lyaeō,
Jūnōnī ante omnīs, cui cūrae [sunt] vincla jugālia.

Verba Vergiliī, versūs 54-59

Hīs dictīs impēnsō animum flammāvit amōre
spemque dedit dubiae mentī solvitque pudōrem.
Prīncipiō dēlūbra adeunt pācemque per ārās
exquīrunt; mactant lēctās dē mōre bidentīs
lēgiferae Cererī Phoebōque patrīque Lyaeō,
Jūnōnī ante omnīs, cui vincla jugālia cūrae.

I.14 versūs 60-64

Ecce, **patera**. **Pateram** tenēns, Dīdō vīnum fundit inter
cornua vaccae.

Exta sunt in **pectore**. Dīdō **pectora** animālium aperit ut
exta īnspiciat.

Ecce, **ōs**. 'Ōs' significat et 'vultus' et 'pars vultūs quā loquī et
cibum edere potest'. In hīs versibus, '**ōs**' significat 'vultus.'

Gradus Prīmus (I.14.1)

Ipsa pulcherrima Dīdō dextrā manū vīnum ē paterā fundit
inter media cornua vaccae,
aut venit ad ārās ante statuās deōrum,
et cotīdiē sacrificia facit,
et ipsa aperit pectora animālium ut exta īnspiciat.

Gradus Secundus (I.14.2)

Ipsa pulcherrima Dīdō dextrā manū pateram tenēns
vīnum fundit inter media cornua albae vaccae,
aut venit ad ārās dīvitēs ante vultūs deōrum,
renovatque diem dōnīs,
et aperit pectora animālium,
et spīrantia exta oculīs intentīs īnspicit.

Gradus Tertius (I.14.3)

Ipsa pulcherrima Dīdō dextrā pateram tenēns
inter media cornua candentis vaccae fundit,
aut spatiātur ad ārās pinguīs ante ōra deum,
īnstauratque diem dōnīs,
et inhiāns reclūsīs pectoribus pecudum spīrantia exta cōnsulit.

Verba Vergiliī, versūs 60-64

Ipsa tenēns dextrā pateram pulcherrima Dīdō
candentis vaccae media inter cornua fundit,
aut ante ōra deum pinguīs spatiātur ad ārās,
īnstauratque diem dōnīs, pecudumque reclūsīs
pectoribus inhiāns spīrantia cōnsulit exta.

I.15 versūs 65-67

Ecce, **os**. In **osse** est **medulla**. **Os** dūrum est, sed
medulla mollis est.

Gradus Prīmus (I.15.1)

Ēheu! Dīdō et Anna ignārae sunt futūrōrum!
Frūstrā sacrificia fēcērunt et frūstrā deōs coluērunt:
ubi Dīdō ad templa venit et vōta facit,
vōta eam nōn juvant, nam mēns furit.
Intereā flamma in ossibus ārdet
et vulnus amōris in corde vīvit.

Gradus Secundus (I.15.2)

Heu, mentēs ignārae prophētārum!
Frūstrā sacrificia fēcērunt et frūstrā deōs coluērunt:
vōta et templa furentem mentem Dīdōnis minimē juvant.
Intereā flamma ēst (≈cōnsūmit) mollēs medullās in ossibus
et tacitum vulnus vīvit in corde.

Gradus Tertius (I.15.3)

Heu, mentēs ignārae vātum!
Quid vōta, quid dēlūbra furentem [mentem] juvant?
Intereā flamma ēst mollīs medullās
et tacitum vulnus vīvit sub pectore.

VERBA VERGILIĪ, VERSŪS 65-67

Heu, vātum ignārae mentēs! Quid vōta furentem,
quid dēlūbra juvant? Ēst mollīs flamma medullās
intereā et tacitum vīvit sub pectore vulnus.

I.16 versūs 68-73

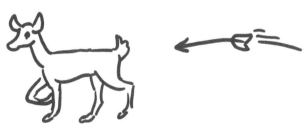

Ecce, **cerva**. Ecce, **sagitta** (=**harundō**).

Haec **cerva sagittā** vulnerāta est.
Ubi est **sagitta** (vel **harundō**)?
Sagitta (vel **harundō**) in **latere** haeret.

Gradus Prīmus (I.16.1)

Misera Dīdō ārdet et per tōtam urbem currit,
sīcut cerva quam vir sagittā vulnerāvit,
ubi cerva perīculum nōn exspectat.
Vir sagittās ad eam mittit.
Sed nescit num eam occīderit an nōn:
nōn enim potest eam vidēre, nam cerva per silvās currit.
Sed horribilis sagitta manet in eā, et cerva moritūra est.

Gradus Secundus (I.16.2)

Īnfēlīx Dīdō ārdet et per tōtam urbem errat, furēns,
sīcut cerva sagittā vulnerāta,
quam perīculum non exspectantem pāstor agit et sequitur
et sagittās procul mittit ad eam
per silvam Crētae currēntem.
Pāstor eam sagittā fixit,
sed nescit sē ferrum sagittae vēlōcis in eam fixam relīquisse:
illa per silvās montis Dictēs fugit (mōns Dictē est in Crētā);
fātālis sagitta haeret in latere.

Gradus Tertius (I.16.3)

Īnfēlīx Dīdō ūritur et furēns tōtā urbe vagātur,
quālis cerva conjectā sagittā,
quam pāstor agēns tēlīs procul inter Crēsia nemora fixit incautam
līquitque volātile ferrum nescius:
illa silvās saltūsque Dictaeōs fugā peragrat;
lētālis harundō haeret laterī.

25

VERBA VERGILIĪ, VERSŪS 68-73

Ūritur īnfēlīx Dīdō tōtāque vagātur
urbe furēns, quālis conjectā cerva sagittā,
quam procul incautam nemora inter Crēsia fīxit
pāstor agēns tēlīs līquitque volātile ferrum
nescius: illa fugā silvās saltūsque peragrat
Dictaeōs; haeret laterī lētālis harundō.

I.17 versūs 74-76

Fēmina tacet. Nōn loquitur.

Deinde fēmina **incipit** loquī.

Gradus Prīmus (I.17.1)

Nunc Dīdō Aenēān sēcum dūcit per urbem Karthāginem.
Eum dūcit per mūrōs et per viās, ante templa et aedificia.
Omnia pulcherrima sunt.
'Tam dīves es!' inquit Aenēās. 'Ubīque sunt magna et
  splendida aedificia!'
Dīdō incipit loquī, sed subitō tacet; incipit, et iterum tacet.
'Ita, ego dīves... sum... quod Sychaeus mihi dedit multum aureī... is
  nunc mortuus est...'
Dīdō nōn potest diū loquī, nam ānxia est cum Aenēās adest.

Gradus Secundus (I.17.2)

Nunc Dīdō Aenēān sēcum dūcit per mediōs mūrōs
et Tyriās dīvitiās urbemque parātam saepe ostendit,
incipit loquī et subitō tacet in mediā vōce;

Gradus Tertius (I.17.3)

Nunc Aenēān sēcum dūcit media per moenia
Sīdoniāsque opēs ostentat urbemque parātam,
incipit effārī mediāque in vōce resistit;

Verba Vergiliī, versūs 74-76

Nunc media Aenēān sēcum per moenia dūcit
Sīdoniāsque ostentat opēs urbemque parātam,
incipit effārī mediāque in vōce resistit;

I.18 versūs 77-79

Ecce, **convīvium**. In **convīviō** sunt hospitēs et cēna.

'Aenēis mihi placet,' inquit Mārcus.
'Aenēis mihi quoque placet!' inquit Decimus. '**Eadem** fābula
nōbis placet!'

'Quis liber Aenēidos est tibi dīlectissimus?' inquit Mārcus.
'Liber quārtus, certē,' respondet Decimus.
Mārcus: 'Papae! Liber quārtus mihi dīlectissimus est! **Īdem** liber nōbīs dīlectissimus est!'

Homō vestem in arbore pōnit. Nunc vestis ab arbore **pendet**.

Fēmina virum dīligenter audit. Fēmina **pendet ab ōre** ejus.

Gradus Prīmus (I.18.1)

Nunc, dum sol occidit, Dīdō iterum Aenēān invitat ad convīvia,
et, īnsāna amōre, eum jubet iterum nārrāre dē bellō Trojānō et dē
  itineribus Trojānōrum.
Iterum Aenēās nārrat, et Dīdō dīligenter audit:
Aenēān nārrantem sōlum spectat, Aenēān nārrantem sōlum audit.

Gradus Secundus (I.18.2)

nunc Dīdō sōle occidente eadem convīvia quaerit,
et īnsāna jubet Aenēān Trojānōs labōrēs iterum nārrāre,
et iterum dīligentissimē eum nārrantem audit.

Gradus Tertius (I.18.3)

Nunc lābente diē eadem convīvia quaerit,
et dēmēns Īliacōs labōrēs iterum audīre exposcit
pendetque iterum ab ōre nārrantis.

Verba Vergiliī, versūs 77-79

Nunc eadem lābente diē convīvia quaerit,
Īliacōsque iterum dēmēns audīre labōrēs
exposcit pendetque iterum nārrantis ab ōre.

I.19 versūs 80-83

Sōl et lūna terram illūminant, sed nōn eōdem tempore.
Aliquandō sōl lūcet, aliquandō lūna lūcet. Sōl et lūna **vicissim**
terram illūminant.

Ecce, **lectus**. In **lectō** sunt **strāta**.

Gradus Prīmus (I.19.1)

Posteā, ubi omnēs ā convīviō discessērunt,
nox obscūra est; lūna et stēllae cadunt in caelō.
Dīdō sōla domī manet. Trīstissima est.
Jacet in lectō ubi Aenēās cēnāvit et sibi dīcit, 'Aenēās hīc jacuit.
In hōc lectō Aenēās jacuit et mihi nārrāvit Trojānōs labōrēs.
Corpus ejus erat hīc.'

Gradus Secundus (I.19.2)

Posteā, ubi omnēs dīgressī sunt,
et obscūra lūna lūmen nōn ostendit,

29

et cadentēs stēllae persuādent omnibus ut dormiant,
Dīdō sōla in domō vacuā dolet
et jacet in lectīs quōs Aenēās relīquit.

Gradus Tertius (I.19.3)

Post ubi dīgressī [sunt],
et obscūra lūna vicissim lūmen premit
et cadentia sīdera somnōs suādent,
[Dīdō] sōla domō vacuā maeret
strātīsque relictīs incubat.

VERBA VERGILIĪ, VERSŪS 80-83

Post ubi dīgressī, lūmenque obscūra vicissim
lūna premit suādentque cadentia sīdera somnōs,
sōla domō maeret vacuā strātīsque relictīs
incubat. ...

I.20 versūs 83-85

Ecce, **gremium**. Puella in **gremiō** Sanctī Nīcolāī sedet.

'Quid facis, mī fīlī?' rogat māter.
'Librum legō,' respondet fīlius. Sed fīlius nōn librum legit:
fīlius lūdit.
Fīlius mātrem **fallit**.

Gradus Prīmus (I.20.1)

Dīdō, quamquam Aenēās abest,
illum tamen audit videtque,
nam īnsāna est.
Valdē cupit vidēre Aenēān, etiamsī abest;
itaque Ascanium vocat eumque in gremiō tenet.
Capta est Dīdō ejus imāgine
quod Ascanius similis patrī suō vidētur;
eum spectāns, Dīdō cōnātur suum amōrem fallere.
Sed amor nōn fallī potest: ārdet Dīdō Aenēā absente,
ārdet dum fīlium Aenēae amplectitur.

Gradus Secundus (I.20.2)

Dīdō, absēns, illum virum (Aenēān) absentem auditque videtque,
aut in gremiō suō Ascanium tenet, patris imāgine capta,
et cōnātur suum amōrem mōnstruōsum fallere.

Gradus Tertius (I.20.3)

Absēns illum absentem auditque videtque,
aut gremiō Ascanium dētinet, genitōris imāgine capta,
sī fallere possit īnfandum amōrem.

VERBA VERGILIĪ, VERSŪS 83-85

... Illum absēns absentem auditque videtque,
aut gremiō Ascanium genitōris imāgine capta
dētinet, īnfandum sī fallere possit amōrem.

I.21 versūs 86-89

Ecce, **turris**. **Turris** ad caelum surgit.

Ecce lībrae: Lībra **aequāta**, et lībra nōn **aequāta**.

Ecce, **māchina**. **Māchina** magnum saxum tollit, et saxum in
āëre **pendet**.

Super hunc mūrum sunt **minae**. **Minae** altae sunt.

Gradus Prīmus (I.21.1)

Ante adventum Aenēae, Dīdō turrēs, mūrōs, et portūs aedificābat;
turrēs tunc in caelum surgēbant,
sed nunc, nihil in caelum surgit:
omnia, quae rēgīna aedificāre coepit, interrupta sunt.
Aequātae māchinae in āëre pendent.
Nec jam juvenēs, quī in exercitū mīlitābant, arma exercent.
Juvenēs, quī portūs et mūrōs ad bellum parābant,
nōn jam haec faciunt.

Gradus Secundus (I.21.2)

Turrēs, quās rēgīna aedificāre coepit, nōn jam adsurgunt,
juvenēs arma nōn jam exercent
nec portūs aut mūnitiōnēs ad bellum jam parant:
opera interrupta, altī mūrī, et aequātae māchinae nōndum
   perfectae in caelō pendent.

Gradus Tertius (I.21.3)

Coeptae turrēs nōn adsurgunt,
juventūs arma nōn exercet
portūsve aut prōpugnācula tūta bellō [nōn] parant:
opera interrupta pendent,
minaeque ingentēs mūrōrum [pendent],
aequātaque māchina [in] caelō [pendet].

VERBA VERGILIĪ, VERSŪS 86-89

Nōn coeptae adsurgunt turrēs, nōn arma juventūs
exercet portūsve aut prōpugnācula bellō
tūta parant: pendent opera interrupta minaeque
mūrōrum ingentēs aequātaque māchina caelō.

I.22 versūs 90-92

Viātōrēs nōn possunt in viā ambulāre, nam saxum eīs **obstat**.
Magnum saxum in viā iacēns eīs **obstat**.

Quid est **pestis**? **Pestis** est quod fert morbum, mortem,
exitium, ruīnam.

Gradus Prīmus (I.22.1)

Cum prīmum Jūnō, uxor Jovis, et filia Sāturnī,
sēnsit Dīdōnem amōre captam esse et tenērī,
nec cūrāre fāmam suam,
haec verba Venerī dīxit:

Gradus Secundus (I.22.2)

Simul ac Jūnō, cāra Jovis conjūnx, Dīdōnem sēnsit tālī
   amōre tenērī
nec fāmam esse impedimentum furōrī,
tālibus verbīs Sāturnī filia (Jūnō) Venerem adloquitur:

Gradus Tertius (I.22.3)

Quam simul ac cāra Jovis conjūnx persēnsit tālī peste tenērī
nec fāmam obstāre furōrī,
tālibus dictīs Sāturnia Venerem adgreditur:

VERBA VERGILIĪ, VERSŪS 90-92

Quam simul ac tālī persēnsit peste tenērī
cāra Jovis conjūnx nec fāmam obstāre furōrī,
tālibus adgreditur Venerem Sāturnia dictīs:

I.23 versūs 93-95

'**Laus**' est quod hominēs dant ubi aliquem laudant.

'**Nūmen**' est dīvīna potestās sīve voluntās. Cupīdō magnum
nūmen habet.

35

Graecī equum ligneum faciunt, et Trojānīs dant, sed **dolus** est!
Graecī in equō cēlātī sunt. Graecī **dolō** Trojānōs fallunt.

Gradus Prīmus (I.23.1)

Jūnō rīdēns dīcit:
'Grātulor vōbīs, Venus et Cupīdō!
Vōs duo—tū et fīlius tuus—ūnam fēminam vīcistis.
Optimē factum!
Quam difficile est vōbīs ūnam mortālem vincere!
Sed fēcistis, itaque grātulor vōbīs.
Plānē, magnum nūmen habētis.'

Gradus Secundus (I.23.2)

'Maxima est glōria vestra, vērō,
et plūrima sunt spolia vestra, ō Venus Cupīdōque.
Nam tū et fīlius tuus (quī magnam potestātem habet)
ūnam fēminam dolō vīcistis.
Ūna fēmina potestāte duōrum deōrum victa est.'

Gradus Tertius (I.23.3)

'Ēgregiam laudem, vērō, et spolia ampla refertis,
tūque puerque tuus (magnum et memorābile nūmen),
sī ūna fēmina dolō duōrum dīvum victa est.

VERBA VERGILIĪ, VERSŪS 93-95

'Ēgregiam vērō laudem et spolia ampla refertis
tūque puerque tuus (magnum et memorābile nūmen),
ūna dolō dīvum sī fēmina victa duōrum est.'

I.24 versūs 96-97

Graecī Trojānīs equum ligneum dant et sīc eōs **fallunt**. Trojānī nihil **suspicantur**.

Gradus Prīmus (I.24.1)

Jūnō: 'Et sciō quid tū faciās.
Nōn potes mē fallere.
Sciō tē meōs mūrōs timēre,
et crēdis urbem Karthāginem perīculōsam tibi esse.'

Gradus Secundus (I.24.2)

'Nec sum inscius tē, timentem meōs mūrōs,
suspicārī domōs Karthāginis altae.'

Gradus Tertius (I.24.3)

'Nec mē adeō fallit tē, veritam moenia nostra,
habuisse suspectās domōs Karthāginis altae.'

VERBA VERGILIĪ, VERSŪS 96-97

'Nec mē adeō fallit veritam tē moenia nostra
suspectās habuisse domōs Karthāginis altae.'

I.25 versūs 98-101

Ecce, **ossa**.

Ecce, **fīnis**.

Gradus Prīmus (I.25.1)

Jūnō: 'Sed, in hōc proeliō, ubi erit fīnis?
Ubi erit moderātiō?
Quō nunc īmus?
Cūr inter nōs pugnāmus?
Melius est pācem quaerere.
Age nunc, faciāmus Aenēān Dīdōnemque virum uxōremque!
Dē mātrimōniō cōnsentiāmus!
Habēs omnia quae petiistī:
Dīdō, amōre ārdēns, eum valdē amat.'

Gradus Secundus (I.25.2)

'Sed, in hōc magnō certāmine inter nōs, ubi erit fīnis?
  Quō nunc īmus?
Cūr nōn potius pācem aeternam petere et nūptiās
  (=mātrimōnium) celebrāre cōnsentimus?
Habēs quod tōtō animō petiistī:
Dīdō amāns ārdet trāxitque furōrem per ossa.'

Gradus Tertius (I.25.3)

'Sed quis erit modus, aut quō nunc certāmine tantō [īmus]?
Quīn potius pācem aeternam pactōsque hymenaeōs exercēmus?
Habēs quod tōtā mente petīstī:
Dīdō amāns ārdet trāxitque furōrem per ossa.'

VERBA VERGILIĪ, VERSŪS 98-101

'Sed quis erit modus, aut quō nunc certāmine tantō?
Quīn potius pācem aeternam pactōsque hymenaeōs
exercēmus? Habēs tōtā quod mente petīstī:
ārdet amāns Dīdō trāxitque per ossa furōrem.'

I.26 versūs 102-104

'**Auspicium**' est ōmen: sacerdōs avēs spectat et sīc invenit
cōnsilium deōrum. Sī deī laetī sunt, **auspicium** bonum est; sī
deī īrātī sunt, **auspicium** malum est. Et **auspicium** significat
potestās vel imperium.

'**Dōs**' est dōnum quod uxōris familia marītō dat. Ecce, uxor
dōtem marītō fert.

Hic calamus nec longior nec brevior est quam ille. Calamī **parēs** sunt (aequī sunt).

Gradus Prīmus (I.26.1)

Jūnō: 'Regāmus ūnā ergō hunc populum, Trojānōs et Tyriōs,
et regāmus eōs aequō imperiō;
sī tibi placeat, Dīdō possit servīre Trojānō marītō
et dōtem dare tibi, in tuum manum.'

Gradus Secundus (I.26.2)

'Regāmus ergō hunc populum, Trojānōs et Tyriōs, commūnem,
et regāmus eōs aequō imperiō, paribus auspiciīs;
sī tibi placeat, liceat Dīdōnī servīre Trojānō marītō.
Liceat Dīdōnī populum suum dōtem dare tibi, in tuum manum.'

Gradus Tertius (I.26.3)

'Regāmus ergō hunc populum commūnem paribusque auspiciīs;
liceat servīre Phrygiō marītō
et Tyriōs dōtālīs permittere tuae dextrae.'

VERBA VERGILIĪ, VERSŪS 102-104

'Commūnem hunc ergō populum paribusque regāmus
auspiciīs; liceat Phrygiō servīre marītō
dōtālīsque tuae Tyriōs permittere dextrae.'

I.27 versūs 105-109

Graecī 'Hominēs' inquiunt, 'nōn in equō sunt.' Sed **simulātā mente** loquuntur.

Gradus Prīmus (I.27.1)

Jūnō Venerem nōn fallit.
Nam Venus sēnsit eam nōn vēra dīcere, sed falsa,
quia cupiēbat rēgnum Rōmānum ad Āfricam āvertere.
Sīc Venus contrā Jūnōnem dīxit:
'Tū benignissima es.
Quid dīcam? Mihi maxima dōna dedistī!
Īnsāna essem sī dīcerem "nōlō haec dōna"!
Īnsāna essem sī haec dōna negārem, et vellem tēcum in
   bellō pugnāre!
Nōlō certē tēcum pugnāre.
Spērō fortūnam tē adjūtūram esse.'

Gradus Secundus (I.27.2)

Sīc Venus illī [Jūnōnī] respondit,
(sēnsit enim Jūnōnem simulātā mente locūtam esse,
ut rēgnum Ītaliae ad lītora Libyae āverteret):
et contrā eam dīxit:
'Quis tam īnsāna est ut tālia negāre velit?
Aut mālit tēcum in bellō pugnāre?
Utinam fortūna sequātur id factum quod dīcis.'

Gradus Tertius (I.27.3)

Sīc Venus ollī [Jūnōnī],
(sēnsit enim simulātā mente locūtam [esse],
quō rēgnum Ītaliae [ad] Libycās ōrās āverteret):
contrā ingressa est:
'Quis dēmēns tālia abnuat
aut tēcum mālit contendere bellō?
Sī modo fortūna sequātur factum quod memorās.'

VERBA VERGILIĪ, VERSŪS 105-109

Ollī (sēnsit enim simulātā mente locūtam,
quō rēgnum Ītaliae Libycās āverteret ōrās)
sīc contrā est ingressa Venus: 'Quis tālia dēmēns
abnuat aut tēcum mālit contendere bellō?
Sī modo quod memorās factum fortūna sequātur.'

I.28 versūs 110-114

Bellum cōnfectum est. Nātiōnēs **foedus** jungunt nē
inter sē pugnent.

Gradus Prīmus (I.28.1)

Venus: 'Sed incerta sum.
Fātane haec sequentur?
Sum incerta, an Juppiter velit Tyriōs Trojānōsque
    habēre ūnam urbem,
an velit populōs miscērī, aut foedera inter sē jungere.
Nōnne inimīcī sunt Tyriī Trojānīque?
Sed tū es Jovis uxor!

Rogā eum! Precāre eum!
Tibi licet temptāre animum ejus mūtāre.
Id fac, et ego sequar.'

Gradus Secundus (I.28.2)

'Sed sum incerta an fāta haec sequantur;
incerta feror, sī Juppiter velit ūnam urbem esse Tyriīs et eīs quī
   Trojā profectī sunt,
sīve Juppiter sinat populōs miscērī aut foedera jungī.
Tū conjūnx, tibi licet animum Jovis temptāre precandō.
Age nunc, sequar.'

Gradus Tertius (I.28.3)

'Sed incerta fātīs feror,
sī Juppiter velit ūnam urbem esse Tyriīs Trojāque profectīs,
[sīve Juppiter] probet populōs miscērī aut foedera jungī.
Tū conjūnx, tibi fās [est] animum temptāre precandō.
Perge, sequar.'

Verba Vergiliī, versūs 110-114

'Sed fātīs incerta feror, sī Juppiter ūnam
esse velit Tyriīs urbem Trojāque profectīs,
miscērīve probet populōs aut foedera jungī.
Tū conjūnx, tibi fās animum temptāre precandō.
Perge, sequar.' ...

I.29 versūs 114-116

Gradus Prīmus (I.29.1)

Tum sīc Jūnō respondit:
'Ille labor meus erit: labōrem sūmam.
Nunc tibi dīcam quōmodo opus nostrum cōnficere possīmus,
quōmodo nūptiās appārēmus.
Audī mē—paucīs verbīs tē docēbō quid sit faciendum.'

Gradus Secundus (I.29.2)

Tum sīc Jūnō, rēgīna deōrum, pergit loquī:
'Iste labor mihi faciendus est.
Nunc quōmodo cōnficere possīmus id quod nōs urget,
paucīs verbīs (audī mē) tē docēbō.'

Gradus Tertius (I.29.3)

Tum sīc rēgia Jūnō excēpit:
'Iste labor erit mēcum.
Nunc quā ratiōne [id] quod īnstat cōnfierī possit,
paucīs (adverte) docēbō.'

VERBA VERGILIĪ, VERSŪS 114-116

... Tum sīc excēpit rēgia Jūnō:
'Mēcum erit iste labor. Nunc quā ratiōne quod īnstat
cōnfierī possit, paucīs (adverte) docēbō.'

I.30 versūs 117-119

Sōl habet **radiōs**. Ecce, **radiī** sōlis.

Textum est in mēnsā. Fēmina textum aufert et mēnsam **retegit**.

Hominēs, ubi volunt bēstiās petere et capere, **eunt vēnātum**
(=**vēnantur**).

Gradus Prīmus (I.30.1)

Jūnō: 'Aenēās et miserrima Dīdō in silvam īre parant;
crās vēnābuntur,
cum prīmum sōl ortus erit
et terram illūmināverit.'

Gradus Secundus (I.30.2)

'Aenēās et miserrima Dīdō ūnā in silvam īre vēnātum parant,
ubi crāstinus sōl prīmum ortus erit
et orbem terrārum radiīs retēxerit.'

Gradus Tertius (I.30.3)

'Aenēās et miserrima Dīdō ūnā in nemus īre vēnātum parant,
ubi crāstinus Tītān prīmōs ortūs extulerit
radiīsque orbem retēxerit.'

VERBA VERGILIĪ, VERSŪS 117-119

'Vēnātum Aenēās ūnāque miserrima Dīdō
in nemus īre parant, ubi prīmōs crāstinus ortūs
extulerit Tītān radiīsque retēxerit orbem.'

I.31 versūs 120-122

Ecce, **nimbus**. Hic **nimbus** horrificus est. **Nimbus tonat**.

Dē hōc **nimbō**, **grandō** cadit.

Fēmina aquam **fundit**.

Gradus Prīmus (I.31.1)

Jūnō: 'Ego super Aenēān et Dīdōnem nimbum mittam,
nimbum cum grandine,
dum vēnātōrēs bēstiās agitant et silvās rētibus circumdant.
Tum tōtum caelum excitābō, et caelum tonābit.'

Gradus Secundus (I.31.2)

'Ego in hōs (Aenēān et Dīdōnem) nigrum nimbum commixtā
grandine dē caelō fundam,
dum ālae (eī quī bēstiās agunt ad vēnātōrēs) ad bēstiās ruunt

et dum ālae rētibus silvās circumdant,
et omne caelum tonitrū excitābō.'

Gradus Tertius (I.31.3)

'Ego hīs nigrantem nimbum commixtā grandine
  dēsuper īnfundam,
dum trepidant ālae saltūsque indāgine cingunt,
et omne caelum tonitrū ciēbō.'

Verba Vergiliī, versūs 120-122

'Hīs ego nigrantem commixtā grandine nimbum,
dum trepidant ālae saltūsque indāgine cingunt,
dēsuper īnfundam et tonitrū caelum omne ciēbō.'

I.32 versūs 123-128

Fēmina mēnsam **tegit**. Textum in mēnsā pōnit.

Ecce, **spēlunca**.

Gradus Prīmus (I.32.1)

Jūnō: 'Comitēs Aenēae et Dīdōnis fugient,
et nox obscūra eōs teget:
Dīdō dux et Trojānus dux ad eandem spēluncam advenient.

Ego (Jūnō) prope illam spēluncam aderō.
Et tū quoque (Venus), sī vīs, aderis.
Sī cōnsilium accēperis, et vīs mē adjuvāre,
ego Aenēān et Dīdōnem mātrimōniō jungam,
et Dīdōnem uxōrem Aenēae cōnfirmābō.
Hae erunt nūptiae eōrum.'
Sīc Jūnō auxilium Veneris petiit.
Venus eī petentī cōnsēnsit.
Amīca erat, nōn inimīca;
neque eī restitit, neque adversāta est;
sed tacita rīsit—'hahahae'—
quod sciēbat Jūnōnem falsa verba dīcere
et dolōs vidēre potuit.

Gradus Secundus (I.32.2)

'Comitēs fugient et nocte obscūrā tegentur:
Dīdō dux et Trojānus ad eandem spēluncam advenient.
Illīc aderō et, sī tū (Venus) vīs, sī tū quoque adjuvābis,
eōs cōnūbiō stabilī jungam,
et Dīdōnem propriam uxōrem Aenēae dicābō.
Hae nūptiae erunt.'
Venus, quae in īnsulā Cythērīs colitur,
nōn inimīca Jūnōnī petentī cōnsēnsit
atque rīsit, dolōrum cōnscia.

Gradus Tertius (I.32.3)

'Comitēs diffugient et nocte opācā tegentur:
Dīdō dux et Trojānus [ad] eandem spēluncam dēvenient.
Aderō et, sī tua voluntās certa mihi [erit],
cōnūbiō stabilī jungam propriamque dicābō.
Hic hymenaeus erit.'
Cytherēa [Venus] nōn adversāta petentī adnuit
atque dolīs repertīs rīsit.

Verba Vergiliī, versūs 123-128

'Diffugient comitēs et nocte tegentur opācā:
spēluncam Dīdō dux et Trojānus eandem
dēvenient. Aderō et, tua sī mihi certa voluntās,
cōnūbiō jungam stabilī propriamque dicābō.
Hic hymenaeus erit.' Nōn adversāta petentī
adnuit atque dolīs rīsit Cytherēa repertīs.

CAPUT II

Tempestās et Spēlunca

II.1 versūs 129-132

Hoc **'vēnātus'** est: hominēs fera animālia capiunt et caedunt.

Īnstrūmenta vēnātōria sunt **rētia**, **plagae**, et **vēnābula**.
Vēnābula hastae sunt.

Canēs ūtilēs sunt ad **vēnātum**, nam **odōrēs** sagāciter olfaciunt.

Gradus Prīmus (II.1.1)

Intereā Aurōra surgit et Ōceanum relinquit.
Prīmā lūce, rēgīna juvenēs ēligit ad vēnātum
et hī juvenēs ē portīs exeunt.
Illī ferunt īnstrūmenta vēnātōria: rētia, plagās, et hastās.
Et equitēs Āfricānī ruunt ex urbe
et canēs ruunt, quī sagāciter olfaciunt.

Gradus Secundus (II.1.2)

Intereā Aurōra surgēns Ōceanum relīquit.
Sōle ortō, ēlēctī juvenēs ē portīs eunt.
Illī ferunt ex urbe rētia rāra, plagās, et hastās,
Massȳlīque equitēs ruunt
et canēs ruunt quī odōrēs sagāciter olfaciunt.

Gradus Tertius (II.1.3)

Intereā Aurōra surgēns Ōceanum relīquit.
Jubare exortō, juventūs dēlēcta portīs it,
rētia rāra, plagae, vēnābula lātō ferrō [feruntur],
Massȳlīque equitēs ruunt et odōra vīs canum.

VERBA VERGILIĪ, VERSŪS 129-132

Ōceanum intereā surgēns Aurōra relīquit.
It portīs jubare exortō dēlēcta juventūs,
rētia rāra, plagae, lātō vēnābula ferrō,
Massȳlīque ruunt equitēs et odōra canum vīs.

II.2 versūs 133-135

Ecce, **lectus** et **cubiculum**. **Thalamus** significat et '**lectus**' et '**cubiculum**'.

Ecce, **frēnum**. Equus **frēnum** in capite gerit.

Gradus Prīmus (II.2.1)

Prīncipēs Pūnicī manent prope jānuam cubiculī.
Rēgīnam Dīdōnem exspectant.
Sed rēgīna diū in cubiculō manet. Parāta nōn est.
Equus Dīdōnis impatiēns est.
Splendida vestīmenta gerit: vestīmenta equī sunt
   purpurea et aurea.
Equus ferōciter frēnum mandit.
Salīva per frēnum fluit.

Gradus Secundus (II.2.2)

Prīncipēs Poenōrum ad jānuam rēgīnam, in cubiculō
   morantem, exspectant,
et equus rēgīnae īnsignis purpureō et aurō stat;
pede pulsat humum,
ac ferōx frēnum spūmāns mandit.

Gradus Tertius (II.2.3)

Prīmī Poenōrum ad līmina rēgīnam, thalamō
   cūnctantem, exspectant,
et sonipēs īnsignis ostrō et aurō stat
ac ferōx frēna spūmantia mandit.

VERBA VERGILIĪ, VERSŪS 133-135

Rēgīnam thalamō cūnctantem ad līmina prīmī
Poenōrum exspectant, ostrōque īnsignis et aurō
stat sonipēs ac frēna ferōx spūmantia mandit.

II.3 versūs 136-139

Ecce, **chlamys**. **Chlamys** est vestis.

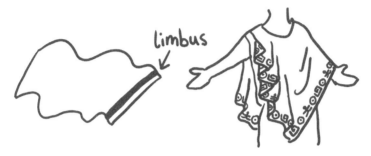

Ecce, **limbus**. Pictūrae sunt in **limbō chlamydis**.

Ecce, **fībula**. **Fībula chlamydem** alligit.

Ecce, **pharetra**. Sagittae in **pharetrā** sunt.

Ecce, **crīnēs**. Fēmina **crīnēs** colligit in **nōdum**.

Gradus Prīmus (II.3.1)

Tandem rēgīna ē jānuā exit, cum magnā turbā,
gerēns chlamydem pulchram.
Multae et pulchrae pictūrae sunt in limbō chlamydis.
Et Dīdō pharetram capit ad vēnandum. Sagittae in
  pharetrā īnsunt.
Rēgīna crīnēs aurō alligit,
et aurea fībula vestem alligit.

Gradus Secundus (II.3.2)

Tandem rēgīna prōgreditur magnā comitante turbā,
gerēns Pūnicam vestem pictō limbō;
Dīdō pharetram auream habet,
crīnēs suōs colligit in nōdum et aurō alligit,
aurea fībula purpuream vestem ejus alligit.

Gradus Tertius (II.3.3)

Tandem [rēgīna] prōgreditur magnā stīpante catervā
circumdata Sīdoniam chlamydem pictō limbō;
cui [Dīdōnī] pharetra ex aurō [facta est], crīnēs in
  aurum nōdantur,
aurea fībula purpuream vestem subnectit.

Verba Vergiliī, versūs 136-139

Tandem prōgreditur magnā stīpante catervā
Sīdoniam pictō chlamydem circumdata limbō;
cui pharetra ex aurō, crīnēs nōdantur in aurum,
aurea purpuream subnectit fībula vestem.

II.4 versūs 140-142

'**Socius**' est amīcus quī juvat amīcōs in pugnā, bellō, vēnātū, etc.
Aenēās et Dīdō sunt **sociī**.

Aenēās agmen **jungit**. Nunc Aenēās cum agmine ambulat.

Gradus Prīmus (II.4.1)

Item Trojānī et laetus Iūlus (fīlius Aenēae) prōcēdunt.
Aenēās ipse, pulcherrimus omnium,
intrat et jungit eōs quī ad vēnātum eunt.

Gradus Secundus (II.4.2)

Item Trojānī comitēs et laetus Iūlus prōcēdunt.
Ipse Aenēās, pulcherrimus ante omnēs aliōs,
intrat socius et agmina jungit.

Gradus Tertius (II.4.3)

Nec nōn et Phrygiī comitēs et laetus Iūlus incēdunt.
ipse Aenēās pulcherrimus ante omnīs aliōs
īnfert sē socium atque agmina jungit.

Verba Vergiliī, versūs 140-142

Nec nōn et Phrygiī comitēs et laetus Iūlus
incēdunt. Ipse ante aliōs pulcherrimus omnīs
īnfert sē socium Aenēās atque agmina jungit.

II.5 versūs 143-146

Ecce, **chorus**. **Chorus** est manus hominum quī cantant et saltant.

Chorus circum **ārās** (=**altāria**) **fremit**. (**Āra** est locus in quō
sacrificia fiunt.)

Gradus Prīmus (II.5.1)

Aenēās ambulat sīcut deus Apollō,
ubi Asiam et Xanthum flūmen relinquit,
et vīsitat īnsulam Dēlum, ubi nātus erat,
et cotīdiē colligit chorōs,
et illī circum ārās ūlulant et saltant.

57

Gradus Secundus (II.5.2)

Aenēās ambulat sīcut Apollō
ubi Asiam terram et Xanthum flūmen hieme dēserit,
et vīsitat īnsulam Dēlum,
quae est māterna eī (nam ibi nātus est),
et chorōs renovat,
et mixtī hominēs—Crētēs, Dryopēs, Agathyrsī—circum ārās
    ūlulant et saltant.

Gradus Tertius (II.5.3)

Quālis ubi Apollō hībernam Lyciam Xanthīque fluenta dēserit
ac Dēlum māternam invīsit
īnstauratque chorōs,
mixtīque Crētēsque Dryopēsque pictīque Agathyrsī
circum altāria fremunt;

VERBA VERGILIĪ, VERSŪS 143-146

Quālis ubi hībernam Lyciam Xanthīque fluenta
dēserit ac Dēlum māternam invīsit Apollō
īnstauratque chorōs, mixtīque altāria circum
Crētēsque Dryopēsque fremunt pictīque Agathyrsī;

II.6 versūs 147-150

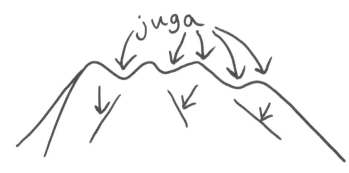

Ecce, mōns. Mōns habet **juga**. **Juga** sunt super montem, in
summō monte.

Apollo in **jugīs** ambulat.

Ecce, **frōns**. Corōna facta est ā **fronde**. **Frōns** est pars arboris.

Ecce, **ōs**. '**Ōs**' significat et 'vultus' et 'pars vultūs quā loquī et cibum edere potest'. In hīs versibus, '**ōs**' significat 'vultus'.

Gradus Prīmus (II.6.1)

Deus Apollō ipse in summō monte ambulat,
et crīnēs colligit, et corōnam facit ē fronde et aurō,
et pōnit corōnam in crīnibus.
In umerīs sagittās portat,
et sagittae sonum faciunt dum ambulat.
Aenēās tam strēnuē quam Apollō ambulābat.
Ē vultū ejus glōria splendet, sīcut Apollinis glōria.

Gradus Secundus (II.6.2)

Ipse Apollō in jugīs Cynthī ambulat
(mōns Cynthus est in īnsulā Dēlō)
fluentem crīnem colligēns, quem alligit mollī fronde,
atque corōnam facit et implicat eam aurō,
sagittae sonum faciunt in umerīs:
nōn lentius quam ille ībat Aenēās,
tanta glōria ā splendidō vultū lūcet.

Gradus Tertius (II.6.3)

Ipse jugīs Cynthī graditur
mollīque fronde fluentem crīnem fingēns premit
atque implicat aurō,
tēla sonant umerīs:
haud sēgnior illō ībat Aenēās,
tantum decus ēgregiō ōre ēnitet.

Verba Vergiliī, versūs 147-150

Ipse jugīs Cynthī graditur mollīque fluentem
fronde premit crīnem fingēns atque implicat aurō,
tēla sonant umerīs: haud illō sēgnior ībat
Aenēās, tantum ēgregiō decus ēnitet ōre.

II.7 versūs 151-155

Ecce, **capra**. **Caprae** in **agmen** conveniunt.

Ecce, **cervus**. **Cervī** quoque in **agmen** conveniunt.

Agmina pulverulenta sunt. Nam **pulvis** surgit post ea.

Gradus Prīmus (II.7.1)

Postquam Trojānī et Tyriī vēnērunt ad montēs et silvās,
ecce, caprae in saxīs stantēs
eōs cōnspexērunt et fūgērunt,
et dēcurrērunt dē montibus.
Dē aliā parte cervī currunt per agrōs
et celeriter in agmina conveniunt.
Quia plūrimī cervī currunt,
agmina magna sunt et pulvis ē terrā surgit.

Gradus Secundus (II.7.2)

Postquam vēnērunt in altōs montēs atque obscūrās silvās,
(silvās in quibus nōn sunt viae),
ecce ferae caprae pulsae sunt ā vertice saxī
quae dēcurrērunt dē jugīs montium;
dē aliā parte cervī trānseunt lātōs campōs
atque fugiunt et in agmina pulverulenta conveniunt,
montēsque relinquunt.

Gradus Tertius (II.7.3)

Postquam ventum [est] in altōs montīs atque invia lustra,
ecce ferae caprae vertice saxī dējectae dēcurrērunt jugīs;
dē aliā parte cervī trānsmittunt cursū patentīs campōs
atque agmina pulverulenta fugā glomerant
montīsque relinquunt.

VERBA VERGILIĪ, VERSŪS 151-155

Postquam altōs ventum in montīs atque invia lustra,
ecce ferae saxī dējectae vertice caprae
dēcurrēre jugīs; aliā dē parte patentīs
trānsmittunt cursū campōs atque agmina cervī
pulverulenta fugā glomerant montīsque relinquunt.

II.8 versūs 156-159

Ecce, **aper**. **Aper** est ferōx animal. Hic **aper spūmat**.

= fulvus

Ecce, **leō**. **Leō** est **fulvī** colōris.

Gradus Prīmus (II.8.1)

Puer Ascanius in vallibus equitat.
Gaudet et dīcit, 'Mihi valdē placet hic ferōx equus!
Equus strēnuus est.
Ecce, celerior sum quam vōs! Et celerior quam vōs! Hahahae!
Volō autem vidēre aprum ferōcem.
Mē taedet hōrum animālium timidōrum;
volō vidēre fulvum leōnem.'

Gradus Secundus (II.8.2)

Sed puer Ascanius in mediīs vallibus strēnuō equō gaudet
jamque hōs sociōs, jam illōs sociōs praeterit,

et valdē cupit spūmantem aprum appārēre
inter animālia timida,
aut cupit fulvum leōnem dē monte dēscendere.

Gradus Tertius (II.8.3)

At puer Ascanius in mediīs vallibus ācrī equō gaudet
jamque hōs, jam illōs cursū praeterit,
et optat vōtīs spūmantem aprum darī inter pecora inertia,
aut fulvum leōnem monte dēscendere.

VERBA VERGILIĪ, VERSŪS 156-159

At puer Ascanius mediīs in vallibus ācrī
gaudet equō jamque hōs cursū, jam praeterit illōs,
spūmantemque darī pecora inter inertia vōtīs
optat aprum, aut fulvum dēscendere monte leōnem.

II.9 versūs 160-164

Ecce, **nimbus**. Hic **nimbus** horrificus est. **Nimbus tonat**.

Dē hōc **nimbō**, **grandō** cadit.

Hominēs **tēcta** petunt.

Ascanius est **nepōs** Veneris et Anchīsae, nam Ascanius est fīlius Aenēae, quī est fīlius Veneris et Anchīsae.

Vir nōmine **Dardanus** est atavus Ascaniī. Ascanius est adnepōs **Dardanī**.

Gradus Prīmus (II.9.1)

Intereā caelum horrificum fīēbat:
tempestās veniēbat;
coepit tonāre, et mox erat magnus nimbus,
et grandō dē caelō cecidit.
Pūnicī comitēs et Trojānī ubīque per agrōs cucurrērunt.
Ascanius quoque, nepōs Veneris, per agrōs cucurrit.
Omnēs quaerēbant locōs in quibus manērent dum
   tempestās abīret.
Flūmina dē montibus ruunt.

Gradus Secundus (II.9.2)

Intereā caelum incipit tonāre,
nimbus īnsequitur, et grandō cum nimbō commixta est,
et Tyriī comitēs ubīque et Trojāna juventūs
et Ascanius, nepōs Veneris, cujus atavus est Dardanus,
per agrōs cucurrērunt
et petiērunt dīversōs locōs tēctōs, nam tempestātem timēbant.
Flūmina ruunt dē montibus.

Gradus Tertius (II.9.3)

Intereā caelum incipit miscērī magnō murmure,
īnsequitur nimbus commixtā grandine,
et Tyriī comitēs passim et Trojāna juventūs
Dardaniusque nepōs Veneris
dīversa tēcta per agrōs metū petiērunt;
amnēs ruunt dē montibus.

Verba Vergiliī, versūs 160-164

Intereā magnō miscērī murmure caelum
incipit, īnsequitur commixtā grandine nimbus,
et Tyriī comitēs passim et Trojāna juventūs
Dardaniusque nepōs Veneris dīversa per agrōs
tēcta metū petiēre; ruunt dē montibus amnēs.

II.10 versūs 165-168

Ecce, **spēlunca**. **Spēlunca** est tēctum natūrāle.

65

Ecce, **fulmen**. Cum deus vel dea **fulmen** dē caelō mittit, **fulmen fulgit**. **Fulmen fulgit** sīcut ignis.

'Pater, unde īnfantēs prōveniunt?' inquit parvus fīlius.

Pater respondet, 'Ubi vir et fēmina inter sē valdē amant, **coëunt**.' Parvus fīlius attonitus est. 'Tū et māter **coiistis**?'

Gradus Prīmus (II.10.1)

Dīdō et Aenēās petunt tēcta,
et ad eandem spēluncam veniunt.
In hāc spēluncā, Dīdō et Aenēās coëunt.
Nūllus homō eōs coëuntēs videt.
Sed deae eōs vident.
Deae et Nymphae gaudent quod Aenēās Dīdōque coëunt.
Tellūs (dea terrae) et Jūnō laetum signum dant:
fulmen mittunt dē caelō.

'Hymen, ō Hymenaee!'[1] clāmant Tellūs et Jūnō dum fulmen fulgit.
Et Nymphae in summō monte clāmant, 'Hymen ades,
 ō Hymenaee!'
Nam Jūnō et Venus volunt Aenēān et Dīdōnem esse
 virum et uxōrem.

Gradus Secundus (II.10.2)

Dīdō et Aenēās, Pūnica et Trojānus ducēs, ad eandem
 spēluncam veniunt.
Jūnō est prōnuba ('prōnuba' est fēmina quae juvat uxōrem
 in nūptiīs).
Prīmum, et Tellūs et Jūnō dant signum;
ignēs fulminis fulsērunt in caelō, et caelum fulsit,
quasī caelum sciēbat Aenēān et Dīdōnem fierī virum et uxōrem.
Et in summō monte, Nymphae ululāvērunt.

Gradus Tertius (II.10.3)

Dīdō dux et Trojānus [dux] eandem spēluncam dēveniunt.
Prīma et Tellūs et prōnuba Jūnō dant signum;
ignēs et cōnscius aether cōnūbiīs fulsērunt
summōque vertice Nymphae ululārunt.

Verba Vergiliī, versūs 165-168

Spēluncam Dīdō dux et Trojānus eandem
dēveniunt. Prīma et Tellūs et prōnuba Jūnō
dant signum; fulsēre ignēs et cōnscius aether
cōnūbiīs summōque ululārunt vertice Nymphae.

---

1 This is the wedding song from Catullus 62, 'Hymen, ō Hymenaee!
Hymen ades, ō Hymenaee!' 'Hymen, O Hymenaeus, be here Hymen,
O Hymenaeus!'

II.11 versūs 169-172

'**Speciēs**' est fōrma quam hominēs vidēre possunt. Haec fēmina habet **speciem** vel fōrmam pulchram.

Vir vīnum **cēlat**, nam nōn vult custōdem id vidēre. Vir vīnum **fūrtīvum** in theātrum fert.

Gradus Prīmus (II.11.1)

Ēheu! Ille diēs erat causa mortis et malōrum.
Nam Dīdō pūblicē Aenēān amāre coepit.
Multī Pūnicī dē amōre eōrum loquēbantur,
sed Dīdō fāmam suam nōn cūrābat.
Nōn jam cēlāvit amōrem suum,
sed dīxit omnibus, 'Aenēās et ego sumus vir et uxor!'
Et vocāvit amōrem 'conjugium' ('conjugium' est 'mātrimōnium').
Sed longē errābat, et 'conjugium' erat nōmen falsum.

Gradus Secundus (II.11.2)

Ille diēs prīmus causa mortis fuit,
et prīmus causa malōrum;
nam Dīdō nec fāmam suam nec speciem cūrat,
nec jam vult amōrem cēlātum esse:
id vocat 'conjugium', hōc nōmine culpam cēlāvit.

Gradus Tertius (II.11.3)

Ille diēs prīmus causa lētī fuit,
et prīmus causa malōrum;
neque enim Dīdō speciē fāmāve movētur
nec jam amōrem fūrtīvum meditātur:
conjugium vocat, hōc nōmine culpam praetexit.

VERBA VERGILIĪ, VERSŪS 169-172

Ille diēs prīmus lētī prīmusque malōrum
causa fuit; neque enim speciē fāmāve movētur
nec jam fūrtīvum Dīdō meditātur amōrem:
conjugium vocat, hōc praetexit nōmine culpam.

II.12 versūs 173-177

Sunt multa **nūbila** in caelō.

Flōrēs **vigent**. (=**flōrent**)

Gradus Prīmus (II.12.1)

Statim Fāma (id est 'Rūmor') currit per magnās urbēs Āfricae,
Fāma, quae est horribile mōnstrum,
celerrimum omnium mōnstrōrum:

69

quō saepius hominēs dē eā loquuntur, eō celerius currit Fāma.
Prīmum Fāma parva est,
sed mox ingēns est et surgit ad caelum,
et dum ambulat in terrā, caput ejus est inter nūbila.

Gradus Secundus (II.12.2)

Statim Fāma per magnās urbēs Āfricae it,
Fāma, quae est celerrimum malum in tōtō mundō:
nōn est malum celerius quam ea;
mōbilitāte flōret et prōcēdendō potentior fit.
Prīmum, Fama parva et timida est,
sed mox major et fortior fit: alta nunc est et sē tollit in caelum,
ambulatque in terrā et caput inter nūbila cēlat.

Gradus Tertius (II.12.3)

Extemplō Fāma per magnās urbēs Libyae it,
Fāma, quā nōn ūllum aliud malum vēlōcius [est]:
mōbilitāte viget vīrīsque eundō adquīrit,
prīmō parva metū, mox sēsē attollit in aurās
ingrediturque solō et caput inter nūbila condit.

VERBA VERGILIĪ, VERSŪS 173-177

Extemplō Libyae magnās it Fāma per urbēs,
Fāma, malum quā nōn aliud vēlōcius ūllum:
mōbilitāte viget vīrīsque adquīrit eundō,
parva metū prīmō, mox sēsē attollit in aurās
ingrediturque solō et caput inter nūbila condit.

II.13 versūs 178-183

Ecce, **āla**. In **ālā** sunt **plūmae**.

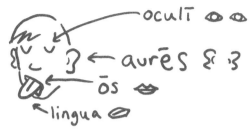

Ecce, faciēs. In faciē sunt **oculī**, **aurēs**, **ōs** (pl. **ōra**), et **lingua**.

Ecce, lepus. Lepus **aurēs** longās habet. Ubi intentē audit, **aurēs subrigit**.

Lepus multōs nātōs **prōgignit** et dīcit, 'Euge! Multōs nātōs **prōgenuī**!'

Gradus Prīmus (II.13.1)

Fāma est mōnstrum horribile, et Terra erat māter ejus;
ōlim, Terra prōdūxit multa mōnstra, Tītānēs,
quōs deī oppugnāvērunt et occīdērunt.
Itaque Terra īrātissima erat in deōs.
Terra multa alia mōnstra prōdūxit ut deōs oppugnārent.
Ultima fīlia Terrae erat Fāma.
Fāma est celer, et habet ālās ad volandum.
Multās plūmās habet, et sub hīs plūmīs sunt multī oculī;
et habet multās linguās, ōra, et aurēs.
Oculī semper spectant,
linguae et ōra semper sonant,
aurēs semper audiunt.

71

Gradus Secundus (II.13.2)

Terra erat māter Fāmae;
īrāta in deōs, Terra illam (Fāmam) extrēmam prōgenuit, ut dīcunt.
Fāma habēbat duōs frātrēs mōnstruōsōs, Coeum et Enceladum.
Celerēs pedēs et celerēs alās habet;
mōnstrum horrendum et ingēns est;
sunt in corpore ejus tot oculī quot plūmae (ō rem mīrābilem!);
hī oculī sub plūmīs semper spectant.
Sunt in corpore ejus tot linguae, tot ōra (quae sonant),
et tot aurēs (quae audiunt) quot plūmae.

Gradus Tertius (II.13.3)

Terra parēns īrā inrītāta deōrum
illam extrēmam prōgenuit, ut perhibent,
Coeō Enceladōque sorōrem
celerem pedibus et pernīcibus ālīs,
mōnstrum horrendum, ingēns,
cui quot sunt corpore plūmae,
tot vigilēs oculī subter (mīrābile dictū) [sunt],
tot linguae, totidem ōra sonant, tot aurēs subrigit.

Verba Vergiliī, versūs 178-183

Illam Terra parēns īrā inrītāta deōrum
extrēmam, ut perhibent, Coeō Enceladōque sorōrem
prōgenuit pedibus celerem et pernīcibus ālīs,
mōnstrum horrendum, ingēns, cui quot sunt corpore plūmae,
tot vigilēs oculī subter (mīrābile dictū),
tot linguae, totidem ōra sonant, tot subrigit aurīs.

Fāma

II.14 versūs 184-188

Ecce, **tēctum**. Super casam est **tēctum**.

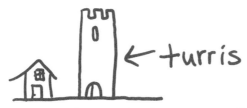

Ecce, **turris**. **Turris alta** est; casa **alta** nōn est.

Gradus Prīmus (II.14.1)

Fāma nocte volat inter caelum et terram.
Sonat, 'iiii! iiii!' sīcut mala āvis; sonus horribilis est.
Nōn claudit oculōs; numquam dormit.
Diē sedet et omnēs spectat.
Vidēsne Fāmam? Illa tē spectat!
Sedet aut in tēctīs aut in turribus,
et terret magnās urbēs,
nam laetē dīcit et falsa et vēra verba;
Fāma fraudulenta nūntia est.

Gradus Secundus (II.14.2)

Nocte per umbram volat,
strīdēns (= sonāns 'iiiiii!'), in mediō caelī et terrae,
nec claudit oculōs dulcī somnō ut dormiat.
Diē sedet custōs,
aut in summīs tēctīs aut in altīs turribus,
et territat magnās urbēs.
Fāma est nūntia quae et falsa et vēra verba dīcit;
eī placet tenēre et falsa malaque verba et vēra.

Gradus Tertius (II.14.3)

Nocte volat strīdēns per umbram mediō caelī et terrae,
nec lūmina dulcī somnō dēclīnat;
lūce sedet custōs aut culmine summī tēctī aut altīs turribus,
et territat magnās urbēs,
nūntia tam tenāx fictī prāvīque quam vērī.

Verba Vergiliī, versūs 184-188

Nocte volat caelī mediō terraeque per umbram
strīdēns, nec dulcī dēclīnat lūmina somnō;
lūce sedet custōs aut summī culmine tēctī
turribus aut altīs, et magnās territat urbēs,
tam fictī prāvīque tenāx quam nūntia vērī.

II.15 versūs 189-194

Fēmina **canit** sed vult aquam bibere. Habet magnam
cupīdinem aquae.

Puella **replet** pōculum aquā.

Gradus Prīmus (II.15.1)

Haec Fāma populōs rūmōribus laetē replēbat;
canēbat et facta et falsa verba:
'Aenēās,' inquit, 'hūc vēnit, vir Trojānus;'
'Dīdō,' inquit, 'illī virō sē mātrimōniō junxit!'

'Aenēās et Dīdō nunc luxuriōsē ūnā habitant per longam hiemem.
Rēgna sua nōn cūrant:
immemorēs sunt rēgnōrum!
Sōlum cūrant amōrem, quia amōre foedō firmē tenentur.'

Gradus Secundus (II.15.2)

Haec Fāma illō tempore populōs multīs rūmōribus replēbat,
gaudēns, et pariter facta atque falsa canēbat:
canēbat Aenēān vēnisse, virum nātum ā Trojānō sanguine,
et pulchram Dīdōnem sē junxisse illī virō;
canēbat eōs nunc per longam hiemem inter sē luxuriōsē
    ūnā habitāre,
rēgnōrum immemorēs, et foedō amōre captōs.

Gradus Tertius (II.15.3)

Haec [Fāma] tum populōs multiplicī sermōne replēbat, gaudēns,
et pariter facta atque īnfecta canēbat:
Aenēān vēnisse crētum Trojānō sanguine,
cui virō pulchra Dīdō sē jungere dignētur;
nunc hiemem, quam longa, inter sē luxū fovēre
rēgnōrum immemorēs turpīque cupīdine captōs.

VERBA VERGILIĪ, VERSŪS 189-194

Haec tum multiplicī populōs sermōne replēbat
gaudēns, et pariter facta atque īnfecta canēbat:
vēnisse Aenēān Trojānō sanguine crētum,
cui sē pulchra virō dignētur jungere Dīdō;
nunc hiemem inter sē luxū, quam longa, fovēre
rēgnōrum immemorēs turpīque cupīdine captōs.

II.16 versūs 195-197

Fāma pōnit verba in **ōra** hominum.

Colōnus **aggerat** frūmentum. Puer **aggerat** saxa.

Gradus Prīmus (II.16.1)

Fāma, dea mala, haec verba dīcit ubīque:
pōnit haec verba in ōra omnium hominum,
et omnēs loquuntur dē Aenēā et Dīdōne.
Statim Fāma sē vertit et volat ad rēgem Iarbān;
Iarbās est rēx Āfricānus quī Dīdōnem amāvit,
sed Dīdō eum rejēcit.
Fāma dīcit eī Dīdōnem uxōrem Aenēae factam esse.
Nunc īrātus est Iarbās quia volēbat Dīdōnem esse uxōrem suam!

Gradus Secundus (II.16.2)

Dea mala (Fāma) haec verba ubīque fundit in ōra virōrum.
Statim cursum vertit ad rēgem Iarbān
flammāvitque animum ejus verbīs
atque incitat eum ad īram.

Gradus Tertius (II.16.3)

Dea foeda haec passim diffundit in ōra virum.
Prōtinus cursūs dētorquet ad rēgem Iarbān
incenditque animum dictīs atque aggerat īrās.

77

VERBA VERGILIĪ, VERSŪS 195-197

Haec passim dea foeda virum diffundit in ōra.
Prōtinus ad rēgem cursūs dētorquet Iarbān
incenditque animum dictīs atque aggerat īrās.

II.17 versūs 198-202

Ecce, **serta**. **Serta** sunt corōnae ē flōribus factae.

Ecce, **vigilēs**. **Vigil** est homō quī rēs dēfendit et custōdit, nec dormit.

Haec vacca **pinguis** est. Animālia **pinguia** sunt pretiōsa.

Gradus Prīmus (II.17.1)

Hic vir, Iarbās, fīlius Jovis et nymphae Āfricānae,
centum templa Jovī posuerat, et centum ārās.

Et multa alia dōna dederat, multa sacrificia fēcerat—
perpetuum ignem deīs fēcerat,
ut ignis semper ārdēret et semper vigilāret.
Et multa pinguia animālia sacrificāverat:
sanguis eōrum semper terram irrigābat.
Et ante jānuās templōrum erant multī flōrēs:
Iarbās multās corōnās ē flōribus factās in jānuīs
   templōrum posuerat.

Gradus Secundus (II.17.2)

Hic vir, Iarbās, fīlius Jovis (quī vocātur 'Hammōn' in Āfricā),
cujus māter erat nympha Āfricāna ā Jove rapta,
centum ingentia templa Jovī in magnō rēgnō suō posuit,
et centum ārās posuit,
et perpetuum ignem sacrāverat,
aeternum vigilem deōrum;
terra erat pinguis sanguine cruōreque animālium,
et līmina templōrum flōrēbant variīs sertīs.

Gradus Tertius (II.17.3)

Hic Hammōne satus raptā Garamantide nymphā
centum immānia templa Jovī lātīs rēgnīs [posuit],
centum ārās posuit
vigilemque ignem sacrāverat,
aeternās excubiās dīvum;
solum [erat] pingue cruōre pecudum,
[et] līmina [erant] flōrentia variīs sertīs.

Verba Vergiliī, versūs 198-202

Hic Hammōne satus raptā Garamantide nymphā
templa Jovī centum lātīs immānia rēgnīs,
centum ārās posuit vigilemque sacrāverat ignem,
excubiās dīvum aeternās, pecudumque cruōre
pingue solum et variīs flōrentia līmina sertīs.

II.18 versūs 203-205

Supplex est homō quī ōrat. 'Quaesō! Tē ōrō!' inquit **supplex**.

Hominēs deum **ōrant**: 'Ō Juppiter, adjuvā nōs!'

Hominēs ōrant **manibus supīnīs**.

Gradus Prīmus (II.18.1)

Fāma ad Iarbān volāvit et dīxit,
'Dīdō uxor Aenēae facta est!'
et Iarbās, īrātus et malō rūmōre incēnsus,
(ut dīcunt) ōrāvit Jovem, supplex, manibus supīnīs.
Ante ārās, inter statuās deōrum, Iarbās Jovem ōrāvit
et haec verba dīxit:

Gradus Secundus (II.18.2)

Et is (Iarbās), īnsānus et rūmōre odiōsō accēnsus,
dīcitur multa ōrāvisse Jovem, supplex.
Iarbās dīcitur haec ōrāvīsse ante ārās inter mediās statuās deōrum
manibus supīnīs:

Gradus Tertius (II.18.3)

Isque āmēns animī et rūmōre amārō accēnsus
dīcitur supplex multa ōrāsse Jovem
ante ārās inter media nūmina dīvum
manibus supīnīs:

Verba Vergiliī, versūs 203-205

Isque āmēns animī et rūmōre accēnsus amārō
dīcitur ante ārās media inter nūmina dīvum
multa Jovem manibus supplex ōrāsse supīnīs:

II.19 versūs 206-210

In **lectō** est **torus**. Hic **torus pictus** est.

Ecce, **fulmen**. Juppiter **fulmina** dē **nūbibus** ad terram jacit.

Gradus Prīmus (II.19.1)

Iarbās: 'Juppiter omnipotēns,
tū quem colimus, tū cui nōs Āfricānī vīnum fundimus,
vidēsne haec?
Nōnne haec mala et injūsta vidēs quae Dīdō in nōs fēcit?
An tē frūstrā colimus, pater?

81

Frustrāne tē timēmus,
cum fulmina dē nūbibus jacis,
et nūbēs tonant?
Suntne tua fulmina vāna?
Frustrāne nūbēs tonant?'

Gradus Secundus (II.19.2)

'Juppiter omnipotēns,
tū cui nunc Āfricānī vīnum fundunt, honōrem Bacchī,
ubi epulās dant, in pictīs lectīs jacentēs,
vidēsne haec?
An tē frūstrā ac nēquīquam timēmus, pater,
cum fulmina ad terram jacis,
vānaque fulmina in nūbibus terrificant animōs hominum,
et nūbēs tonant et vāna murmura miscent?'

Gradus Tertius (II.19.3)

'Juppiter omnipotēns,
cui nunc Maurūsia gēns, pictīs torīs epulāta, Lēnaeum
   honōrem lībat,
aspicis haec?
An tē nēquīquam horrēmus, genitor,
cum fulmina torquēs,
caecīque ignēs in nūbibus terrificant animōs
et inānia murmura miscent?'

VERBA VERGILIĪ, VERSŪS 206-210

'Juppiter omnipotēns, cui nunc Maurūsia pictīs
gēns epulāta torīs Lēnaeum lībat honōrem,
aspicis haec? An tē, genitor, cum fulmina torquēs
nēquīquam horrēmus, caecīque in nūbibus ignēs
terrificant animōs et inānia murmura miscent?'

II.20 versūs 211-214

Ecce, **pellis taurī**.

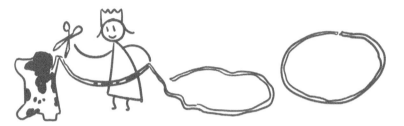

Dīdō **pellem taurī** in longissimās partēs **secat** et in magnum circulum pōnit.

Iarbās dīcit, 'Vīsne mea uxor esse?'
Sed Dīdō magnā vōce, 'Nōlō!' inquit. Dīdō Iarbān **repellit**.

Gradus Prīmus (II.20.1)

Iarbās: 'Illa fēmina, Dīdō nōmine, quae errābat in nostrīs terrīs,
quaesīvit locum ubi urbem condere posset.
Nōs rogāvit ut locum minimum sibi venderēmus;
quantum quod pelle taurī continērī posset.
Concēdimus: parvō pretiō locum prope lītus vēndidimus,
et lītus fēminae dedimus ut ibi agrōs pōneret et coleret.
(Quamquam lītus nōn est bona terra; difficile est agrōs in
    lītore colere.)
Et lēgēs huius locī eī dedimus, ut pax inter nōs esset.

83

Sed illa pellem taurī secuit in longissimās partēs
et posuit eās in magnum circulum;
sīc parvō pretiō terram ēmit, ubi urbem posuit.
Et ubi mātrimōnium cum eā petīvī, mē reppulit!
Haec omnia eī dedī, sed illa mē reppulit!
Jam Aenēās ad ejus lītus advēnit (lītus quod *nōs* eī dedimus),
et illa statim eum dominum in rēgna accēpit!'

Gradus Secundus (II.20.2)

'Fēmina (Dīdō), quae errāns in nostrīs terrīs
urbem parvam posuit, parvō pretiō mihi datō,
fēmina cui lītus colendum dedimus,
et cui locī lēgēs dedimus,
haec fēmina cōnūbia nostra reppulit
ac dominum Aenēān in rēgna recēpit.'

Gradus Tertius (II.20.3)

'Fēmina, quae errāns in nostrīs fīnibus
urbem exiguam pretiō posuit,
cui lītus arandum [dedimus] cuique locī lēgēs dedimus,
cōnūbia nostra reppulit ac dominum Aenēān in rēgna recēpit.'

VERBA VERGILIĪ, VERSŪS 211-214

'Fēmina, quae nostrīs errāns in fīnibus urbem
exiguam pretiō posuit, cui lītus arandum
cuique locī lēgēs dedimus, cōnūbia nostra
reppulit ac dominum Aenēān in rēgna recēpit.'

II.21 versūs 215-218

Haec arbor nōn est arbor puerī. Sed puer mālum cupit. Itaque, mālum **rapit**.

Ecce, **Maeonia mitra**. Aenēās **Maeoniam mitram** sub **mentō subnectit**. (**Mentum** est īnferior pars vultūs.)

Et Aenēās **liquidōs odōrēs** in crīnem fundit. Aenēās habet crīnem **madentem liquidīs odōribus**.

Gradus Prīmus (II.21.1)

Iarbās: 'Aenēās est alter Paris!
Paris Helenam ā Menelāō rapuit,
et Aenēās Dīdōnem ā mē rapuit.
Nec Paris neque Aenēās virī sunt: *sēmi*virī sunt.
(Ego ipse vir sum. Vir fortis sum!)

85

Illī Trojānī sēmivirī sīcut fēminae sē gerunt:
Ecce, Aenēās Maeoniam mitram gerit,
et mitram sub mentō subnectit. Quam effēminātus est!
Ille Aenēās tantōs liquidōs odōrēs in crīnem fundit, ut
    crīnis madēscat.
Ille fēminam rapuit, et gaudet sē esse dominum ejus;
sed nōs dōna ad tua templa frūstrā ferimus,
et tē frūstrā colimus!'

Gradus Secundus (II.21.2)

'Et nunc Aenēās, ille Paris, vēnit cum sēmivirīs comitibus,
et sub mentō ejus Maeonia mitra subnexa est,
et crīnis ejus madēns et perfūsus est liquidīs odōribus.
Et id quod rapuit, nunc possidet: (nam Dīdōnem rapuit
    sīcut praedam)
nōs quidem dōna tuīs templīs frūstrā ferimus
fāmamque tuam frūstrā colimus.'

Gradus Tertius (II.21.3)

'Et nunc ille Paris cum sēmivirō comitātū,
mentum Maeoniā mitrā crīnemque madentem subnexus,
raptō [Dīdōne] potitur:
nōs quippe mūnera tuīs templīs ferimus
fāmamque fovēmus inānem.'

Verba Vergiliī, versūs 215-218

'Et nunc ille Paris cum sēmivirō comitātū,
Maeoniā mentum mitrā crīnemque madentem
subnexus, raptō potitur: nōs mūnera templīs
quippe tuīs ferimus fāmamque fovēmus inānem.'

II.22 versūs 219-221

Vir deum **ōrat** et **āram** tenet.

Rēx, quī **fāmam** bonam habet, ā populō suō laudātur.

Rēx, quī **fāmam** malam habet, populō suō odiō est.

Gradus Prīmus (II.22.1)

Iarbās ōrat et ārās tenet.
Juppiter omnipotēns eum audit.
Oculōs ad urbem Karthāginem vertit,
ad urbem rēgīnae Dīdōnis,
et ad Dīdōnem et Aenēān ipsōs.
Illī amōre captī sunt, et immemorēs fāmae suae.

Gradus Secundus (II.22.2)

Juppiter omnipotēns Iarbān tālibus verbīs ōrantem ārāsque
 tenentem audiit,
oculōsque ad rēgiōs mūrōs Karthāginis vertit,
et ad amantēs (Dīdōnem Aenēānque) quī erant immemorēs
 fāmae meliōris.

Gradus Tertius (II.22.3)

[Juppiter] omnipotēns [Iarbān] tālibus dictīs ōrantem ārāsque
 tenentem audiit,
oculōsque ad rēgia moenia torsit
et [ad] amantīs oblītōs fāmae meliōris [oculōs torsit].

VERBA VERGILIĪ, VERSŪS 219-221

Tālibus ōrantem dictīs ārāsque tenentem
audiit omnipotēns, oculōsque ad moenia torsit
rēgia et oblītōs fāmae meliōris amantīs.

II.23 versūs 222-226

Ecce, **aura**. **Aura** est parvus ventus.

Ecce, **pennae**. Vocābulum 'pennae' significat et 'tegumentum
ālae' et 'āla'.

Aquila **lābitur**. Nōn āërem pennīs pulsat; facilius est eī pennīs immōtīs per āërem **lābī**.

Gradus Prīmus (II.23.1)

Deinde, Juppiter Mercurium adloquitur et eum ad urbem
  Karthāginem volāre jubet:
'Volā, mī fīlī, lābere pennīs, lābere per aurās;
volā ad Aenēān, Trojānum ducem, et eum adloquere.
Aenēās nunc in urbe Karthāgine manet.
Immemor est fātōrum suōrum,
immemor est urbis Rōmae, quam fāta eī dant.
Fer Aenēae mea verba:
jubē eum Karthāginem relinquere et ad Ītaliam īre.'

Gradus Secundus (II.23.2)

Deinde, Juppiter Mercurium sīc adloquitur ac tālia jubet:
'Age volā, fīlī, vocā Zephyrum (Zephyrus est ventus occidentālis)
et lābere pennīs,
Trojānumque ducem adloquere,
quī nunc in Tyriā urbe Karthāgine morātur,
neque urbēs fātīs datās respicit,
et fer eī mea verba per celerēs aurās.'

Gradus Tertius (II.23.3)

Tum sīc Mercurium adloquitur ac tālia mandat:
'Age vāde, nāte, vocā Zephyrōs
et lābere pennīs,
Dardaniumque ducem adloquere,
quī nunc Tyriā Karthāgine exspectat
fātīsque datās urbēs nōn respicit,
et dēfer mea dicta per celerīs aurās.'

VERBA VERGILIĪ, VERSŪS 222-226

Tum sīc Mercurium adloquitur ac tālia mandat:
'Vāde age, nāte, vocā Zephyrōs et lābere pennīs
Dardaniumque ducem, Tyriā Karthāgine quī nunc
exspectat fātīsque datās nōn respicit urbēs,
adloquere et celerīs dēfer mea dicta per aurās.'

II.24 versūs 227-231

Hic equus est **gravidus** virīs armātīs.

Gradus Prīmus (II.24.1)

Juppiter: 'Prōmīsitne māter Venus
hunc virum Karthāgine mansūrum esse, fātōrum immemorem?
Minimē! Immō, Venus prōmīsit
hunc virum fore bonum ducem quī Ītaliam reget.
Et Ītalia multās victōriās, multōs triumphōs vidēbit;
Ītalia gravida erit hīs rēbus.
Terra clāmābit: "Bellum gerāmus!"
Aenēās pater erit novī generis Trojānī,
et hoc genus tōtum orbem terrārum reget.
Quam ob rem, Venus Aenēān bis (=duābus occāsiōnibus) ab
    hostibus servāvit.
Bis ex armīs Graecōrum eum servāvit.'

Gradus Secundus (II.24.2)

'Nōn illum virum tālem (virum quī immemor pietātis
    fātōrumque est)
pulcherrima māter Venus nōbīs prōmīsit.
Quod Aenēās bonus dux erit, Venus eum bis Graecōrum ex
    armīs servāvit.
Venus nōbīs prōmīsit Aenēān fore virum
quī Ītaliam gravidam postestāte regeret,
Ītaliam quae clāmāret et fremeret: "Bellum gerāmus!"
Venus prōmīsit virum quī genus ab nōbilī sanguine
    Teucrī prōderet,
(Teucer erat vetus rēx Trojānus, atavus Aenēae)
ac tōtum orbem terrārum sub lēgēs Rōmānōs mitteret.'

Gradus Tertius (II.24.3)

'Nōn illum tālem genetrīx pulcherrima nōbīs prōmīsit;
(et ideō Grajum armīs bis vindicat);
sed fore [virum]
quī Ītaliam gravidam imperiīs bellōque frementem regeret,
[quī] genus ab altō sanguine Teucrī prōderet,
ac tōtum orbem sub lēgēs mitteret.'

Verba Vergiliī, versūs 227-231

'Nōn illum nōbīs genetrīx pulcherrima tālem
prōmīsit Grajumque ideō bis vindicat armīs;
sed fore quī gravidam imperiīs bellōque frementem
Ītaliam regeret, genus altō ā sanguine Teucrī
prōderet, ac tōtum sub lēgēs mitteret orbem.'

II.25 versūs 232-234

Gradus Prīmus (II.25.1)

Juppiter: 'Cūr nōn glōriam petit Aenēās?
Nōnne glōria populī Rōmānī condendī erit magna?
Sed, sī glōriam nōn cupit,
et ipse Aenēās nōn vult facere magnās rēs,
eritne immemor Ascaniī, fīliī suī?

91

Aenēās dēbet filiō suō urbēs Ītalicās!
Cūr filiō urbēs Ītalicās negat?
Cūr pater filium nōn cūrat?'

Gradus Secundus (II.25.2)

'Sī nūlla glōria magnārum rērum eum (Aenēān) movet,
neque ipse labōrat glōriae sibi quaerendae causā,
negatne pater Ascaniō Rōmānās urbēs?'

Gradus Tertius (II.25.3)

'Sī nūlla glōria tantārum rērum [eum] accendit
neque ipse super suā laude labōrem mōlītur,
Ascaniōne pater Rōmānās arcēs invidet?'

VERBA VERGILIĪ, VERSŪS 232-234

'Sī nūlla accendit tantārum glōria rērum
nec super ipse suā mōlītur laude labōrem,
Ascaniōne pater Rōmānās invidet arcēs?'

II.26 versūs 235-237

Prōles est filius aut filia. Etiamsī pater moritur, **prōles** post mortem patris vīvit, et genus prōpāgat.

Gradus Prīmus (II.26.1)

Juppiter: 'Cūr hīc manet? Quid vult hīc efficere?
Cūr Karthāgine manet, apud hostēs?
Cūr nec prōlem Ītalicam, nec terrās Ītalicās cūrat?

Urbem Lāvīnium condere dēbet!
Ad Ītaliam nāvigāre dēbet!
Sīc eum jubeō. Haec sunt mea imperia.'

Gradus Secundus (II.26.2)

'Quod cōnsilium capit?
Aut quid spērat, dum apud inimīcum populum morātur
nec prōlem Ītalicam et Lavīniī agrōs cūrat?
Nāviget!
Hic finis est, hic meus nūntius estō.'

Gradus Tertius (II.26.3)

'Quid struit?
Aut quā spē in inimīcā gente morātur
nec prōlem Ausoniam et Lāvīnia arva respicit?
Nāviget!
Haec summa est, hic nostrī nūntius estō.'

Verba Vergiliī, versūs 235-237

'Quid struit? Aut quā spē inimīcā in gente morātur
nec prōlem Ausoniam et Lāvīnia respicit arva?
Nāviget! Haec summa est, hic nostrī nūntius estō.'

II.27 versūs 238-241

Ecce, **ālae**.

'**Tālāria**' sunt Mercuriī calceī. Sunt ālae in **tālāribus**.

Mercurius **tālāria** pedibus **nectit**.

Gradus Prīmus (II.27.1)

Sīc dīxit Juppiter (pater Mercuriī).
Mercurius patrem audiit, et eī pārēre parābat.
Prīmum pedibus tālāria nectit, ut volāre possit
(nam ālae sunt in tālāribus, quibus volāre potest).
Hīs ālīs, Mercurius vel super mare vel super terram celeriter
    volāre potest.
Volat sīcut rapidus ventus.

Gradus Secundus (II.27.2)

Haec verba Juppiter Mercuriō dīxerat.
Ille magnō patrī pārēre parābat;
et prīmum pedibus tālāria aurea nectit,
quae eum in caelum ālīs portant
sīve suprā mare sīve suprā terram pariter cum rapidō ventō.

Gradus Tertius (II.27.3)

Dīxerat.
Ille imperiō magnī patris pārēre parābat;
et prīmum pedibus tālāria aurea nectit,
quae [eum] sublīmem ālīs portant
sīve suprā aequora seu [suprā] terram
pariter cum rapidō flāmine.

Verba Vergiliī, versūs 238-241

Dīxerat. Ille patris magnī pārēre parābat
imperiō; et prīmum pedibus tālāria nectit
aurea, quae sublīmem ālīs sīve aequora suprā
seu terram rapidō pariter cum flāmine portant.

II.28 versūs 242-246

Ecce, **virga**. Mercuriī **virga** est magica et mystica.

Mercurius, illā virgā **frētus**, per aurās volat.

Ecce, **nūbila** sunt in caelō.

Vir trāns flūmen nat: vir flūmen **trānat**.

Gradus Prīmus (II.28.1)

Deinde Mercurius virgam capit:
haec virga magica et mystica est,
nam Mercurius hāc virgā dūcit aliās animās ē terrā mortuōrum,
et aliās animās ad terram mortuōrum.
Hāc virgā, dat somnum, ut hominēs dormiant,
et aufert somnum, nē hominēs dormiant.
Et cum homō moritur, Mercurius hāc virgā oculōs ejus aperit,
ut viam videat quae dūcit ad terram mortuōrum.
Illā virgā frētus, Mercurius per aurās volat,
et nūbila trānat.

Gradus Secundus (II.28.2)

Tum Mercurius virgam capit:
hāc virgā, Mercurius umbrās ex Orcō ēvocat,
(Orcus est terra mortuōrum)
aliās umbrās sub Tartarum mittit,
(Tartarus est regiō horribilis in terrā mortuōrum)
dat somnum et aufert,
et oculōs hominum aperit, cum moriuntur.
Illā virgā frētus, Mercurius ventōs ālīs agit
et turbida nūbila trānat.

Gradus Tertius (II.28.3)

Tum virgam capit:
hāc [virgā] ille animās pallentīs Orcō ēvocat,
aliās [animās] sub Tartara trīstia mittit,
dat somnōs adimitque,
et lūmina morte resignat.
Illā [virgā] frētus ventōs agit
et turbida nūbila trānat.

VERBA VERGILIĪ, VERSŪS 242-246

Tum virgam capit: hāc animās ille ēvocat Orcō
pallentīs, aliās sub Tartara trīstia mittit,
dat somnōs adimitque, et lūmina morte resignat.
Illā frētus agit ventōs et turbida trānat
nūbila. ...

II.29 versūs 246-251

Haec arbor est **pīnus**. **Pīnī** in summīs montibus crēscere possunt.

Ecce, **imber**. **Imber** est magna adsiduaque pluvia.

Ecce, **nix**.

Ecce, **nūbēs**. Mōns Atlās semper **nūbibus cīnctus est**.

Ecce, **mentum**. **Barba** est in **mentō**.

Gradus Prīmus (II.29.1)

Jamque Mercurius volat
et montem Atlantem videt.
Ō, quam altus est mōns Atlās!
Quam dūrus! Quam frīgidus!
Altās tam altus est ut caelum tangat et sustineat.
Atlās dūrus est: habet multās pīnōs quae in capite crēscunt.
Cēterae arborēs nōn possunt in hōc monte crēscere;
sōlum pīnī hīc crēscere possunt, nam pīnī dūrae sunt.
Et frīgidus est mōns Atlās.
Semper cīnctus est nūbibus dēnsīs,
semper ventō et imbrī pulsātur;
nix saepe in umerōs Atlantis cadit.
Deinde flūmina dē monte fluunt.
Mōns Atlās sīcut senex est:
senex quī barbam albam habet.
Flūmina dē mentō senis Atlantis fluunt,
et multa glaciēs est in barbā Atlantis.

Gradus Secundus (II.29.2)

Jamque volāns
verticem montis Atlantis dūrī videt,
et alta latera montis Atlantis videt,
montem videt quī caelum vertice sustinet,
montem Atlantem,
cujus in capite multae pīnī crēscunt,
et cujus caput semper cīnctum est nūbibus ātrīs
et ventō et imbrī pulsātur,
nix dēnsa cadit, et umerōs Atlantis tegit,
tum flūmina dē mentō senis fluunt,
et aspera barba glaciē horret.

Gradus Tertius (II.29.3)

Jamque volāns
apicem Atlantis dūrī et latera ardua cernit
quī caelum vertice fulcit,
[apicem] Atlantis [cernit],
cui pīniferum caput adsiduē cīnctum [est] nūbibus ātrīs
et ventō et imbrī pulsātur,
nix īnfūsa umerōs tegit,
tum flūmina mentō senis praecipitant,
et horrida barba glaciē riget.

Verba Vergiliī, versūs 246-251

... Jamque volāns apicem et latera ardua cernit
Atlantis dūrī caelum quī vertice fulcit,
Atlantis, cīnctum adsiduē cui nūbibus ātrīs
pīniferum caput et ventō pulsātur et imbrī,
nix umerōs īnfūsa tegit, tum flūmina mentō
praecipitant senis, et glaciē riget horrida barba.

II.30 versūs 252-255

Hae ālae **parēs** sunt. Mercurius **paribus** ālīs volat.

Lītus est locus ubi mare et terra conveniunt. Ecce, **undae** sunt in marī.

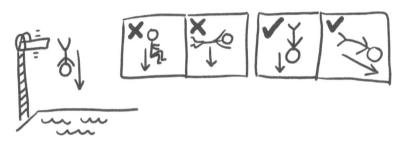

Hic vir **praeceps** in aquam salit.

Gradus Prīmus (II.30.1)

Hīc (prope montem Atlantem) Mercurius volat.
Paribus ālīs celeriter volat, cum subitō cōnsistit;
deinde dēvolat dē monte ad lītora Āfricāna.
Ad undās sē mittit sīcut avis,
avis quae circum lītora volat,
piscēs in aquā quaerēns.

Gradus Secundus (II.30.2)

Hīc (in apice montis Atlantis) prīmum Cyllēnius Mercurius
(Mercurius sīc nōminātur quia nātus est in monte Cyllēnā)
paribus ālīs celeriter volāns cōnstitit;
hinc (ab apice montis) praeceps sē ad undās tōtō corpore mīsit
sīcut avis,
quae nōn in altō caelō sed prope undās volat, humilis,
circum lītora, circum saxa ubi piscēs inveniuntur, super aquā.

Gradus Tertius (II.30.3)

Hīc prīmum Cyllēnius paribus ālīs nītēns cōnstitit;
hinc praeceps sē ad undās tōtō corpore mīsit
avī similis,
quae humilis volat circum lītora,
circum piscōsōs scopulōs jūxtā aequora.

VERBA VERGILIĪ, VERSŪS 252-255

Hīc prīmum paribus nītēns Cyllēnius ālīs
cōnstitit; hinc tōtō praeceps sē corpore ad undās
mīsit avī similis, quae circum lītora, circum
piscōsōs scopulōs humilis volat aequora jūxtā.

II.31 versūs 256-258

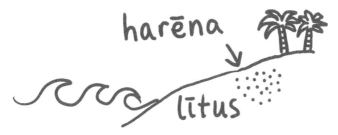

Harēna est in lītore. Lītus **harēnōsum** est.

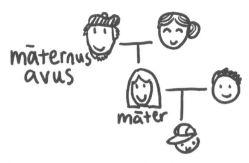

Avus est pater parentis. **Māternus avus** est pater mātris.

Gradus Prīmus (II.31.1)

Sīcut avis, Mercurius inter terram caelumque ad lītus
  Āfricae volābat.
Ā monte Atlante veniēbat.
Per aurās, per ventōs celeriter volābat.

Gradus Secundus (II.31.2)

Nōn aliter, nōn dissimilis avī, Mercurius inter terrās
  caelumque volābat
ad lītus harēnōsum Āfricae,
et Cyllēnius fīlius (=Mercurius, quī in monte Cyllēnā nātus est) per
  aurās volābat
et ventōs dīvidēbat,
veniēns ā māternō avō.
(Nam mōns Atlās est Mercuriī māternus avus:
Mercuriī mātris pater est Atlās).

Gradus Tertius (II.31.3)

Haud aliter inter terrās caelumque volābat
ad lītus harēnōsum Libyae,
et Cyllēnia prōlēs ventōs secābat,
veniēns ā māternō avō.

VERBA VERGILIĪ, VERSŪS 256-258

Haud aliter terrās inter caelumque volābat
lītus harēnōsum ad Libyae, ventōsque secābat
māternō veniēns ab avō Cyllēnia prōlēs.

II.32 versūs 259-261

Planta est īnferior pars pedis.

Mercurius tālāria gerit; sīc pedēs ejus **ālātī** sunt.

Tēctum est superior pars aedificiī.

Ecce, **arx**. Hominēs **arcem** aedificant in mediā urbe. **Arx** mūrōs altōs et aedificia pulchra habet. Facilis dēfēnsū est.

Gradus Prīmus (II.32.1)

Mercurius, simulatque ad urbem Karthāginem pervēnit,
et super tēcta ālātīs pedibus volāvit,
Aenēān cōnspexit.
Ibi Aenēās mūrōs et tēcta aedificābat.
Arcem hostibus aedificābat!

Gradus Secundus (II.32.2)

Cum prīmum ālātīs pedibus māgālia ('māgālia' sunt habitātiōnēs
parvae Āfricānae) tetigit,
Aenēān arcēs aedificantem ac tēcta renovantem cōnspicit.

Gradus Tertius (II.32.3)

Ut prīmum ālātīs plantīs māgālia tetigit,
Aenēān arcēs fundantem ac tēcta novantem cōnspicit.

VERBA VERGILIĪ, VERSŪS 259-261

Ut prīmum ālātīs tetigit māgālia plantīs,
Aenēān fundantem arcēs ac tēcta novantem
cōnspicit. ...

II.33 versūs 261-264

Ecce, gladius (=**ēnsis**) et **vāgīna**.

In **vāgīnā** sunt multae gemmae pretiōsae: **ĭaspidēs**. Quae sunt
iaspidēs? **Iaspidēs** sunt gemmae variīs colōribus: gemmae
rubrae, **fulvae**, flāvae, aut viridēs. Hae **iaspidēs fulvae** sunt:
habent colōrem leōnis, sīcut aurum.

Multae stēllae sunt in caelō. Caelum **stēllātum** est.

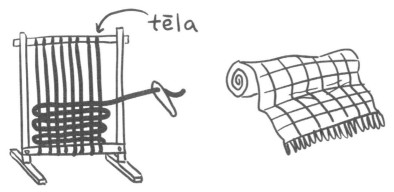

tēla

Tēlae sunt līneae quae sursum deorsumque tendunt; cum fēminae vestīmenta faciunt, **tēlae** immōtae stant, sed aliae līneae perpendiculārēs inter tēlās texuntur.

Gradus Prīmus (II.33.1)

Et Aenēās gladium pulcherrimum habēbat.
Vagīna hujus gladiī stēllāta erat iaspidibus fulvīs: quam pulchrum!
Et vestīmentum purpureum aureumque gerēbat.
Tam purpureum erat vestīmentum ut ārdēre vidērētur, sīcut
   purpurea flamma.
Dīdō haec dōna fēcerat:
Dīdō ipsa aureās līneās inter tēlās purpureās dīligenter texuerat.

Gradus Secundus (II.33.2)

Atque Aenēae erat ēnsis (=gladius), cujus vagīna stēllāta erat
   iaspide fulvā,
et pallium, quod circum umerōs gerēbat, Tyriā purpurā ārdēbat.
Hoc pallium faciēns, Dīdō tēlās aureīs līneīs texuerat.
Hic gladius et hoc pallium erant dōna quae dīves Dīdō fēcerat.

Gradus Tertius (II.33.3)

Atque illī erat ēnsis stēllātus iaspide fulvā
et laena (=pallium ē lānā factum) Tyriō mūrice ārdēbat,
  dēmissa ex umerīs,
mūnera quae dīves Dīdō fēcerat,
et tēlās tenuī aurō discrēverat.

Verba Vergiliī, versūs 261-264

... Atque illī stēllātus iaspide fulvā
ēnsis erat Tyriōque ārdēbat mūrice laena
dēmissa ex umerīs, dīves quae mūnera Dīdō
fēcerat, et tenuī tēlās discrēverat aurō.

II.34 versūs 265-267

Sub casā est **fundāmentum**. Casa in **fundāmentō** stat.

Vir nōn **meminit** ubi clāvēs sint. **Oblītus est** ubi clāvēs sint.

Gradus Prīmus (II.34.1)

Mercurius, nūntius deōrum, ad Aenēān accēdit
et statim dīcit:
'Nunc tū aedificās urbem Karthāginem?

Tū aedificās viās et mūrōs et pulchra aedificia?
Tū nōn amās tuam patriam et rēgnum futūrum, sed amās
   tuam "uxōrem!"
Nōn meministī tuī populī! Immemor es Ītaliae rēgnīque futūrī!'

Gradus Secundus (II.34.2)

Mercurius statim dīcit:
'Nunc tū, captus amōre "uxōris,"
aedificās fundāmenta et pulchram urbem Karthāginis?
Ēheu, immemor tuī rēgnī et rērum!'

Gradus Tertius (II.34.3)

Continuō invādit:
'Nunc tū uxōrius fundāmenta locās,
pulchramque urbem Karthāginis altae exstruis?
Heu, oblīte tuārum rēgnī rērumque!'

VERBA VERGILIĪ, VERSŪS 265-267

Continuō invādit: 'Tū nunc Karthāginis altae
fundāmenta locās pulchramque uxōrius urbem
exstruis? Heu, rēgnī rērumque oblīte tuārum!'

II.35 versūs 268-271

Puer nōn vult opus perficere. Itaque, puer **tempus perdit**
(=**tempus terit**).

Magister, 'Cūr **tempus perdis**?' inquit. 'Cūr **tempus teris**?
Dēbēs opus perficere!'

Gradus Prīmus (II.35.1)

Mercurius: 'Juppiter ipse, rēx deōrum, mē ad tē mittit ab Olympō,
Juppiter quī caelum et terrās regit et potentissimus est.
Ipse mē jubet haec imperia ferre ad tē per aurās:
Cūr hīc manēs? Quid vīs hīc efficere?
Tempus perdis in Libyā! Dēbēs ad Ītaliam īre!'

Gradus Secundus (II.35.2)

'Ipse rēx deōrum mē ad tē dēmittit ā clārō Olympō,
rēx quī caelum et terrās dīvīnā potestāte vertit,
ipse mē jubet haec imperia ferre per celerēs aurās:
Quod cōnsilium capis?
Aut quid spērās, dum tempus perdis in Libyā?'

Gradus Tertius (II.35.3)

'Ipse rēgnātor deum tibi mē dēmittit ā clārō Olympō,
quī caelum et terrās nūmine torquet,
ipse jubet haec mandāta ferre per celerīs aurās:
Quid struis? Aut quā spē ōtia teris in Libycīs terrīs?'

VERBA VERGILIĪ, VERSŪS 268-271

'Ipse deum tibi mē clārō dēmittit Olympō
rēgnātor, caelum et terrās quī nūmine torquet,
ipse haec ferre jubet celerīs mandāta per aurās:
Quid struis? Aut quā spē Libycīs teris ōtia terrīs?'

II.36 versūs 272-276

Cum vir mortuus est, **hērēs** omnēs rēs ejus hērēditāte accipit. Vir **hērēdī** omnēs rēs lēgat.

Gradus Prīmus (II.36.1)

Mercurius: 'Cūr nōn glōriam petis?
Nōnne glōria populī Rōmānī condendī erit magna?
Sed, sī glōriam nōn cupis,
et tū ipse nōn vīs facere magnās rēs,
cūrā fīlium tuum, Ascanium!
Tuus hērēs est! Dēbet rēgnum Ītaliae habēre!'

Gradus Secundus (II.36.2)

'Sī glōria magnārum rērum tē nōn movet,
neque ipse labōrās gloriae tibi quaerendae causā,
cūrā Ascanium surgentem
et spem Iūlī (=Ascaniī), tuī hērēdis,
quī dēbet habēre rēgnum Ītaliae Rōmānamque terram.'

Gradus Tertius (II.36.3)

'Sī nūlla glōria tantārum rērum tē movet
[neque ipse super tuā laude labōrem mōlīris,]
respice Ascanium surgentem et spēs hērēdis Iūlī,
cui rēgnum Ītaliae Rōmānaque tellūs dēbētur.'

Verba Vergiliī, versūs 272-276

'Sī tē nūlla movet tantārum glōria rērum
[nec super ipse tuā mōlīris laude labōrem,]
Ascanium surgentem et spēs hērēdis Iūlī
respice, cui rēgnum Ītaliae Rōmānaque tellūs
dēbētur.' ...

II.37 versūs 276-278

Hic vir **tenuis** est. Ille vir crassus est.

Ecce, lepus **ēvānescit**. Puer attonitus est quia lepus **ēvānuit**.

Gradus Prīmus (II.37.1)

Mercurius haec locūtus est et ēvānuit!
Nōn exspectāvit dum Aenēās respondēret:
Subitō, in mediā ōrātiōne,
antequam verba ultima dicta sunt,
abiit et in tenuem auram ēvānuit.

Gradus Secundus (II.37.2)

Mercurius, quī in monte Cyllēnā nātus est,
locūtus tālibus verbīs,
ā cōnspectū mortālium hominum, in mediā ōrātiōne, recessit
et longē ex oculīs in tenuem auram ēvānuit.

Gradus Tertius (II.37.3)

Cyllēnius locūtus tālī ōre
mortālīs vīsūs mediō sermōne relīquit
et procul ex oculīs in tenuem auram ēvānuit.

Verba Vergiliī, versūs 276-278

... Tālī Cyllēnius ōre locūtus
mortālīs vīsūs mediō sermōne relīquit
et procul in tenuem ex oculīs ēvānuit auram.

CAPUT III

Pius et Perfidus Aenēās

III.1 versūs 279-282

Currus in lūtō **haeret**.

Hic vir territus est, et **comae arrectae sunt**.

Hic vir territus est, nec potest loquī. Vōx in **faucibus haeret**.

Gradus Prīmus (III.1.1)

Et certē Aenēās, cum Mercurium vīdisset,
attonitus erat nec poterat loquī.
Comae ejus arrēctae erant.
Cōnātus est loquī, sed vōx in faucibus haesit.
Cupīvit pulchram terram Āfricam statim relinquere
quia verbīs Mercuriī territus est.

Gradus Secundus (III.1.2)

At vērō Aenēās, haec vidēns,
dēmēns et tacitus erat, nec poterat loquī,
et comae ejus horrōre arrēctae erant,
et vōx in faucibus haesit.
Valdē cupit fugere et dulcēs terrās Āfricānās relinquere,
territus tantō monitū imperiōque deōrum.

Gradus Tertius (III.1.3)

At vērō Aenēās āmēns aspectū obmūtuit,
et comae horrōre arrēctae [erant] et vōx faucibus haesit.
Ārdet abīre fugā dulcīsque terrās relinquere,
attonitus tantō monitū imperiōque deōrum.

VERBA VERGILIĪ, VERSŪS 279-282

At vērō Aenēās aspectū obmūtuit āmēns,
arrēctaeque horrōre comae et vōx faucibus haesit.
Ārdet abīre fugā dulcīsque relinquere terrās,
attonitus tantō monitū imperiōque deōrum.

III.2 versūs 283-286

Puer audāx (fortis et imprūdēns) est.
Puer **audet** leōnem dormientem excitāre.

Gradus Prīmus (III.2.1)

Ēheu, quid faciat Aenēās?
Post ōrātiōnem Mercuriī,
nescit quid faciat.
Dīdō furit (īnsāna est) et perīculōsa est.
Aenēās nōn vult īram ejus incitāre nisi necesse est,
sed vult pācem ab eā petere.
Quid Aenēae dīcendum?
Quae verba dīcere dēbet?
Quibus verbīs eam cōnsōlētur?
Quōmodo dolōrem Dīdōnis allevet?
Aenēās dē amōre et īrā Dīdōnis cōgitat,
et animum dūcit nunc hūc, nunc illūc.
Animum vertit ad omnia quae agere dēbet.

Gradus Secundus (III.2.2)

Heu, quid faciat?
Imperiīs Jovis audītīs, nunc quibus verbīs rēgīnam furentem
    adloquī audeat?
Quae verba prīmum ēligere dēbet?
Quid sit exōrdium ejus ōrātiōnis?
Nunc hūc nunc illūc animum celerem dīvidit
et animum in partēs variās dūcit,
perque omnia vertit.

Gradus Tertius (III.2.3)

Heu quid agat?
Quō adfātū nunc rēgīnam furentem ambīre audeat?
Quae prīma exōrdia sūmat?
Atque nunc hūc nunc illūc animum celerem dīvidit
et in partīs variās rapit perque omnia versat.

Verba Vergiliī, versūs 283-286

Heu quid agat? Quō nunc rēgīnam ambīre furentem
audeat adfātū? Quae prīma exōrdia sūmat?
Atque animum nunc hūc celerem nunc dīvidit illūc
in partīsque rapit variās perque omnia versat.

III.3 versūs 287-291

Raeda vetus est; nōn est nova.
Sed vēnditor **simulat** raedam novam esse.
'Raeda est nova!' inquit.

Vēnditor **dissimulat** raedam veterem esse. 'Raeda nōn est
vetus!' inquit.

Raeda **vidētur** nova, sed vetus est. Vir raedam ēmit quod nova **vidēbātur**.

Gradus Prīmus (III.3.1)

Aenēās dubitābat, sed hoc cōnsilium optimum vidēbātur—
vocāvit trēs amīcōs: Mnēsthea, Sergestum, et Serestum,
et eīs nārrāvit cōnsilium.
Jussit eōs tacitē nāvēs parāre
et comitēs ad lītus convocāre,
arma parāre, et simulāre omnia bona esse.
Jussit eōs dissimulāre causam cūr haec facerent.

Gradus Secundus (III.3.2)

Hoc cōnsilium Aenēae dubitantī melius vīsum est:
Mnēsthea Sergestumque fortemque Serestum vocat,
jubet eōs tacitōs classem parāre
et comitēs ad lītora convocāre,
arma parāre et dissimulāre quae causa sit hīs novīs faciendīs.

Gradus Tertius (III.3.3)

Haec sententia [eī] alternantī potior vīsa est:
Mnēsthea Sergestumque fortemque Serestum vocat,
tacitī classem aptent sociōsque ad lītora cōgant,
arma parent et dissimulent quae causa rēbus novandīs sit.

Verba Vergiliī, versūs 287-291

Haec alternantī potior sententia vīsa est:
Mnēsthea Sergestumque vocat fortemque Serestum,
classem aptent tacitī sociōsque ad lītora cōgant,
arma parent et quae rēbus sit causa novandīs
dissimulent. ...

III.4 versūs 291-295

Lāna est **mollis**; saxum est dūrum.

Puella trīstis est. 'Puer mē dēspexit! Nēmō mē amat!' inquit.

Māter **molliter** cum eā loquitur.
'Ō mea fīlia,' inquit, 'hic puer stultus est,
nec potest vidēre tē optimam esse.'

Gradus Prīmus (III.4.1)

Et Aenēās sibi dīxit:
'Dum optima Dīdō nihil scit,
et dum spērat magnum amōrem tūtum esse,
dum nescit mē amōrem dēpōnere,
et putat mē etiam nunc amāre,
temptābō ad eam accēdere.
Sed nōn statim accēdam.
Inveniam optimam viam, et optimum tempus.
Volō mollissimē cum Dīdōne colloquī nē īrāta sit.'
Omnēs comitēs laetī imperia audīvērunt
et celeriter jussa perfēcērunt.

Gradus Secundus (III.4.2)

Intereā, Aenēās, quoniam optima Dīdō cōnsilia ejus nesciat,
et spēret tantōs amōrēs nōn dēpōnī,
dīxit sē temptātūrum esse invenīre viās
quibus ad Dīdōnem accēdere possit,
et quae tempora optima sint,
et quibus verbīs mollissimē eam adloquī possit,
quae via fortūnāta sit hīs rēbus.
Omnēs laetī celeriter imperiīs pārent et jussa dīligenter faciunt.

Gradus Tertius (III.4.3)

Intereā, quandō optima Dīdō nesciat
et spēret tantōs amōrēs nōn rumpī,
sēsē temptātūrum [esse] aditūs
et quae tempora mollissima fandī,
quis modus dexter rēbus.
Omnēs laetī ōcius imperiō pārent et jussa facessunt.

Verba Vergiliī, versūs 291-295

... Sēsē intereā, quandō optima Dīdō
nesciat et tantōs rumpī nōn spēret amōrēs,
temptātūrum aditūs et quae mollissima fandī
tempora, quis rēbus dexter modus. Ōcius omnēs
imperiō laetī pārent et jussa facessunt.

III.5 versūs 296-299

Gradus Prīmus (III.5.1)

Sed rēgīna Dīdō hanc fraudem sēnsit
priusquam Aenēās ad eam accēdit omniaque nārrāvit.
Quis potest dēcipere hominem amantem?
Dīdō prīmō intellēxit quid Aenēās faceret.
Aenēās cōnsilium perficere nōn poterat.
Dīdō semper timēbat nē Aenēās amōrem dēpositūrus esset,
etiam dum omnia bona sunt et Aenēās eam amat.
Mala Fāma—eadem Fāma dē quā locūtī sumus—Dīdōnī nārrāvit
Trojānōs nāvēs parāre ut iter facerent.

Gradus Secundus (III.5.2)

Sed rēgīna hanc fraudem praesēnsit
(quis enim amantem dēcipere possit?),
et prīma cōnsilium futūrum intellēxit,
omnia timēns etiam dum tūta est.
Eadem impia Fāma Dīdōnī furentī nārrāvit
Trojānōs nāvēs armāre et cursum parāre.

Gradus Tertius (III.5.3)

At rēgīna dolōs praesēnsit
(quis amantem fallere possit?),
et prīma mōtūs futūrōs excēpit, omnia tūta timēns.
Eadem impia Fāma furentī dētulit
classem armārī cursumque parārī.

VERBA VERGILIĪ, VERSŪS 296-299

At rēgīna dolōs (quis fallere possit amantem?)
praesēnsit, mōtūsque excēpit prīma futūrōs
omnia tūta timēns. Eadem impia Fāma furentī
dētulit armārī classem cursumque parārī.

III.6 versūs 300-303

Gradus Prīmus (III.6.1)

Dīdō īnsāna furit, quasī ignī īnflammātur,
incēnsa per tōtam urbem īnsāna furit sīcut Baccha,
fēmina quae deum Bacchum colit.
Bacchae clāmant, vīnum bibunt, cantant, et furōre īnflammantur,
cum deum Bacchum (deum vīnī) colunt.
Dīdō erat sīcut Baccha,
ubi audit deum Bacchum clāmantem,
et omnēs Bacchae in mōnte Cithaerōne nocte clāmant
(hic mōns est in Graeciā, ubi Bacchus colitur).

Gradus Secundus (III.6.2)

Dīdō misera et male sāna furit
et incēnsa per tōtam urbem īnsāna saevit,
sīcut Baccha quae rītibus sacrīs excitātur et furiōsa fit
ubi deum Bacchum audit et orgia eam stimulant
(orgia quae celebrantur quōque tertiō annō)
et mōns Cithaerōn magnō clāmōre nocte eam vocat.

Gradus Tertius (III.6.3)

Inops animī saevit et incēnsa per tōtam urbem bacchātur,
quālis Thȳias commōtīs sacrīs excita,
ubi audītō Bacchō trietērica orgia [eam] stimulant
nocturnusque Cithaerōn clāmōre vocat.

Verba Vergiliī, versūs 300-303

Saevit inops animī tōtamque incēnsa per urbem
bacchātur, quālis commōtīs excita sacrīs
Thȳias, ubi audītō stimulant trietērica Bacchō
orgia nocturnusque vocat clāmōre Cithaerōn.

III.7 versūs 304-308

Vir et uxor manūs tenent et prōmittunt amōrem firmum et stabilem. Prōmittunt **fidem**.

Ēheu! Vir **fidem** rumpit et amat aliam fēminam. Vir est **perfidus**.

Gradus Prīmus (III.7.1)

Tandem Dīdō, priusquam Aenēās cum eā colloquī poterat,
haec verba Aenēae dīxit:
'Ō perfide! Mē fallere cōnāris!
Vīdī tē et tuōs comitēs nāvēs parantēs!
Spērāvistīne cēlāre tantum malum?
Spērāvistīne tacitus ā meā terrā discēdere?
Sed putāvī tē mē amāre...
Nōnne manūs junximus, ut darēmus signum fideī?
Nōnne cūrās mē crūdeliter moritūram esse?'

Gradus Secundus (III.7.2)

Tandem hīs verbīs suā sponte Aenēān adlocūta est:
'Etiam spērāstī, ō perfide, tē posse tantum malum dissimulāre
tacitumque ā meā terrā discēdere?
Nec noster amor tē tenet,
nec manus dextra tē tenet,
manus quae quondam data est ut esset signum amōris et fideī,
nec Dīdō moritūra crūdēlī morte tē tenet?'

Gradus Tertius (III.7.3)

Tandem hīs vōcibus ultrō Aenēān compellat:
'Spērāstī, perfide, posse tantum nefās etiam dissimulāre
tacitusque [ā] meā terrā dēcēdere?
Nec noster amor, nec quondam data dextera,
nec Dīdō moritūra crūdēlī fūnere tē tenet?'

VERBA VERGILIĪ, VERSŪS 304-308

Tandem hīs Aenēān compellat vōcibus ultrō:
'Dissimulāre etiam spērāstī, perfide, tantum
posse nefās tacitusque meā dēcēdere terrā?
Nec tē noster amor nec tē data dextera quondam
nec moritūra tenet crūdēlī fūnere Dīdō?'

III.8 versūs 309-313

Hiems est tempus frīgidum. Sunt quattuor tempora in annō:
Hiems, vēr, aestās, et autumnus.

Multae temptestātēs **hieme** oriuntur. Mare **undōsum** est, nam multae **undae** sunt in marī.

Gradus Prīmus (III.8.1)

Dīdō: 'Festīnāsne vērō hieme nāvēs parāre?
Vīsne nāvigāre cum caelum et mare turbida tempestātibus sunt?
Ō crūdēlis vir! Hiems est! Caelum igitur serēnum nōn habēbis!
Nēmō hieme nāvigat nisi in extrēmīs rēbus.
Cūr hoc facis?
Etiam sī peterēs Trojam, tuam antīquam domum,
nōn hieme iter facerēs.
Nunc terram novam ignōtamque tibi petis.
Nōnne dēbēs hīc manēre dum vēr veniat?
Mare nunc undīs turbidum est!'

Gradus Secundus (III.8.2)

'Festīnāsne vērō hieme labōrāre et nāvēs parāre,
et īre per altum mare turbidum tempestātibus, crūdēlis?
Cūr hoc facis?
Sī aliēnam terram domōsque ignōtās nōn peterēs,
et Troja antīqua manēret,
peterēsne Trojam nāvibus per undōsum mare?'

Gradus Tertius (III.8.3)

'Quīn etiam properās hībernō sīdere mōlīrī classem
et mediīs Aquilōnibus īre per altum, crūdēlis?
Quid, sī nōn arva aliēna domōsque ignōtās peterēs,
et Troja antīqua manēret,
Troja per undōsum aequor classibus peterētur?'

VERBA VERGILIĪ, VERSŪS 309-313

'Quīn etiam hībernō mōlīrī sīdere classem
et mediīs properās Aquilōnibus īre per altum,
crūdēlis? Quid, sī nōn arva aliēna domōsque
ignōtās peterēs, et Troja antīqua manēret,
Troja per undōsum peterētur classibus aequor?'

III.9 versūs 314-319

Pauper homō in viā sedet.
Dīves homō **miserētur** pauperis et eī dat pecūniam.

Pauper, 'Grātiās tibi agō,' inquit.
'Ego nōn **meruī** hanc pecūniam.'
Dīves homō rīdet; 'Neque ego **meruī** hanc pecūniam,' inquit.

Gradus Prīmus (III.9.1)

Dīdō: 'Fugisne mē? *Mēne?*
Ō Aenēā, nōlī mē relinquere!
Tē ōrō per hās lacrimās et per nostrum mātrimōnium,
(nam nihil habeō praeter nostrum mātrimōnium;
omnēs enim aliī virī sunt meī inimīcī quod tē amāvī).
Ō Aenēā, tē ōrō per mātrimōnium quod modo incēpimus,
sī amās mē,
sī ego benigna et dulcis tibi eram,
sī digna sum tuā grātiā,
nōlī crūdēlis esse, sed benignus mihi estō et miserēre meī.
Nōlī efficere hoc cōnsilium, tē ōrō!'

Gradus Secundus (III.9.2)

'Mēne fugis?
Ego tē ōrō per hās lacrimās et per dextram manum tuam,
(quia nihil, nisi tē ōrāre, facere possum),
tē ōrō per nostrum mātrimōnium quod incēpimus,
tē ōrō per nostrōs hymenaeōs (=carmina nūptiālia),
sī dēbēs grātiam mihi,
sī quid est, quod dē tē bene meruī,
aut sī ego fuī dulcis tibi ūllō modō,
benignus estō; miserēre meī et meae domūs cadentis,
dēpōne hoc cōnsilium,
sī quis locus est nunc precibus.'

Gradus Tertius (III.9.3)

'Mēne fugis?
Per hās lacrimās dextramque tuam ego tē ōrō,
(quandō nihil aliud ipsa mihi miserae jam relīquī),
per nostra cōnūbia, per inceptōs hymenaeōs [ōrō],
sī quid dē tē bene meruī,
aut quicquam dulce meum tibi fuit,
miserēre domūs lābentis
et exue istam mentem, sī quis locus adhūc precibus.'

VERBA VERGILIĪ, VERSŪS 314-319

'Mēne fugis? Per ego hās lacrimās dextramque tuam tē
(quandō aliud mihi jam miserae nihil ipsa relīquī),
per cōnūbia nostra, per inceptōs hymenaeōs,
sī bene quid dē tē meruī, fuit aut tibi quicquam
dulce meum, miserēre domūs lābentis et istam,
ōrō, sī quis adhūc precibus locus, exue mentem.'

III.10 versūs 320-324

Clāvēs ad terram cadunt, sed vir eās nōn videt; vir clāvēs **āmittit**.

In mātrimōniō sunt duo **conjugēs**:
Ūna **conjūnx** est uxor; alter **conjūnx** est marītus.

Gradus Prīmus (III.10.1)

Dīdō: 'Respice omnia quae tibi fēcī, Aenēā!
Omnia propter tē āmīsī!
Propter tē Āfricānī et Nomadēs inimīcī mihi sunt,
et Tyriī quī in urbe Tyrō habitant,
in Phoenīciā ubi quondam habitāvī,
bellum parant contrā mē!
Propter tē etiam meum pudōrem āmīsī.
Ōlim hominēs mē laudāvērunt,

quod sōla eram et mortuum conjugem amāvī;
nunc omnēs mē dēspiciunt et mē maledīcunt.
Mea prior fāma, quae erat bona, nunc est pessima.
Fortasse, dea esse potuissem, sī pudōrem servāvissem;
potuissem ad stēllās adīre sī ūnum virum sōlum amāvissem.
Cūr mē relinquis moritūram, ad quem īs, ō conjun-... ō hospes,
nōn possum tē vocāre conjugem, sōlum hospitem!'

Gradus Secundus (III.10.2)

'Propter tē Āfricānī populī et rēgēs Nomadum mē ōdērunt,
et Tyriī inimīcī sunt;
et iterum, propter tē meus pudor dēlētus est
et mea prior fāma dēlēta est,
quae erat sōla via quā poteram ad stēllās adīre.
Ad quem fugis, et cui mē moritūram dēseris, ō... hospes?
(Hoc est sōlum nōmen quod manet dē mātrimōniō nostrō.)'

Gradus Tertius (III.10.3)

'Propter tē Libycae gentēs Nomadumque tyrannī ōdēre,
[et] Tyriī īnfēnsī [sunt];
propter tē eundem pudor exstīnctus [est]
et fāma prior [exstīncta est], quā [viā] sōlā [ad] sīdera adībam.
Cui mē moribundam dēseris, hospes?
(Quoniam hoc sōlum nōmen dē conjuge restat)'

Verba Vergiliī, versūs 320-324

'Tē propter Libycae gentēs Nomadumque tyrannī
ōdēre, īnfēnsī Tyriī; tē propter eundem
exstīnctus pudor et, quā sōlā sīdera adībam,
fāma prior. Cui mē moribundam dēseris hospes
(hoc sōlum nōmen quoniam dē conjuge restat)?'

III.11 versūs 325-330

Fēmina fīlium nōn habet. Sōla et trīstis est.
'Fīlium cupiō! **Utinam** fīlium habērem!' inquit.

'Sī fīlium **saltem** habērem, nōn sōla essem!'
inquit fēmina trīstis.

Ecce, **ōs**. '**Ōs**' significat et 'vultus' et 'pars vultūs quā loquī et cibum edere potest'. In hīs versibus, '**ōs**' significat 'vultus.'

Gradus Prīmus (III.11.1)

Dīdō: 'Quid exspectō? Quid faciō, hīc manēns?
Tot inimīcōs habeō, et illīc in Phoeniciā et hīc in Āfricā!
Exspectōne dum frāter meam urbem dēleat,
aut Āfricānī mē capiant?
Ō mē miseram! Utinam habērem fīlium, parvum fīlium,
quī vultum similem tibi habēret!
Sī fīlium habērem,
hic parvus Aenēās referret tē in animum meum;

possem eum spectāre et vidēre tē.
Illō modō, nōn tōta dēserta et sōla essem.'

Gradus Secundus (III.11.2)

'Quid exspectō? Cūr moror?
Exspectōne dum frāter Pygmaliōn mūrōs meae urbis dēleat
aut Āfricānus Iarbās mē capiat et abdūcat ad terram suam?
Sī saltem quis fīlius ā tē datus mihī fuisset, ante fugam tuam,
sī quis parvulus Aenēās in ātriō mēcum lūderet,
quī tamen posset referre tē in animum meum,
fīlius quī similis tibi vidērētur,
nōn vērō omnīnō capta atque dēserta vidērer.'

Gradus Tertius (III.11.3)

'Quid moror? An dum frāter Pygmaliōn mea moenia dēstruat
aut Gaetūlus Iarbās [mē] captam dūcat?
Saltem sī qua subolēs dē tē suscepta ante fugam mihi fuisset,
sī quis parvulus Aenēās mihi [in] aulā lūderet,
quī tamen tē ōre referret,
nōn equidem omnīnō capta ac dēserta vidērer.'

Verba Vergiliī, versūs 325-330

'Quid moror? An mea Pygmaliōn dum moenia frāter
dēstruat aut captam dūcat Gaetūlus Iarbās?
Saltem sī qua mihī dē tē suscepta fuisset
ante fugam subolēs, sī quis mihi parvulus aulā
lūderet Aenēās, quī tē tamen ōre referret,
nōn equidem omnīnō capta ac dēserta vidērer.'

III.12 versūs 331-332

Puer trīstis est sed lacrimās tenēre cōnātur.

Puer vult cēlāre cūram. Cūram **sub corde premit**.

Gradus Prīmus (III.12.1)

Dīdō dīxerat et tacita erat.
Aenēās valdē commōtus erat, sed lacrimās tenēre cōnābātur.
Imperia Jovis in animō ejus erant.
Aenēās oculōs immōtōs tenēbat,
et cūram sub corde premēbat.

Gradus Secundus (III.12.2)

Dīdō dīxerat.
Ille (Aenēās), ā Jove monitus, oculōs immōtōs tenēbat,
et strēnuē resistēns cūram sub corde premēbat.

Gradus Tertius (III.12.3)

Dīxerat.
Ille monitīs Jovis lūmina immōta tenēbat
et obnīxus cūram sub corde premēbat.

Verba Vergiliī, versūs 331-332

Dīxerat. Ille Jovis monitīs immōta tenēbat
lūmina et obnīxus cūram sub corde premēbat.

III.13 versūs 333-336

Scelestus homō trīstis est. **Eum piget** meminisse
scelerum suōrum.

Gradus Prīmus (III.13.1)

Tandem Aenēās paucīs verbīs respondet:
'Ego numquam dīcam, "Dīdō nōn digna est," ō rēgīna.
Numquam dīcam, "Dīdō nihil mihi fēcit,"
nam tū fēcistī multās bonās rēs
—plūrēs quam numerāre potes!
Semper meminerō Dīdōnis,
numquam mē pigēbit meminisse tuī.
Dum vivō, tuī meminerō!'

Gradus Secundus (III.13.2)

Aenēās tandem paucīs verbīs respondet:
'Ego numquam negābō tē valdē dignam esse, ō rēgīna,
et fēcisse plūrima,
omnia quae loquendō numerāre potes,
nec mē pigēbit meminisse Dīdōnis,
dum ego ipse meminī meī,
dum anima in hōc corpore manet.'

Gradus Tertius (III.13.3)

Tandem pauca refert:
'Ego tē numquam negābō prōmeritam [esse], rēgīna,
plūrima quae fandō ēnumerāre valēs,
nec mē pigēbit meminisse Elissae
dum ipse memor meī [sum],
dum spīritus hōs artūs regit.'

Verba Vergiliī, versūs 333-336

Tandem pauca refert: 'Ego tē, quae plūrima fandō
ēnumerāre valēs, numquam, rēgīna, negābō
prōmeritam, nec mē meminisse pigēbit Elissae
dum memor ipse meī, dum spīritus hōs regit artūs.'

III.14 versūs 337-339

Poēta dīligenter cōgitat et **fingit** fābulam. In animō videt virum gladium tollentem et dracōnem oppugnantem.

Bellum cōnfectum est. Nātiōnēs **foedus** faciunt nē inter sē pugnent.

Ecce **fax**. **Facēs** (vel **taedae**) sunt signa mātrimōniī.

Gradus Prīmus (III.14.1)

Aenēās: 'Pauca loquar.
Ego nōn spērāvī cēlāre meam fugam,
nōlī fingere fābulam.
Neque umquam tē in mātrimōnium dūxī.
Numquam prōmīsī mē hīc tēcum mānsūrum esse.'

Gradus Secundus (III.14.2)

'Dē rē pauca loquar.
Ego neque hanc fugam clam cēlāre spērāvī (nōlī fingere)
neque umquam facēs mātrimōniī tenuī,
aut simulāvī mē tuum marītum esse,
aut in haec foedera vēnī.'

Gradus Tertius (III.14.3)

'Prō rē pauca loquar.
Neque ego hanc fugam fūrtō abscondere spērāvī (nē finge),
nec taedās conjugis umquam praetendī
aut in haec foedera vēnī.'

Verba Vergiliī, versūs 337-339

'Prō rē pauca loquar. Neque ego hanc abscondere fūrtō
spērāvī (nē finge) fugam, nec conjugis umquam
praetendī taedās aut haec in foedera vēnī.'

III.15 versūs 340-344

Equus vult currere sed homō nōn **patitur** eum currere.

Nunc homō **patitur** equum currere. **Sponte suā**, ad montēs celeriter currit.

Gradus Prīmus (III.15.1)

Aenēās: 'Fāta nōn patiuntur mē facere quod volō.
Invītus, rēgīna, tē relinquō.
Sī fāta paterentur mē facere in vītā quod vellem,
prīmum redīrem Trojam antīquam et urbem iterum conderem,
et dēfenderem eās rēs cārās quae ibi manent;
magna domus rēgis Priamī manēret,
et alteram Trojam meā manū aedificāvissem prō Trojānīs.'

Gradus Secundus (III.15.2)

'Sī fāta paterentur mē facere in vītā quod vellem,
et sponte meā possem facere quod vellem,
prīmum urbem Trojānam habitārem et custōdīrem,
et dēfenderem eās rēs dulcēs quae Trojae manent;
alta domus rēgis Priamī manēret,
et alterum Pergamum (arcem Trojae) meā manū posuissem prō
    victīs Trojānīs.'

Gradus Tertius (III.15.3)

'Sī fāta paterentur mē dūcere vītam meīs auspiciīs
et sponte meā cūrās compōnere,
prīmum urbem Trojānam dulcīsque reliquiās meōrum colerem,
Priamī tēcta alta manērent,
et recidīva Pergama victīs manū posuissem.'

Verba Vergiliī, versūs 340-344

'Mē sī fāta meīs paterentur dūcere vītam
auspiciīs et sponte meā compōnere cūrās,
urbem Trojānam prīmum dulcīsque meōrum
relliquiās colerem, Priamī tēcta alta manērent,
et recidīva manū posuissem Pergama victīs.'

III.16 versūs 345-350

Deus Apollō **ōrācula** (sing. **ōrāculum**) dat. Nārrat quid futūrum sit, et quid hominēs facere dēbeant.

Ecce, **arx**. Hominēs **arcem** aedificant in mediā urbe. **Arx** mūrōs altōs et aedificia pulchra habet. Facilis dēfēnsū est.

Puer habet parvum mālum sed puella habet magnum mālum. Puer **invidiam** patitur; **invidet** puellae quod mālum magnum habeat.

Gradus Prīmus (III.16.1)

Aenēās: 'Sed nunc Apollō, deus ōrāculōrum, mē jussit
   Ītaliam petere.
Meus amor vērus, mea patria vēra est Ītalia.
Tū dīxistī mē aliēnam terram petere domōsque ignōtās;
sed tū quoque urbem condis in aliēnā terrā.
Sī tū vīs pulchram Karthāginem in Āfricā condere,
nōlī invidēre Trojānīs quod in aliēnā terrā domum
   aedificāre volunt.
Dī nōs novās terrās quaerere jubent.'

Gradus Secundus (III.16.2)

'Sed nunc Apollō, deus ōrāculōrum, quī colitur in urbe Grȳniō
(Grȳnium est in Asiā, prope Trojam;
ibi est templum Apollinis et sacrī arborēs)
mē jussit magnam Ītaliam petere.
Ōrācula Apollinis (quī Lyciam habitat)
mē jussērunt Ītaliam petere;
hic est meus amor, haec patria est.
Sī tū, Phoenissa, vīs aedificāre arcem Karthāginis in Āfricā
et pulchram urbem in Libyā,
cūr Trojānīs invidēs quod in Ausoniā terrā tandem domum
   aedificāre volunt? (Ausonia est Ītalia.)
Et nōbīs licet per jussa deōrum novās terrās et rēgna quaerere.'

Gradus Tertius (III.16.3)

'Sed nunc Grȳnēus Apollō Ītaliam magnam [mē jussit capessere],
Lyciae sortēs jussēre [mē] Ītaliam capessere;
hic [meus] amor, haec patria est.

Sī arcēs Karthāginis et aspectus Libycae urbis tē
   Phoenissam dētinet,
quae invidia est Teucrōs Ausoniā terrā tandem cōnsīdere?
Et nōs fās [est] extera rēgna quaerere.'

VERBA VERGILIĪ, VERSŪS 345-350

'Sed nunc Ītaliam magnam Grȳnēus Apollō,
Ītaliam Lyciae jussēre capessere sortēs;
hic amor, haec patria est. Sī tē Karthāginis arcēs
Phoenissam Libycaeque aspectus dētinet urbis,
quae tandem Ausoniā Teucrōs cōnsīdere terrā
invidia est? Et nōs fās extera quaerere rēgna.'

III.17 versūs 351-355

Ecce, fūr capit fēminae lāmellam et multa emit. Fūr
fēminam **fraudit**.

Ecce, **imāgō**. Ubi homō moritur, **imāgō** ex eō exit et ad terram
mortuōrum it.

Ecce, **stēllae**, vel **astra**. **Stēllae** parvae lūcēs in caelō sunt.

Aenēās fīlium amat. Aenēās **caput** fīliī amat. (**Caput** fīliī = fīlius)

Gradus Prīmus (III.17.1)

Aenēās: 'Dum dormiō, nōn bene dormiō:
imāgō meī patris Anchīsae ad mē venit.
Pater Anchīsēs mē monet et terret.
Ac nōn sōlum pater, sed etiam fīlius mē monet.
Nocte, cum sōl cecidit et umbra super terrās it,
ubi stēllae in caelum surgunt,
meum fīlium spectō, et meminī rēgnī ejus.
Dēbēmus rēgnum Ītaliae petere, sed hīc in Āfricā manēmus;
ego Ascanium fraudō, quod eī rēgnum nōn condō.
Ēheu! Injūria est! Magna injūria!'

Gradus Secundus (III.17.2)

'Imāgō patris Anchīsae, sollicita et ānxia,
mē monet in somnīs et terret.
Quotiēns nox cum humidīs umbrīs super terrās it,
quotiēns stēllae igneae surgunt,
puer Ascanius et injūria ejus mē monet,
quem ego fraudō.
Eī enim nōn condō rēgnum Hesperiae,
neque ad fātālēs terrās eum dūcō.'

Gradus Tertius (III.17.3)

'Turbida imāgō patris Anchīsae mē admonet in somnīs et terret;
quotiēns nox ūmentibus umbrīs terrās operit,
quotiēns astra ignea surgunt,
puer Ascanius mē [monet] capitisque cārī injūria,
quem fraudō rēgnō Hesperiae et fātālibus arvīs.'

Verba Vergiliī, versūs 351-355

'Mē patris Anchīsae, quotiēns ūmentibus umbrīs
nox operit terrās, quotiēns astra ignea surgunt,
admonet in somnīs et turbida terret imāgō;
mē puer Ascanius capitisque injūria cārī,
quem rēgnō Hesperiae fraudō et fātālibus arvīs.'

III.18 versūs 356-361

Homō **testātur** sē scelus (=maleficium) vīdisse.

Jūdex rogat, 'Certusne es? **Testāris** tuam vitam? **Testāris**
tuum caput?'

139

Homō respondet, 'Certus sum. **Testor** meum caput. Vēra dīcō.'

Rēx malus est. Hominēs nōn laetī sunt et queruntur. Rēx **querēlās** eōrum audit.

Sunt duo vultūs. **Uterque** est trīstis.

Sunt duo hominēs. **Uterque** queritur.

Homō nōn jubet equum currere, sed equus currit! Equus **suā sponte** currit.

Gradus Prīmus (III.18.1)

Aenēās: 'Et nunc, etiam Mercurius, nūntius deōrum, missus est
    ā Jove ipsō.
Hoc vērum est! Testor meum caput!
Testor deum Mercurium per aurās volāvisse
et imperia Jovis ad mē portāvisse.
Lūx clāra erat, et ego ipse vīdī eum urbem intrantem,
et vōcem ejus audiī.
Nōlī plūra dīcere; nōlī querī: querēlās tuās audīre nōlō!
Īrātī sumus, et tuae querēlae tantum īram nostram incendunt.
Nōlō ad Ītaliam īre, sed deī mē jubent.
Nōn meā sponte Ītaliam petō.'

Gradus Secundus (III.18.2)

'Nunc etiam nūntius deōrum ab Jove ipsō missus
(ego testor utrumque caput; testor et meum et tuum caput;)
imperia per celerēs aurās dētulit:
ego ipse vīdī deum Mercurium in clārō lūmine mūrōs intrantem
vōcemque ejus hīs auribus audiī.
Nōlī plūra dīcere—
dēsine mēque tēque incendere tuīs querēlīs;
Ītaliam nōn meā sponte petō.'

Gradus Tertius (III.18.3)

'Nunc etiam interpres dīvum ab Jove ipsō missus
(testor utrumque caput)
mandāta per celerīs aurās dētulit:
ipse vīdī deum in manifēstō lūmine intrantem mūrōs
vōcemque hīs auribus hausī.

Dēsine mēque tēque incendere tuīs querēlīs;
Ītaliam nōn sponte sequor.'

Verba Vergiliī, versūs 356-361

'Nunc etiam interpres dīvum Jove missus ab ipsō
(testor utrumque caput) celerīs mandāta per aurās
dētulit: ipse deum manifēstō in lūmine vīdī
intrantem mūrōs vōcemque hīs auribus hausī.
Dēsine mēque tuīs incendere tēque querēlīs;
Ītaliam nōn sponte sequor.'

III.19 versūs 362-364

Fēmina **hūc illūc** spectat tacita.

Gradus Prīmus (III.19.1)

Dīdō īrāta spectābat Aenēān loquentem
et eum nōn jam esse amīcum sibi intellēxit.
Hūc illūc—ubīque—spectābat,
tōtum vultum et tōtum corpus Aenēae tacita inspiciēbat.
Tandem, īrātissima, haec verba dīxit:

Gradus Secundus (III.19.2)

Dīdō, quae jamdūdum inimīcō animō erat,
spectat Aenēān tālia verba dīcentem,
hūc illūc oculōs volvēns
omnia oculīs tacitīs percurrit
et sīc incēnsa dīcit:

Gradus Tertius (III.19.3)

Jamdūdum āversa tuētur [Aenēān] tālia dīcentem
hūc illūc oculōs volvēns
tōtumque lūminibus tacitīs pererrat
et sīc accēnsa profātur:

VERBA VERGILIĪ, VERSŪS 362-364

Tālia dīcentem jamdūdum āversa tuētur
hūc illūc volvēns oculōs tōtumque pererrat
lūminibus tacitīs et sīc accēnsa profātur:

III.20 versūs 365-368

Ecce, **tigris**. **Tigris** est maxima et saevissima fēlēs.

Tigris filiōs **prōgignit**.

Tigris laeta est quod filiōs **prōgenuit**. Eīs **lac** dat.

Fēmina īrāta est, sed simulat sē laetam esse et **dissimulat** sē īrātam esse.

Gradus Prīmus (III.20.1)

Dīdō: 'Māter tua nōn est dea—
tū mātrem deam nōn habēs;
neque habēs Trojānum atavum.
Parentēs tuī nec deī neque hominēs erant:
sed mōns Caucasus, horridus mōns, tē prōdūxit,
et tigrēs Asiānae lac tibi dedērunt.
Cūr dissimulō tantum malum?
Nunc tempus est clāmandī et omnia dīcendī!'

Gradus Secundus (III.20.2)

'Neque est tibi dea māter,
neque est tibi Dardanus atavus,
perfide, sed dūrus Caucasus dūrīs saxīs tē prōgenuit
Hyrcānaeque tigrēs (tigrēs quae habitant prope Caspium māre et
    montēs Caucasiōs)
tibi lac dedērunt (admovērunt ūbera ad tē).
Nam cūr dissimulō, aut cūr mē reservō?
Nēmō majōra scelera fēcit quam tū!'

Gradus Tertius (III.20.3)

'Nec tibi parēns dīva, nec Dardanus generis auctor,
perfide, sed horrēns Caucasus dūrīs cautibus tē genuit
Hyrcānaeque tigrēs admōrunt ūbera.
Nam quid dissimulō aut ad quae majōra mē reservō?'

Verba Vergiliī, versūs 365-368

'Nec tibi dīva parēns generis nec Dardanus auctor,
perfide, sed dūrīs genuit tē cautibus horrēns
Caucasus Hyrcānaeque admōrunt ūbera tigrēs.
Nam quid dissimulō aut quae mē ad majōra reservō?'

III.21 versūs 369-372

Homō lāmentātur et **ingemuit**. (Gemitus est sonus trīstis.)

Cum amīca trīstis est, amīcus quoque trīstis est et eam **miserātur**.

Bonus jūdex omnia **aequē** jūdicat. Omnia **aequīs oculīs** aspicit.

Gradus Prīmus (III.21.1)

Dīdō: 'Ēheu, Aenēās nōn trīstis est!
Cum lacrimō, ille neque lāmentātur neque ingemuit!
Aenēās dolōrem meum nōn cūrat!
Vidētne meum dolōrem? Scītne mē dolēre?

Cum lacrimāvī, Aenēās nōn lacrimāvit.
Nōn victus est meīs lacrimīs.
Mē amantem nōn miserātus est.
Ō, unde incipiam? Quid prīmum dīcam, quid posteā?
Jam jam deī mē nōn miserantur.
Jam jam nec Jūnō nec Juppiter haec mala videt et mē miserātur.'

Gradus Secundus (III.21.2)

'Ingemuitne Aenēās ubi audit meum flētum?
Vertitne oculōs ad meum dolōrem?
Estne Aenēās trīstis, lacrimīs meīs victus?
Lacrimāvitne Aenēās aut amantem mē miserātus est?
Quae verba prīmum dīcam, quae posteā?
Jam jam nec maxima dea Jūnō nec pater Juppiter, fīlius Sāturnī,
haec oculīs aequīs aspicit.'

Gradus Tertius (III.21.3)

'Num flētū nostrō ingemuit? Num lūmina flexit?
Num victus lacrimās dedit aut amantem miserātus est?
Quae quibus anteferam?
Jam jam nec maxima Jūnō nec Sāturnius pater
haec oculīs aequīs aspicit.'

Verba Vergiliī, versūs 369-372

'Num flētū ingemuit nostrō? Num lūmina flexit?
Num lacrimās victus dedit aut miserātus amantem est?
Quae quibus anteferam? Jam jam nec maxima Jūnō
nec Sāturnius haec oculīs pater aspicit aequīs.'

III.22 versūs 373-378

Vir et uxor manūs tenent et prōmittunt amōrem firmum et stabilem. Prōmittunt **fidem**.

Ēheu! Vir **fidem** rumpit et amat aliam fēminam. **Fidēs** frācta est.

Nāvēs **āmissae** sunt. Vir, 'Ubi sunt nāvēs?' inquit.

Rēgīna nāvēs invenit et eās **redūcit**. 'Ecce, hīc sunt nāvēs!' inquit.

Gradus Prīmus (III.22.1)

Dīdō: 'Heu, Aenēās fidem suam frēgit.
In nūllō locō fidēs tūta est.
Ego Aenēān adjūvī:
ubi tempestās eum in lītus meum ējēcit,
eum accēpī, cibum eī dedī,
eumque in rēgnō posuī.
Īnsāna eram!
Aenēās hostis erat, et ego eum in rēgnō posuī?
Ille nāvēs āmīsit; eās nāvēs ego quaesīvī, invēnī, et eī reddidī.
Ille comitēs āmīsit; eōs quoque redūxī, et eōs ā morte servāvī!
Pessimum virum! Īrātissima sum omnia respiciēns!
Nunc Apollō, deus prophētārum et ōrāculōrum quī Lyciam habitat,
    dīcit "Ī ad Ītaliam."
Nunc etiam Mercurius, nūntius deōrum, ā Jove missus, dīcit "Ī
    ad Ītaliam."
Deī nōn dīcunt "Grātiās Dīdōnī age, nam illa tē servāvit."
Deī ad eum ferunt horrida jussa!'

Gradus Secundus (III.22.2)

'Nūllō in locō fidēs tūta est.
Ego Aenēān adjūvī.
Eum ējectum lītore pauperemque accēpī,
et īnsāna in parte rēgnī posuī.
Ego āmissam classem ejus redūxī,
et comitēs ā morte redūxī.
(Heu incēnsa furiīs ruō!)
Nunc prophēta Apollō, nunc Lycia ōrācula,
nunc nūntius quoque deōrum, ab ipsō Jove missus,
fert horrida jussa per aurās.'

Gradus Tertius (III.22.3)

'Nusquam fidēs tūta [est].
Ējectum lītore, egentem excēpī et dēmēns in parte rēgnī locāvī.
Āmissam classem, sociōs ā morte redūxī
(heu incēnsa furiīs feror!):
nunc augur Apollō, nunc Lyciae sortēs,
nunc et ab ipsō Jove missus interpres dīvum
fert horrida jussa per aurās.'

VERBA VERGILIĪ, VERSŪS 373-378

'Nusquam tūta fidēs. Ējectum lītore, egentem
excēpī et rēgnī dēmēns in parte locāvī.
Āmissam classem, sociōs ā morte redūxī
(heu furiīs incēnsa feror!): nunc augur Apollō,
nunc Lyciae sortēs, nunc et Jove missus ab ipsō
interpres dīvum fert horrida jussa per aurās.'

III.23 versūs 379-381

Est mihi liber. **Is** liber est parvus.

Est eī sella. **Ea** sella est magna.

Gradus Prīmus (III.23.1)

Dīdō: 'Deī magnī dē caelō dēspiciunt,
et quid vident?
Parvōs hominēs facientēs parvās rēs vident.
Num potentissimī deī cūrant parvās rēs hominum?
Labor eōrum nōn est cūrāre amōrem nostrum.
Ego neque tē teneō
neque volō diūtius contrā tē disputāre;
ī, pete Ītaliam ventīs,
pete rēgnum tuum per undās.'

Gradus Secundus (III.23.2)

'Certē is labor est dignus deīs,
ea cūra perturbat placidōs deōs.
Neque ego tē teneō neque tua verba refūtō:
ī, sequere Ītaliam ventīs, pete rēgna per undās.'

Gradus Tertius (III.23.3)

'Scīlicet is labor est superīs,
ea cūra quiētōs sollicitat.
Neque tē teneō neque dicta refellō:
ī, sequere Ītaliam ventīs, pete rēgna per undās.'

Verba Vergiliī, versūs 379-381

'Scīlicet is superīs labor est, ea cūra quiētōs
sollicitat. Neque tē teneō neque dicta refellō:
ī, sequere Ītaliam ventīs, pete rēgna per undās.'

III.24 versūs 382-387

Ecce, color **āter**. Carbō est **āter**.

Hic vir scelus fēcit et dēbet **poenās dare**.

Gradus Prīmus (III.24.1)

Dīdō: 'Possuntne bonī deī malōs hominēs pūnīre?
Sī vērō quid facere possunt,
spērō tē, Aeneā, nāvigātūrum esse in saxa,
ubi perīculum maximum erit nāvibus.
Ibi gravēs poenās dabis.
Spērō tē saepe vocātūrum esse, "Dīdō! Dīdō!"
Ego nōn respondēbō sed laeta erō.
Absēns, sequar tē ātrīs ignibus,
et, ubi moriar, atque anima meum corpus relinquet,
ego umbra tē sequar ubīque.
Ō improbe, poenās dabis!
Audiam et haec fāma mihi veniet ubi mortua sum.'

Gradus Secundus (III.24.2)

'Sī vērō quid piī deī possunt facere,
spērō tē in mediīs saxīs gravēs poenās datūrum esse,
et saepe mē nōmine "Dīdō!" vocātūrum esse.
Ego absēns sequar tē ātrīs ignibus
et, cum frīgida mors animam ā corpore meō remōverit,
ego umbra tē sequar et in omnibus locīs aderō.
Ō improbe, poenās dabis.
Audiam et haec fāma mihi veniet in terram mortuōrum.'

Gradus Tertius (III.24.3)

'Spērō equidem, sī quid [facere] pia nūmina possunt,
[tē] mediīs scopulīs supplicia hausūrum [esse]
et nōmine Dīdō saepe vocātūrum [esse].
Sequar ātrīs ignibus absēns
et, cum frīgida mors artūs animā sēdūxerit,
[ego] umbra omnibus locīs aderō.
Dabis, improbe, poenās.
Audiam et haec fāma mihi veniet sub īmōs Mānīs.'

VERBA VERGILIĪ, VERSŪS 382-387

'Spērō equidem mediīs, sī quid pia nūmina possunt,
supplicia hausūrum scopulīs et nōmine Dīdō
saepe vocātūrum. Sequar ātrīs ignibus absēns
et, cum frīgida mors animā sēdūxerit artūs,
omnibus umbra locīs aderō. Dabis, improbe, poenās.
Audiam et haec Mānīs veniet mihi fāma sub īmōs.'

III.25 versūs 388-392

Marmor est lapis albus et dūrus. Haec columna marmorea est.

In lectō sunt mollia **strāta**.

Gradus Prīmus (III.25.1)

Dīdō nōn jam loquitur
sed in mediō sermōne subitō tacet.
Trīstis, fugit et sē ex oculīs āvertit,
relinquēns Aenēān quī vult plūra dīcere,
sed timet et dubitat quid dīcat,
nec potest dīcere quod vult.
Dīdō ad terram cadit, valdē commōta,
sed ancillae (fēminae servae) Dīdōnem conlāpsam sustinent
eamque ad lectum portant.

Gradus Secundus (III.25.2)

Hīs dictīs, Dīdō in mediō sermōne dēsinit loquī,
et aegra lūcem fugit et sē ex oculīs āvertit et aufert,
relinquēns Aenēān dē multīs rēbus timōre dubitantem
et parantem multa dīcere.
Ancillae Dīdōnem conlāpsam sustinent,
eamque ad marmoreum lectum portant
et in strātīs pōnunt.

Gradus Tertius (III.25.3)

Hīs dictīs medium sermōnem abrumpit
et aegra aurās fugit sēque ex oculīs āvertit et aufert,
linquēns [Aenēān] multa metū cūnctantem
et multa parantem dīcere.
Famulae [eam] suscipiunt
conlāpsaque membra marmoreō thalamō referunt
strātīsque repōnunt.

Verba Vergiliī, versūs 388-392

Hīs medium dictīs sermōnem abrumpit et aurās
aegra fugit sēque ex oculīs āvertit et aufert,
linquēns multa metū cūnctantem et multa parantem
dīcere. Suscipiunt famulae conlāpsaque membra
marmoreō referunt thalamō strātīsque repōnunt.

CAPUT IV

Magicae Artēs

IV.1 versūs 393-396

Vir trīstis est et **gemit**. ('**Gemitus**' est sonus trīstis).

Gradus Prīmus (IV.1.1)

Sed pius Aenēās, quamquam vult juvāre Dīdōnem
et cōnsōlārī eam plūribus verbīs,
et cūrās ejus removēre,
nōn potest.
Multum gemit, et commōtus est magnō amōre,
sed tamen jussa deōrum sequitur et ad nāvēs redit.

Gradus Secundus (IV.1.2)

Sed pius Aenēās, quamquam cupit Dīdōnem dolentem
  cōnsōlandō adjuvāre,
et cūrās āvertere verbīs,
multum gemēns et magnō amōre valdē commōtus,
jussa tamen deōrum sequitur nāvēsque revīsit.

Gradus Tertius (IV.1.3)

At pius Aenēās, quamquam cupit [Dīdōnem] dolentem
   sōlandō lēnīre
et cūrās dictīs āvertere,
multa gemēns magnōque amōre animum labefactus
jussa tamen dīvum exsequitur classemque revīsit.

VERBA VERGILIĪ, VERSŪS 393-396

At pius Aenēās, quamquam lēnīre dolentem
sōlandō cupit et dictīs āvertere cūrās,
multa gemēns magnōque animum labefactus amōre
jussa tamen dīvum exsequitur classemque revīsit.

IV.2 versūs 397-401

Nāvēs **ūnctae** sunt. Aqua in nāvēs nōn intrat quia nāvēs
ūnctae sunt.

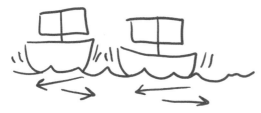

Nāvēs in aquā **natant**.

Carīna īnferior pars nāvis est.

Ecce, **rēmī**, **lignum**, et **frondēs**. **Rēmī** fiunt ē **lignō**.

Gradus Prīmus (IV.2.1)

Deinde Trojānī festīnant nāvēs parāre:
magnās nāvēs dē lītore in mare dēdūcunt.
Ūnctae nāvēs in aquā natant.
Trojānī frondēs lignumque ē silvīs ferunt
et rēmōs celeriter faciunt;
tū vidēs eōs hūc illūc currentēs ex tōtā urbe.

Gradus Secundus (IV.2.2)

Deinde vērō Trojānī currunt ad opera,
et dē lītore tōtō altās nāvēs dēdūcunt.
Ūnctae carīnae in aquā natant,
et Trojānī frondēs lignumque ē silvīs ferunt
ut rēmōs faciant;
rēmī nōn dīligenter factī sunt quod Trojānī volunt celeriter fugere.
Tū vidēs eōs migrantēs et currentēs ex tōtā urbe.

Gradus Tertius (IV.2.3)

Tum vērō Teucrī incumbunt
et [dē] lītore tōtō celsās nāvīs dēdūcunt.
Natat ūncta carīna,
frondentēsque rēmōs et rōbora silvīs ferunt
īnfabricāta fugae studiō.
[Tū] cernās [eōs] migrantēs et ruentēs tōtā ex urbe.

VERBA VERGILIĪ, VERSŪS 397-401

Tum vērō Teucrī incumbunt et lītore celsās
dēdūcunt tōtō nāvīs. Natat ūncta carīna,
frondentīsque ferunt rēmōs et rōbora silvīs
īnfabricāta fugae studiō.
Migrantīs cernās tōtāque ex urbe ruentīs:

IV.3 versūs 402-407

Mīlitēs agrōs **populant**: frūmentum rapiunt et ad castra portant.

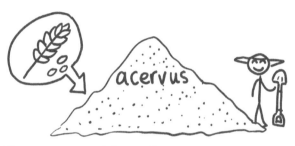

Ecce, **acervus** frūmentī.

Ecce, color **niger**. **Formīca** est **nigra**. Color **niger** est similis
ātrō colōrī, sed rēs **nigrae** splendent.

Aqua **fervet**.

Gradus Prīmus (IV.3.1)

Trojānī opera perficiunt sīcut formīcae:
velut cum formīcae rapiunt multa frūmenta,
et important in suam domum, memorēs hiemis.
Nigrae formīcae per agrōs sīcut mīlitēs contendunt;
frūmentum raptum per herbās portant,
contendēns in viā angustā.
Aliae formīcae magna frūmenta in umerīs portant,
aliae formīcae ducēs sunt: imperant suīs ut celerius
   opera perficiant.
Ubīque via fervet formīcīs opera perficientibus.

Gradus Secundus (IV.3.2)

Et velut cum formīcae ingentem acervum frūmentī populant
memorēs hiemis,
et in suam domum frūmentum impōnunt.
Nigrum agmen formīcārum it in agrīs
praedamque per herbās portant in viā angustā;
aliae formīcae, dīligenter labōrantēs,
magna frūmenta in umerīs prōpellunt,
aliae formīcae agmina cōgunt
et reprehendunt eās quae morantur.
Omnis via opere fervet.

Gradus Tertius (IV.3.3)

Ac velut cum formīcae ingentem acervum farris populant
memorēs hiemis,
tēctōque repōnunt.
It nigrum agmen [in] campīs

praedamque per herbās convectant calle angustō;
pars [eārum] obnīxae grandia frūmenta umerīs trūdunt,
pars agmina cōgunt castīgantque morās:
omnis sēmita opere fervet.

Verba Vergiliī, versūs 402-407

Ac velut ingentem formīcae farris acervum
cum populant hiemis memorēs tēctōque repōnunt,
it nigrum campīs agmen praedamque per herbās
convectant calle angustō; pars grandia trūdunt
obnīxae frūmenta umerīs, pars agmina cōgunt
castīgantque morās, opere omnis sēmita fervet.

IV.4 versūs 408-411

Ubi homō cōgitat dē rēbus, **sēnsūs** sunt in animō ejus. Laetitia et trīstitia sunt **sēnsūs**.

Fēmina ex arce **prōspicit**. Longē et lātē vidēre potest.

Gradus Prīmus (IV.4.1)

Cum vidērēs hanc rem, quid tū sēnsistī, ō misera Dīdō?
Tūne lāmentāta es, et gemuistī?
Nōnne id vīdistī, prōspiciēns ex urbe,
nōnne vīdistī Trojānōs ubīque in lītore hūc illūc currentēs,

et tōtum mare plēnum nāvibus clāmōribusque?
Quid sēnsistī tum?

Gradus Secundus (IV.4.2)

Quī sēnsūs in animō tuō erant, Dīdō, cum illō tempore tālēs
  rēs vidērēs?
Aut quōs gemitūs dabās,
cum prōspicerēs ē summā arce
et vidērēs lītora ubīque fervere,
et tōtum mare vidērēs miscērī ante oculōs tantīs clāmōribus!

Gradus Tertius (IV.4.3)

Quis sēnsus tibi [erat], Dīdō, tum tālia cernentī,
quōsve gemitūs dabās,
cum ex summā arce prōspicerēs lītora lātē fervere,
tōtumque aequor vidērēs miscērī ante oculōs tantīs clāmōribus!

Verba Vergiliī, versūs 408-411

Quis tibi tum, Dīdō, cernentī tālia sēnsus,
quōsve dabās gemitūs, cum lītora fervere lātē
prōspicerēs arce ex summā, tōtumque vidērēs
miscērī ante oculōs tantīs clāmōribus aequor!

IV.5 versūs 412-415

rēx
supplex

Supplex est homō quī ōrat. 'Quaesō! Tē ōrō! Adjuvā mē!'
inquit **supplex**.

Rēx **supplicem** nōn adjuvat. **Supplex frūstrā** ōrat.

Gradus Prīmus (IV.5.1)

Ō Amor, impius es! Tam impius es!
Cōgis hominēs omnia facere, bona et mala.
Dīdō cōgitur iterum lacrimāre,
cōgitur iterum loquī et temptāre Aenēae persuādēre.
Misera Dīdō, supplex amōris, omnia temptāvit:
nihil est quod nōn temptāvit ut Aenēae persuādēret nē abīret.
Nōluit frūstrā morī.

Gradus Secundus (IV.5.2)

Improbe Amor, quid nōn mortālēs hominēs cōgis facere!
Dīdō cōgitur iterum īre in lacrimās,
iterum temptāre Aenēae persuādēre precandō,
et animōs amōrī summittere sīcut supplex.
Omnia temptat nē frūstrā moriātur.

Gradus Tertius (IV.5.3)

Improbe Amor, quid nōn mortālia pectora cōgis [facere]!
[Dīdō] cōgitur iterum īre in lacrimās, iterum temptāre precandō
et supplex animōs amōrī summittere,
nē quid frūstrā moritūra inexpertum relinquat.

VERBA VERGILIĪ, VERSŪS 412-415

Improbe Amor, quid nōn mortālia pectora cōgis!
Īre iterum in lacrimās, iterum temptāre precandō
cōgitur et supplex animōs summittere amōrī,
nē quid inexpertum frūstrā moritūra relinquat.

IV.6 versūs 416-418

Ecce, **vēlum**. **Carbasus** est māteria dē quā **vēla** fiunt. '**Carbasus**' ergō significat '**vēlum**.'

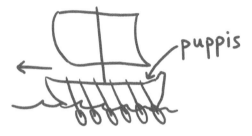

Ecce, **puppis**. **Puppis** est pars posterior nāvis.

Gradus Prīmus (IV.6.1)

Dīdō dīxit sorōrī,
'Anna, tū vidēs Trojānōs festīnāntēs circum lītus:
ab omnibus locīs, Trojānī hūc vēnērunt in ūnum locum.
Jam vēla nāvium parāta sunt,
nautae posuērunt corōnās in nāvibus
(quod bonam fortūnam volunt),
et laetī exspectant ventum secundum.'

Gradus Secundus (IV.6.2)

Dīdō dīxit, 'Anna, vidēs omnēs Trojānōs festīnāntēs circum
tōtum lītus:
Trojānī undique convēnērunt;
jam carbasus parātus est ad aurās accipiendās,
et laetī nautae corōnās in puppibus posuērunt.'

Gradus Tertius (IV.6.3)

'Anna, vidēs tōtō lītore properārī circum:
undique convēnēre;
jam carbasus aurās vocat,
et laetī nautae corōnās puppibus imposuēre.'

Verba Vergiliī, versūs 416-418

'Anna, vidēs tōtō properārī lītore circum:
undique convēnēre; vocat jam carbasus aurās,
puppibus et laetī nautae imposuēre corōnās.'

IV.7 versūs 419-423

Haec fēmina fortis est et dolōrem **perferre** potest.

Haec fēmina nōn est fortis, nec dolōrem **perferre** potest.

Lāna est **mollis**; saxum est dūrum.

Gradus Prīmus (IV.7.1)

Dīdō: 'Volō Aenēān hīc hieme manēre
et, sī necesse est eī discēdere,
volō eum post aliquot mēnsēs discēdere.
Nam sī discessum ejus praevidēre potuerō,
etiam poterō discessum ejus ferre.
Ō Anna, fac hanc rem mihi:
ī ad Aenēān et rogā eum ut maneat.
Tū potes id facere,
nam ille perfidus homō tēcum sōlā colloquitur.
Aenēās tibi crēdit et dīcit rēs occultās tibi;
tū sōla scīs quōmodo accēdās ad Aenēān,
et quae sint viae mollēs, quae sint optima tempora.'

Gradus Secundus (IV.7.2)

'Sī ego potuerō hunc dolōrem (discessum Aenēae) praevidēre,
etiam perferre poterō, soror.
Sed fac hoc ūnum, Anna,
fac id mihī miserae;
nam ille perfidus tēcum sōlā colloquitur,
etiam occultās sententiās suās tibi crēdit;
tū sōla nōverās mollēs viās et mollia tempora
quibus accēderēs ad virum (Aenēān).'

Gradus Tertius (IV.7.3)

'Sī ego potuī tantum hunc dolōrem spērāre,
et perferre poterō, soror.
Hoc tamen ūnum exsequere, Anna, mihi miserae;
nam ille perfidus tē sōlam colere,
etiam arcānōs sēnsūs tibi crēdere;
[tū] sōla nōrās mollīs aditūs et tempora virī.'

VERBA VERGILIĪ, VERSŪS 419-423

'Hunc ego sī potuī tantum spērāre dolōrem,
et perferre, soror, poterō. Miserae hoc tamen ūnum
exsequere, Anna, mihī; sōlam nam perfidus ille
tē colere, arcānōs etiam tibi crēdere sēnsūs;
sōla virī mollīs aditūs et tempora nōrās.'

IV.8 versūs 424-427

Supplex est humilis homō quī ōrat.

Pergamum est arx Trojae. Nōnnumquam 'Pergamum' prō tōtā urbe dīcitur. Itaque, 'Pergamum' significat 'Troja.' 'Pergama' (pl.) quoque significat 'Troja.'

Gradus Prīmus (IV.8.1)

Dīdō: 'Ī soror, et colloquere cum hoste Aenēā.
Dīc eī haec verba:
"Ego, Dīdō, nōn sum hostis sīcut Graecī;
Nōn in bellō prō Graecīs pugnāvī,
nōn occīdī Trojānōs,
nōn mīsī nāvēs Trojam,
nec sepulchrum patris Anchīsae violāvī."'

Gradus Secundus (IV.8.2)

'Ī, soror, atque supplex colloquere cum hoste superbō:
ego societāte cum Graecīs mē nōn conjūnxī ad Trojam dēlendam,
ubi Graecī apud Aulidem inter sē jūrāvērunt Trojānam
    gentem dēlēre.
(Aulis est locus quō Graecae nāvēs cōnvēnērunt priusquam omnēs
    Trojam nāvigāvērunt.)
Nec classem ad Pergama mīsī (Pergamum est arx Trojae),
nec cinerem aut mānēs patris Anchīsae violāvī.'

Gradus Tertius (IV.8.3)

'Ī, soror, atque supplex adfāre hostem superbum:
ego nōn jūrāvī cum Danaīs Trojānam gentem exscindere Aulide
classemve ad Pergama mīsī,
nec cinerem mānīsve patris Anchīsae revellī.'

VERBA VERGILIĪ, VERSŪS 424-427

'Ī, soror, atque hostem supplex adfāre superbum:
nōn ego cum Danaīs Trojānam exscindere gentem
Aulide jūrāvī classemve ad Pergama mīsī,
nec patris Anchīsae cinerem mānīsve revellī.'

IV.9 versūs 428-430

Hominēs in cursū currunt. Prīmus laetus est. **Ultimus**
(=**extrēmus**) trīstis et fessus est.

Gradus Prīmus (IV.9.1)

Dīdō: 'Cūr Aenēās nōn mē audit? Cūr Aenēās negat mē audīre?
Quō festīnat?
Eum ad Ītaliam īre velle sciō, sed ventī nōn secundī sunt!
Volō eum hoc ultimum dōnum mihi dare:
quoniam ventī nōn secundī sunt,
volō eum exspectāre dum ventī secundī sint.'

Gradus Secundus (IV.9.2)

'Cūr nōn vult mea verba admittere ad aurēs? Dūrās aurēs habet!
Quō festīnat?
Hoc dōnum extrēmum mihi (miserae amantī) det—
exspectet duās rēs:

exspectet facilem fugam, et secundōs ventōs quī ferant eum
ad Ītaliam.'

Gradus Tertius (IV.9.3)

'Cūr negat mea dicta dēmittere in aurīs dūrās?
Quō ruit? Hoc mūnus extrēmum miserae amantī det:
exspectet facilemque fugam ventōsque ferentīs.'

VERBA VERGILIĪ, VERSŪS 428-430

'Cūr mea dicta negat dūrās dēmittere in aurīs?
Quō ruit? Extrēmum hoc miserae det mūnus amantī:
exspectet facilemque fugam ventōsque ferentīs.'

IV.10 versūs 431-436

Titus **beneficium** (=**veniam**) dat amīcō.

Amīcus **beneficium** reddit. Amīcus **beneficium remittit**.

Gradus Prīmus (IV.10.1)

Dīdō: 'Nōn ōrō mātrimōnium antīquum:
perfidus Aenēās jam mātrimōnium relīquit.
Illud mātrimōnium finītum est: nōn iterum id habēbō.
Neque ōrō ut Aenēās hīc semper maneat et Ītaliam relinquat.

Modo tempus petō—
petō tempus ut possim dolēre,
et ut discam accipere quod fortūna mihi dedit.
Sī Aenēās mihi hoc beneficium dederit,
ego eī id beneficium remittam meō morte.'
(Anna rogat: 'Quid dīcis, soror?
Quid significat "ego eī id beneficium morte remittam?"'
Sed Dīdō nōn respondet.
Dīdō vult morī, sed nōn vult Annam sē prohibēre ā morte.)

Gradus Secundus (IV.10.2)

'Nōn jam mātrimōnium antīquum, quod perfidē relīquit, ōrō,
neque ōrō ut pulchrum Latium nōn habeat, rēgnumque relinquat:
tempus vacuum petō, quiētem et spatium dolōrī,
dum mea fortūna mē, quae victa sum, doceat dolēre.
Hoc extrēmum beneficium ōrō (miserēre sorōris),
beneficium quod cum Aenēās id perfēcerit et mihi dederit,
ego morte remittam.'

Gradus Tertius (IV.10.3)

'Nōn jam conjugium antīquum, quod prōdidit, ōrō,
neque ut pulchrō Latiō careat rēgnumque relinquat:
tempus ināne petō, requiem spatiumque furōrī,
dum mea fortūna mē victam doceat dolēre.
Hanc extrēmam veniam ōrō (miserēre sorōris),
quam cum cumulātam mihi dederit, morte remittam.'

Verba Vergiliī, versūs 431-436

'Nōn jam conjugium antīquum, quod prōdidit, ōrō,
nec pulchrō ut Latiō careat rēgnumque relinquat:
tempus ināne petō, requiem spatiumque furōrī,
dum mea mē victam doceat fortūna dolēre.
Extrēmam hanc ōrō veniam (miserēre sorōris),
quam mihi cum dederit cumulātam morte remittam.'

IV.11 versūs 437-440

Vir aurēs suās **obstruit**. Sīc audīre nōn potest.

Gradus Prīmus (IV.11.1)

Hīs verbīs Dīdō Annam ōrābat,
haec trīstia verba soror Anna ad Aenēān tulit, miserrima.
Iterum iterumque soror Aenēān ōrābat,
sed ille nūllīs verbīs movēbātur;
eam audiit, sed nōn eī concessit.
Nōn tractābilis erat Aenēās: Anna eī persuādēre nōn poterat.
Fāta contrā Annam Dīdōnemque erant,
et deī aurēs Aenēae obstruxērunt.

Gradus Secundus (IV.11.2)

Tālibus verbīs Dīdō ōrābat,
tālēsque lāmentātiōnēs miserrima soror Anna fertque refertque.
Sed ille (Aenēās) nūllīs lāmentātiōnibus movētur
aut eī concēdit (nōn enim tractābilis erat);
fāta contrā Annam Dīdōnemque stant,
et imperium deōrum aurēs virī obstruit.

Gradus Tertius (IV.11.3)

Tālibus [verbīs] ōrābat,
tālīsque flētūs miserrima soror fertque refertque.
Sed ille nūllīs flētibus movētur
aut ūllās vōcēs tractābilis audit;
fāta obstant et deus obstruit placidās aurīs virī.

VERBA VERGILIĪ, VERSŪS 437-440

Tālibus ōrābat, tālīsque miserrima flētūs
fertque refertque soror. Sed nūllīs ille movētur
flētibus aut vōcēs ūllās tractābilis audit;
fāta obstant placidāsque virī deus obstruit aurīs.

IV.12 versūs 441-446

Boreae sunt ventī quī ā septentriōnibus veniunt. Frigidī sunt et celeriter **flant**.

Quercus est magna arbor dēcidua, cujus lignum validissimum est. Lignum **quercī 'rōbur'** vocātur; et **'rōbur'** significat 'firmitās, validitās.'

Colōnus herbam **ēruit**. Facile est herbam **ēruere**. Difficile est quercum **ēruere**!

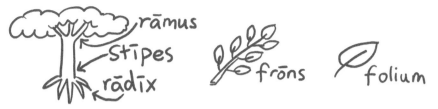

Ecce, partēs arboris: sub terrā sunt **rādīcēs**. Suprā terram est **stīpes** (vel truncus). Ad fīnēs rāmōrum sunt **frondēs** et **folia**.

Gradus Prīmus (IV.12.1)

Anna Aenēān petēbat sīcut ventī frīgidī quī arborem flant:
hī ventī, per montēs ruentēs, cōnantur quercum veterem
   validamque ēruere.
Nunc hinc nunc illinc eam quercum flant.
Quercus strīdit (sonum facit, 'iiiiii!') cum ventī truncum pulsant.
Folia ventīs pulsāta ad terram cadunt.
Ipsa autem arbor nōn cadit!
In saxīs manet immōta,
et altae rādīcēs eam ibi tenent.
Rādīcēs tam altē in terram dēscendunt, quam caput arboris in
   caelum ascendit.

Gradus Secundus (IV.12.2)

Et velut cum Boreae ventī, per Alpīnōs montēs ruentēs,
   inter sē pugnant,
ut validam quercum ēruant,
quae vetus est et multōs annōs vīxit,
et cujus rōbur validissimum est.
Nunc hinc nunc illinc eam flātibus pulsant;
quercus strīdit, et pulsātō truncō alta folia ad terram cadunt;
ipsa autem arbor in saxīs manet,
et quantum caput ad caelum tollit,
tantum rādīcēs in terram dēmittit.

Gradus Tertius (IV.12.3)

Ac velut cum Alpīnī Boreae [ventī] inter sē certant
validam quercum annōsō rōbore ēruere
nunc hinc nunc illinc flātibus;
strīdor it, et concussō stīpite altae frondēs cōnsternunt terram;

ipsa [arbor] haeret scopulīs
et quantum vertice ad aurās aetheriās [tendit],
tantum rādīce in Tartara (=terram mortuōrum) tendit.

Verba Vergiliī, versūs 441-446

Ac velut annōsō validam cum rōbore quercum
Alpīnī Boreae nunc hinc nunc flātibus illinc
ēruere inter sē certant; it strīdor, et altae
cōnsternunt terram concussō stīpite frondēs;
ipsa haeret scopulīs et quantum vertice ad aurās
aetheriās, tantum rādīce in Tartara tendit.

IV.13 versūs 447-449

Cūrae sunt ānxietātēs, timōrēs, et sollicitūdinēs quae animum
turbant ut hominēs ānxiī fiant.

Gradus Prīmus (IV.13.1)

Similis illī arborī,
Aenēās, vir magnus, iterum iterumque verbīs pulsābātur.
In corde suō cūrās sentiēbat; valdē commōtus erat.
Sed mēns immōta erat; cōnstituit enim mentem nōn mūtāre.
Et lacrimae eum nōn mōvērunt.
(Quis lacrimābat? Incertum est:
fortasse Anna, aut Dīdō, aut Aenēās, aut trēs omnēs lacrimābant.)

Gradus Secundus (IV.13.2)

Nōn dissimilis illī arborī,
perpetuīs vōcibus hinc atque hinc hērōs Aenēās pulsātur,
et in magnō pectore cūrās sentit;

mēns tamen immōta manet,
lacrimae (aut Annae aut Dīdōnis aut Aenēae) frūstrā cadunt.

Gradus Tertius (IV.13.3)

Haud secus adsiduīs vōcibus hinc atque hinc hērōs tunditur,
et magnō pectore cūrās persentit;
mēns immōta manet,
lacrimae inānēs volvuntur.

VERBA VERGILIĪ, VERSŪS 447-449

Haud secus adsiduīs hinc atque hinc vōcibus hērōs
tunditur, et magnō persentit pectore cūrās;
mēns immōta manet, lacrimae volvuntur inānēs.

IV.14 versūs 450-451

Gradus Prīmus (IV.14.1)

Deinde, vērō, misera Dīdō dēspērat;
territa est fātīs, nam fāta adversa sunt:
nunc mortem quaerit.
Nōn jam vult vīvere.
Nōn jam vult caelum vidēre.

Gradus Secundus (IV.14.2)

Tum vērō īnfēlīx Dīdō, fātīs territa, mortem petere cupit;
nōn jam vult caelum vidēre.
Taedet eam convexum caelum spectāre.

Gradus Tertius (IV.14.3)

Tum vērō īnfēlīx Dīdō fātīs exterrita mortem ōrat;
taedet convexa caelī tuērī.

VERBA VERGILIĪ, VERSŪS 450-451

Tum vērō īnfēlīx fātīs exterrita Dīdō
mortem ōrat; taedet caelī convexa tuērī.

IV.15 versūs 452-456

Ecce, **āra**. **Āra** est locus in quō sacrificia fiunt.

Tūs est māteria pretiōsa quae suāvī fūmō ārdet. Hominibus deīsque placet odor **tūris**; itaque, **tūs** in ārīs saepe incenditur. Ārae, in quibus **tūs** incenditur, 'tūricremae' vocantur.

Gradus Prīmus (IV.15.1)

Et deī horribile ōmen ad Dīdōnem mīsērunt,
ut rēgīna īnsāna fieret et sē occīderet.
Dīdō, cum sacrificia in ārīs impōneret,
et vīnum in ārās effunderet,
vīdit vīnum obscūrum fierī
et vertī in sanguinem—
horrendum est!
Hoc dīxit nūllī, nē sorōrī quidem.

Gradus Secundus (IV.15.2)

Dī volēbant Dīdōnem sē occīdere.
Ut rēgīna haec faceret lūcemque relinqueret
et perficeret quod incēpit,
ōmen horribile ad eam missum est.
Dīdō, cum dōna in ārīs fūmantibus impōneret,
vīdit (horrendum dictū!) liquidum sacrum nigrēscere

fūsumque vīnum vertī in sanguinem;
hoc ōmen dīxit nūllī, nōn ipsī sorōrī.

Gradus Tertius (IV.15.3)

Quō magis inceptum peragat
lūcemque relinquat,
cum dōna ārīs tūricremīs impōneret,
vīdit (horrendum dictū) laticēs sacrōs nigrēscere
fūsaque vīna sē vertere in obscēnum cruōrem;
hoc vīsum effāta [est] nūllī, nōn ipsī sorōrī.

Verba Vergiliī, versūs 452-456

Quō magis inceptum peragat lūcemque relinquat,
vīdit, tūricremīs cum dōna impōneret ārīs,
(horrendum dictū) laticēs nigrēscere sacrōs
fūsaque in obscēnum sē vertere vīna cruōrem;
hoc vīsum nūllī, nōn ipsī effāta sorōrī.

IV.16 versūs 457-461

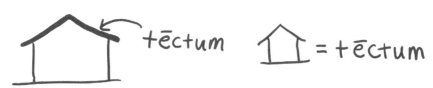

'**Tēctum**' significat et pars superior aedificiī et aedificium ipsum.

Vellus est pellis ovis cum lānā.

Dīdō templum **velleribus** et frondibus **revincit**.

Gradus Prīmus (IV.16.1)

Et aliud ōmen erat:
fuit templum Sychaeī in tēctīs Dīdōnis.
Hoc templum dē marmore factum est ('marmor' est lapis
    albus et pulcher)
et Dīdō id dīligenter cūrābat.
Circum hoc templum vellera et frōndēs erant,
nam Dīdō id velleribus et frondibus revīnxerat.
Ab hōc templō audīta est vōx Sychaeī:
'Dīdō... Elissa... cāra uxor... venī hūc... venī ad mē... tē exspectō...'
Sychaeus vīsus est Dīdōnem ad terram mortuōrum vocāre,
cum nox adesset.

Gradus Secundus (IV.16.2)

Praetereā fuit in tēctīs Dīdōnis templum conjugis veteris,
templum dē marmore factum,
quod Dīdō mīrābilī honōre colēbat.
Hoc templum Dīdō velleribus albīs et sacrīs frondibus revīnxerat:
hinc vōx et verba virī audīrī vīsa sunt;
Sychaeus vīsus est eam vocāre,
cum nox obscūra super terrās esset.

Gradus Tertius (IV.16.3)

Praetereā fuit in tēctīs templum [factum] dē marmore
    conjugis antīquī,
quod mīrō honōre colēbat,
velleribus niveīs et fēstā fronde revīnctum:
hinc vōcēs et verba vocantis virī exaudīrī vīsa [sunt],
cum nox obscūra terrās tenēret.

Verba Vergiliī, versūs 457-461

Praetereā fuit in tēctīs dē marmore templum
conjugis antīquī, mīrō quod honōre colēbat,
velleribus niveīs et fēstā fronde revīnctum:
hinc exaudīrī vōcēs et verba vocantis
vīsa virī, nox cum terrās obscūra tenēret.

IV.17 versūs 462-465

Ecce, **būbō**. **Būbō** est avis nocturnālis. Īnfēlix ōmen est.

Vātēs est prophēta, homō quī futūra praedīcit.

Gradus Prīmus (IV.17.1)

Et būbō, ūna būbō, sōla super sepulchrōs sedēns,
saepe vīsa est trīstis cantāre, 'uuu, uuu,'
et longās vōcēs extendere: 'uuuuuuu! uuuuuuuuu!'
Haec būbō vīsa est lacrimāre et flētum facere.
Et multa alia praedicta vātum in mentem Dīdōnis veniunt,
et eam horrificant.
Nam hī vātēs eam monēbant, priusquam Aenēān petiit,
    nē id faceret;

sed tunc eōs nōn audīvit.
Nunc praedicta vātum in mentem reveniunt, sērō tamen.

Gradus Secundus (IV.17.2)

Et sōla būbō, in summīs sepulchrīs sedēns,
saepe vīsa est trīstis cantāre,
et querēlās facere trīstibus vōcibus,
et longās vōcēs lāmentātiōnibus extendere;
et praetereā multa praedicta vātum,
quae anteā eī dīcta erant,
eam terribilī monitū horrificant.

Gradus Tertius (IV.17.3)

Sōlaque būbō culminibus fērālī carmine saepe querī
et longās vōcēs in flētum dūcere [vīsa est];
et praetereā multa praedicta vātum priōrum terribilī monitū
horrificant.

Verba Vergiliī, versūs 462-465

Sōlaque culminibus fērālī carmine būbō
saepe querī et longās in flētum dūcere vōcēs;
multaque praetereā vātum praedicta priōrum
terribilī monitū horrificant. ...

IV.18 versūs 465-468

Lupus est **ferus**, canis est mānsuētus.

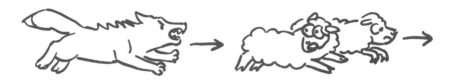

Lupus ad ovēs currit et eās terret. Lupus ovēs **agit**.

Gradus Prīmus (IV.18.1)

Dīdō dormīre nōn potest, nam multa īnsomnia eam terrent:
Aenēās ipse Dīdōnem in somniīs agit;
ferus vidētur, sīcut animal ferōx.
Dīdō, ferum Aenēān in somnīs vidēns, īnsānit.
Deinde Dīdō sōla est, ab omnibus dēserta.
Tum Dīdō longam viam īre vidētur,
sed numquam ad finem pervenīre potest.
Posteā Dīdō amīcōs quaerere vidētur
sed terra vacua est omnibus hominibus.
Alterum somnium alterum celeriter sequitur;
difficile est ūnum ab aliīs dīvidere.

Gradus Secundus (IV.18.2)

Ipse ferus Aenēās eam ad furōrem agit in somnīs,
et semper sōla dēsertaque vidētur,
semper sine comitibus longam viam īre vidētur
et Tyriōs comitēs in dēsertā terrā quaerere.

Gradus Tertius (IV.18.3)

Ipse ferus Aenēās agit furentem in somnīs,
semperque sōla sibī relinquī [vidētur],
semper incomitāta longam viam īre vidētur
et Tyriōs dēsertā terrā quaerere.

Verba Vergiliī, versūs 465-468

... Agit ipse furentem
in somnīs ferus Aenēās, semperque relinquī
sōla sibī, semper longam incomitāta vidētur
īre viam et Tyriōs dēsertā quaerere terrā.

IV.19 versūs 469-473

Ecce **facēs**. **Facēs** ārdent.

Dīrae sunt deae terrificae quae malōs hominēs pūniunt. Is quī mala facta pūnit '**ultor**' vocātur, aut '**ultrīx**' sī fēmina est.

Color **āter** est obscūrus, sīcut carbō.

Gradus Prīmus (IV.19.1)

Dīdō īnsāna est sīcut Pentheus—
sed quis fuit Pentheus?
Eurīpidēs dē Pentheō tragoediam nōmine 'Bacchās' scrīpsit.
Pentheus fuit rēx Thēbārum quī religiōnem Bacchī Thēbīs
    expellere voluit,
sed Bacchae (fēminae quae Bacchum colunt) eum
    saevē occīdērunt.
Bacchus ipse Pentheum ad īnsāniam incitāverat ut eum pūnīret;
Dīdō īnsāna est sīcut Pentheus,
quī īnsānus vīdit horribilia:
ille vīdit plūrimās Dīrās deās, in agmine contendentēs
    sīcut mīlitēs;

nōn ūnum sōlem in caelō vīdit, sed duōs;
et duās urbēs Thēbās vīdit.
Aut Dīdō īnsāna est sīcut Orestēs,
cum tragoediae dē Oreste et dē maledictā familiā ejus in
   theātrō aguntur.
Orestēs magnum scelus fēcit: mātrem suam occīdit.
Sed mox imāgō mātris et deae Dīrae eum petiērunt ut pūnīrent;
māter et Dīrae ultrīcēs eum agitābant.
Māter facēs et serpentēs tenēns ad eum accessit;
Dīrae circum jānuam sedēbant, inimīcae.
Orestēs eās effugere nōn potuit.

Gradus Secundus (IV.19.2)

Dīdō furit, sīcut Pentheus dēmēns quī Dīrārum agmina videt
et duōs sōlēs in caelō videt,
et duās urbēs Thēbās sē ostendere videt,
aut sīcut Orestēs, fīlius Agamemnonis,
ubi inimīcae in theātrō eum agitant,
cum ille fugit mātrem, facibus et serpentibus armātam,
et Dīrae in līmine (ad jānuam) sedent, deae ultrīcēs.

Gradus Tertius (IV.19.3)

Velutī Pentheus dēmēns Eumenidum agmina videt
et sōlem geminum et duplicēs Thēbās sē ostendere,
aut Agamemnonius Orestēs scaenīs agitātus,
cum fugit mātrem facibus et serpentibus ātrīs armātam
ultrīcēsque Dīrae in līmine sedent.

VERBA VERGILIĪ, VERSŪS 469-473

Eumenidum velutī dēmēns videt agmina Pentheus
et sōlem geminum et duplicēs sē ostendere Thēbās,
aut Agamemnonius scaenīs agitātus Orestēs,
armātam facibus mātrem et serpentibus ātrīs
cum fugit ultrīcēsque sedent in līmine Dīrae.

IV.20 versūs 474-477

Ecce **vultus**. **Vultus** placidus est. Fēmina gaudet quod **spem** in corde suō habet et futūra bona esse crēdit. Itaque **vultus** ejus placidus vidētur.

Fēmina mēnsam **tegit**.

Gradus Prīmus (IV.20.1)

Itaque ubi Dīdō dolōre victa est
(nam magnus dolor Dīdōnem vīcit),
et furōrem in mente habuit,
cōnstituit sē occīdere, et mortem sibi quaerere.
Ipsa dē temporibus et dē modīs moriendī cōgitābat.
Sibi dīxit, 'Quandō moriar?
Quōmodo moriar?'
Sīc cōnsilium moriendī cēpit.
Deinde ad sorōrem accēssit et cum eā collocūta est;
sed cōnsilium moriendī vultū placidō tegit,
et spem simulāvit.

Gradus Secundus (IV.20.2)

Ergō ubi Dīdō dolōre victa est,
et in mentem furōrem concēpit,
cōnstituit morī.
Ipsa sēcum tempus modumque cōgitat.
Dīdō, adlocūta trīstem sorōrem,

cōnsilium moriendī vultū placidō tegit,
et spem vultū ostendit:

Gradus Tertius (IV.20.3)

Ergō ubi ēvicta dolōre furiās concēpit
dēcrēvitque morī,
ipsa sēcum tempus modumque exigit,
et adgressa maestam sorōrem dictīs
cōnsilium vultū tegit
ac spem [in] fronte serēnat:

Verba Vergiliī, versūs 474-477

Ergō ubi concēpit furiās ēvicta dolōre
dēcrēvitque morī, tempus sēcum ipsa modumque
exigit, et maestam dictīs adgressa sorōrem
cōnsilium vultū tegit ac spem fronte serēnat:

IV.21 versūs 478-482

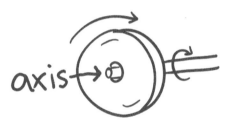

Ecce, **axis**. Rota circum **axem** volvit.

Gradus Prīmus (IV.21.1)

Dīdō: 'Ō soror, gaudē mēcum, tuā sorōre,
nam invēnī viam
quā possim aut Aenēān ad mē revocāre,
aut mē amōre līberāre.
Est locus quī hinc longissimē abest,
in extrēmā parte occidentis,
ubi sōl cotīdiē in Ōceanum cadit:
Aethiopēs ibi habitant,

et maximus Atlās caelum in umerō tollit,
et caelum circum axem vertit,
ut stēllae in caelō circumvolvant.'

Gradus Secundus (IV.21.2)

'Invēnī viam, soror, (gaudē cum sorōre tuā)
quae Aenēān mihi reddat vel ab eō mē amantem līberet.
Juxtā Ōceanī fīnem, et jūxtā sōlem cadentem,
est ultimus locus Aethiopum,
ubi maximus Atlās axem caelī in umerō vertit,
axem ad quem stēllae ārdentēs conjunctae sunt.'

Gradus Tertius (IV.21.3)

'Invēnī viam, germāna, (grātāre sorōrī)
quae eum mihi reddat vel eō mē amantem solvat.
Juxtā Ōceanī fīnem sōlemque cadentem
est ultimus locus Aethiopum,
ubi maximus Atlās axem umerō torquet
stēllīs ārdentibus aptum.'

VERBA VERGILIĪ, VERSŪS 478-482

'Invēnī, germāna, viam (grātāre sorōrī)
quae mihi reddat eum vel eō mē solvat amantem.
Ōceanī fīnem jūxtā sōlemque cadentem
ultimus Aethiopum locus est, ubi maximus Atlās
axem umerō torquet stēllīs ārdentibus aptum.'

IV.22 versūs 483-486

rāmus

Rāmus est pars arboris. In hāc arbore, **māla ā rāmīs** pendent.

Ecce, **mel** et **papāver**. Cibī dulcēs **melle** et **papāvere** parantur. Quam dulcis est hic cibus! Quam suāvis! Cupiō omnia dēvorāre et statim dormītum īre.

Fēmina aquam in herbās **spargit**.

Gradus Prīmus (IV.22.1)

Dīdō: 'Audiī esse sacerdōtem ibi, in extrēmā parte occidentis.
Haec sacerdōs templum custōdiēbat,
in cujus hortō erant dracō et arbor:
dracō arborem custōdiēbat, nē quis māla carperet;
nam arbor māla aurea ferēbat.
Sacerdōs dracōnem nūtriēbat ut arborem custōdīret;
eī cibum dabat—cibum dulcem, ut dracōnem dēlectāret.
Mel et papāver eī dabat.'

Gradus Secundus (IV.22.2)

'Aliquis mihi nūntiāvit esse sacerdōtem Āfricānam, ab hōc locō,
quae templum Hesperidum custōdīret.
('Hesperidēs' sunt fīliae Hesperī/Vesperis,
quae in hortō ejus māla aurea cūrābant.)
Haec sacerdōs cibum dracōnī dabat
et sacrōs rāmōs in arbore cūrābat,
spargēns liquida mella et papāver,
ut somnum in dracōnem immitteret.'

Gradus Tertius (IV.22.3)

'Hinc sacerdōs Massȳlae gentis mōnstrāta [est] mihi,
custōs templī Hesperidum,
quae epulās dracōnī dabat
et sacrōs rāmōs in arbore servābat,
spargēns ūmida mella sopōriferumque papāver.'

VERBA VERGILIĪ, VERSŪS 483-486

'Hinc mihi Massȳlae gentis mōnstrāta sacerdōs,
Hesperidum templī custōs, epulāsque dracōnī
quae dabat et sacrōs servābat in arbore rāmōs,
spargēns ūmida mella sopōriferumque papāver.'

IV.23 versūs 487-491

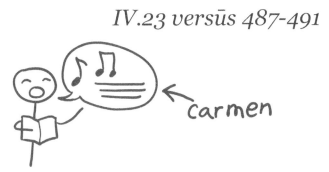

Ecce, **carmen**. **Carmen** est quod cantātum est.

Gradus Prīmus (IV.23.1)

Dīdō: 'Haec sacerdōs dīcit sē posse magica carmina cantāre,
et aliās mentēs dolōre līberāre,
sed in aliās mentēs dolōrem mittere;
dīcit sē posse aquam in fluviīs immōtam tenēre,
et vertere stēllās rursus.
Sacerdōs animās hominum mortuōrum nocte vocat.
Sī carmina cantābit, vidēbis terram sub tuīs pedibus sonāre
et arborēs dē montibus dēscendere.'

Gradus Secundus (IV.23.2)

'Haec sacerdōs prōmittit sē carminibus mentēs dolōre līberāre,
quās velit,
sed dūrās cūrās aliīs mentibus immittere.
Dīcit sē posse aquam in fluviīs sistere,
et vertere stēllās rursus,
nocturnāsque animās movet:
vidēbis terram sub tuīs pedibus murmurāre
et ornōs (altās arborēs) dē montibus dēscendere.'

Gradus Tertius (IV.23.3)

'Haec prōmittit sē carminibus solvere mentēs quās velit,
ast aliīs dūrās cūrās immittere,
sistere aquam fluviīs
et vertere sīdera retrō,
nocturnōsque Mānīs movet:
vidēbis terram sub pedibus mūgīre
et ornōs montibus dēscendere.'

VERBA VERGILIĪ, VERSŪS 487-491

'Haec sē carminibus prōmittit solvere mentēs
quās velit, ast aliīs dūrās immittere cūrās,
sistere aquam fluviīs et vertere sīdera retrō,
nocturnōsque movet Mānīs: mūgīre vidēbis
sub pedibus terram et dēscendere montibus ornōs.'

IV.24 versūs 492-493

In jūdiciō, testis **testātur** et dīcit: '**Testor** mē vēra dictūrum esse.
Testor mē nōn falsa dictūrum esse. Haec **testor** deōs.'

Gradus Prīmus (IV.24.1)

Dīdō: 'Testor, cāra soror Anna, deōs et tē,
mē invītam ad magicās artēs vertere.
Nōlō magicīs artibus ūtī—sed necesse est mihi.
Magicae artēs sunt arma potentissima.
Necesse est mihi hīs artibus armārī.'

Gradus Secundus (IV.24.2)

'Testor, cāra soror, deōs et tē, tuumque dulce caput,
mē invītam magicīs artibus ūtī.'

Gradus Tertius (IV.24.3)

'Testor, cāra germāna, deōs et tē, tuumque dulce caput,
magicās artīs [mē] invītam accingier.'

VERBA VERGILIĪ, VERSŪS 492-493

'Testor, cāra, deōs et tē, germāna, tuumque
dulce caput, magicās invītam accingier artīs.'

IV.25 versūs 494-498

Pyra est locus ubi corpus incenditur (vel cremātur).

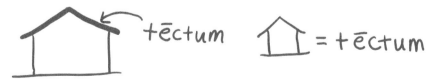

'**Tēctum**' significat et pars superior aedificiī et aedificium ipsum.

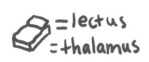 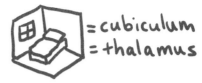

Ecce, **lectus** est in cubiculō. '**Thalamus**' et **lectus** et cubiculum significat.

Gradus Prīmus (IV.25.1)

Dīdō: 'Tū, soror, pyram aedificā in mediō tēctō.
Pōne super hanc pyram omnia quae ab illō virō relicta sunt:
arma, gladium, lectum nuptiālem, et cētera.
Ēheu, vidēsne lectum?
In illō lectō eum amāvī; lectus erat causa meōrum malōrum.
Sacerdōs mihi hoc ostendit.'

Gradus Secundus (IV.25.2)

'Tū clam pyram aedificā,
in parte interiōre tēctī, sub caelō,
et impōne super hanc pyram arma virī,
arma quae ille impius vir in cubiculō relīquit
et omnēs aliās rēs
et lectum nūptiālem, quō periī:
mihi placet dēlēre omnia haec reliqua illīus virī
(vir quem nōmināre nōn dēbēmus!).
Et haec sacerdōs mōnstrat.'

Gradus Tertius (IV.25.3)

'Tū sēcrēta pyram ērige, [in] tēctō interiōre sub aurās,
et impōnās super [hanc pyram]
arma virī quae impius fixa thalamō relīquit
et omnīs exuviās lectumque jugālem, quō periī:
[mē] juvat abolēre cūncta monimenta nefandī virī
mōnstratque sacerdōs.'

VERBA VERGILIĪ, VERSŪS 494-498

'Tū sēcrēta pyram tēctō interiōre sub aurās
ērige, et arma virī thalamō quae fixa relīquit

impius exuviāsque omnīs lectumque jugālem,
quō periī, super impōnās: abolēre nefandī
cūncta virī monimenta juvat mōnstratque sacerdōs.'

IV.26 versūs 499-503

Ecce, **ōs**. '**Ōs**' significat et 'vultus' et 'pars vultūs quā loquī et cibum edere potest'. In hīs versibus, '**ōs**' significat 'vultus.'

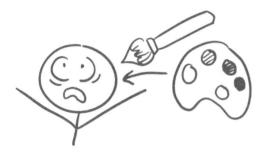

'**Pallor**' est similis colorī albō. Cum homō territus est, pallidus fit et **pallor** vultum (=ōs) ejus occupat.

Gradus Prīmus (IV.26.1)

Dīdō, cum haec dīxisset, tacuit.
Vultus ejus pallidus erat, nam mortem cōgitābat.
Anna tamen nesciēbat quid soror cōgitāret.
Nōn crēdidit sorōrem sē dēcipere, haec sacra nārrantem.
Sibi dīxit, 'Soror Dīdō est trīstis,
sed nōn trīstior quam ubi Sychaeus mortuus est.
Nihil timendum est. Dīdō mox laetior fiet.'
Itaque Anna sorōrem audiit
et parābat omnia quae soror jusserat.

Gradus Secundus (IV.26.2)

Haec locūta tacuit Dīdō.
Eōdem tempore pallor vultum ejus occupat.

Anna tamen nōn crēdit sorōrem novīs sacrīs cēlāre mortem,
nec tantōs furōrēs in animō sorōris sentit,
aut pejōra timet quam ubi Sychaeus mortuus est.
Ergō jussa sorōris parat.

Gradus Tertius (IV.26.3)

Haec effāta silet, simul pallor ōra occupat.
Anna tamen nōn crēdit germānam novīs sacrīs praetexere fūnera,
nec tantōs furōrēs mente concipit
aut graviōra timet quam morte Sychaeī.
Ergō jussa parat.

VERBA VERGILIĪ, VERSŪS 499-503

Haec effāta silet, pallor simul occupat ōra.
Nōn tamen Anna novīs praetexere fūnera sacrīs
germānam crēdit, nec tantōs mente furōrēs
concipit aut graviōra timet quam morte Sychaeī.
Ergō jussa parat.

IV.27 versūs 504-508

Ecce, **pyra**. **Pyra** est locus ubi corpus incenditur. Multum **lignī** est in **pyrā**.

Ecce **frondēs**. **Corōna** ē **frondibus** facta est.

Gradus Prīmus (IV.27.1)

Pyra in mediō tēctō sub caelō facta est,
multumque lignī sectum et impositum est super pyram.
(Quāle lignum sectum est? Lignum pīneum et īliceum.
Pīnus arbor cōnifera est; īlex arbor quercuī similis est.
Pīnī et īlicēs sunt arborēs dūrae et altae, aptaeque ad
    incendendum.)
Quō factō, Dīdō lectum et corōnās in pyrā posuit.
Deinde in lectō arma et vestīmenta Aenēae posuit,
et gladium ejus, quem relīquit cum fūgit,
et parvam statuam Aenēae.
Haec omnia fēcit Dīdō, sciēns quid futūra sint.
(Nam Dīdō sciēbat sē ipsam occīsūram esse,
et sē in hāc pyrā cum omnibus rēbus incēnsum īrī.)

Gradus Secundus (IV.27.2)

At rēgīna,
pyrā ingentī aedificātā in tēctō interiōre sub caelō
lignō pīneō atque īliceō sectō,
et locum corōnīs tegit
et frondibus fūnereīs corōnat;
super lectō arma et vestīmenta, gladiumque relictum, statuamque
    Aenēae pōnit
nōn ignāra futūrī.

Gradus Tertius (IV.27.3)

At rēgīna,
pyrā ingentī ērēctā in penetrālī sēde sub aurās
taedīs (=lignō pīneō) atque īlice sectā,
et locum sertīs intendit
et fronde fūnereā corōnat;
super torō exuviās ēnsemque relictum effigiemque locat
haud ignāra futūrī.

Verba Vergiliī, versūs 504-508

At rēgīna, pyrā penetrālī in sēde sub aurās
ērēctā ingentī taedīs atque īlice sectā,
intenditque locum sertīs et fronde corōnat
fūnereā; super exuviās ēnsemque relictum
effigiemque torō locat haud ignāra futūrī.

IV.28 versūs 509-511

Ecce, **āra**. **Āra** est locus in quō sacrificia fiunt.

Ecce, **sacerdōs**. **Sacerdōtēs** sunt virī aut fēminae quī sacrificia faciunt et deōs colunt.

Fēmina **crīnēs effundit**.

Ecce, **ōs** (pl. **ōra**). '**Ōs**' significat et 'vultus' et 'pars vultūs quā loquī et cibum edere potest'.

Gradus Prīmus (IV.28.1)

Dīdō et Anna ārās pōnunt circum pyram.
Nunc ārae circum pyram stant,
et sacerdōs crīnēs effundit et stat crīnibus effūsīs ante ārās.
Multōs deōs vocat:
trecentōs (CCC) eōrum vocat.
Quōs deōs vocat sacerdōs?
Erebum vocat (deum terrae mortuōrum)
et Chaos (patrem Erebī),
et Hecatēn vocat.
Hecatē trēs vultūs habet:
nam eadem dea Lūna vocātur, ubi in caelō est,
et in terrā Diāna vocātur,
et sub terrā Hecatē vocātur.

Gradus Secundus (IV.28.2)

Ārae circum omnēs (Dīdōnemque Annamque) stant,
et sacerdōs, quae crīnēs effūdit, trecentōs deōs magnā vōce vocat,
Erebumque Chaosque triplicemque Hecatēn,
tria ōra virginis Diānae.

Gradus Tertius (IV.28.3)

Ārae circum stant
et sacerdōs effūsa crīnīs ter centum deōs ōre tonat,
Erebumque Chaosque tergeminamque Hecatēn,
tria ōra virginis Diānae.

VERBA VERGILIĪ, VERSŪS 509-511

Stant ārae circum et crīnīs effūsa sacerdōs
ter centum tonat ōre deōs, Erebumque Chaosque
tergeminamque Hecatēn, tria virginis ōra Diānae.

IV.29 versūs 512-516

Fēmina aquam in herbās **spargit**.

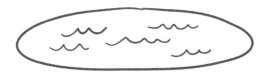

'**Lacus**' est locus ubi multa aqua est, sed nōn est mare.

Ecce, **falx**. **Falx** est īnstrūmentum curvātum quō hominēs herbās secant.

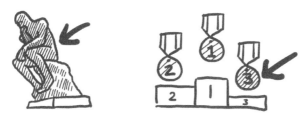

Haec statua **aēna** est. Rēs **aēnae** ex **aere** facta sunt. (**Aes** est metallum dūrum sed fragile.)

Lac est albus liquor quō īnfantēs nūtriuntur. Ex herbīs quoque quibusdam liquor albus, nōmine 'lac', fluit; hoc '**lac**' (quod ex herbīs fluit) saepe venēnōsum est.

Gradus Prīmus (IV.29.1)

Et sacerdōs aquam spargit, quam simulat esse aquam Avernī
(Avernus est lacus malus et venēnōsus, prope terram
   mortuōrum situs)
et imperat, 'Fer mihi herbās venēnōsās.'
Hae herbae falcibus aēnīs sectae sunt,
nōn diē sed nocte sectae sunt, dum lūna lūcēbat,
et lac venēnōsum in eīs inest.
Et sacerdōs imperat, 'Fer mihi amulētum amōris.'
Hoc amulētum potentissimum est.
Rārō, equus nāscitur pilleum (membrānam uterī) in capite gerēns.
Antīquī Graecī et Rōmānī crēdidērunt hunc pilleum esse
   amulētum amōris.
Equae autem solent pilleum statim ā filiīs rapere;
sī tamen homō prius pilleum rapiat
quam māter equī eum dētrahere possit,
amulētum potentissimum adquīrat.
Hoc amulētum—ab equī capite raptum—sacerdōs quaerit.

Gradus Secundus (IV.29.2)

Et sparserat liquidum simulātum fontis Avernī (lacūs
   terrae mortuōrum),
et mātūrae herbae quaeruntur
quae falcibus aēnīs sectae sunt nocte, dum lūna lūcēbat,
herbae quae lac cum nigrō venēnō habent;
et amulētum amōris quaeritur
quod dē fronte capitis nāscentis equī raptum est,
priusquam māter id raperet.

Gradus Tertius (IV.29.3)

Et sparserat laticēs simulātōs fontis Avernī,
et pūbentēs herbae quaeruntur
messae ad lūnam falcibus aēnīs
cum lacte nigrī venēnī;
et amor quaeritur
dē fronte nāscentis equī revulsus
et mātrī praereptus.

Verba Vergiliī, versūs 512-516

Sparserat et laticēs simulātōs fontis Avernī,
falcibus et messae ad lūnam quaeruntur aēnīs
pūbentēs herbae nigrī cum lacte venēnī;
quaeritur et nāscentis equī dē fronte revulsus
et mātrī praereptus amor.

IV.30 versūs 517-521

Fēmina ūnum calceum **exuit**. ('Calceus' est quod in pedibus geritur.)

Fēmina vestem **recingit**: resolvit vestem.

In jūdiciō, homō amīcum vocat: 'Tū es testis, et potes rem nārrāre, nam omnia vīdistī.' Homō amīcum **testātur** (=eum testem appellat).

Ecce, **mola**. '**Mola**' est frūmentum molitum et sale mixtum. Hominēs saepe **molam** in sacrificia fundunt.

Gradus Prīmus (IV.30.1)

Dīdō ipsa, frūmentum in manibus tenēns,
prope ārās stat.
Ūnum calceum ē pede exuit,
et vestis ejus recīncta est.
Dīdō, quae mox moritūra est,
deōs et stēllās testātur:
'Dī immortālēs, et stēllae, scītis fātum:
sī quod nūmen (≈potentia) vel deus jūstus et meī memor est,
vōs ōrō—cūrāte mē miseram,
quae virum mē nōn amantem amō.'

Gradus Secundus (IV.30.2)

Dīdō ipsa, molam manibus piīs tenēns,
prope ārās stat,
cum ex ūnō pede calceum exuisset,
in veste recīncta,

moritūra deōs et stēllās cōnsciās fātī testātur;
tum precātur,
sī quod nūmen deōrum jūstumque memorque est
et cūrat eōs quī nōn aequē amant.

Gradus Tertius (IV.30.3)

Ipsa molā manibusque piīs jūxtā altāria
ūnum pedem vinclīs exūta,
in veste recīncta,
moritūra testātur deōs et sīdera cōnscia fātī;
tum precātur,
sī quod nūmen jūstumque memorque cūrae habet
nōn aequō foedere amantīs.

VERBA VERGILIĪ, VERSŪS 517-521

Ipsa molā manibusque piīs altāria jūxtā
ūnum exūta pedem vinclīs, in veste recīncta,
testātur moritūra deōs et cōnscia fātī
sīdera; tum, sī quod nōn aequō foedere amantīs
cūrae nūmen habet jūstumque memorque, precātur.

IV.31 versūs 522-528

'**Lacus**' est locus ubi multa aqua est, sed nōn est mare. Multa
animalia, multae avēs circum **lacum** habitant.

Gradus Prīmus (IV.31.1)

Nox erat, et fessa animālia per omnēs terrās dormīre cupiēbant.
Silvae tacitae erant, et mare.
Mediā nocte, stēllae in mediō cursū per caelum volābant.
Omnēs agrī tacēbant,
et omnia animālia et avēs dormiēbant

et in lacibus et in silvīs.
Omnia animālia sub nocte tacitā in somnō posita sunt.
[Immemorēs erant cūrārum et labōrum.]

Gradus Secundus (IV.31.2)

Nox erat
et fessa corpora per terrās placidum somnium petēbant,
silvaeque et saevum mare quiēverant,
cum in mediō cursū stēllae volvuntur,
cum omnis ager tacet,
animālia pictaeque avēs,
et avēs quae lacūs lātē habitant,
et avēs quae loca aspera spīnīs tenent,
in somnō sub nocte silentī positae sunt.
[Cūrās levābant nec memorēs erant labōrum.]

Gradus Tertius (IV.31.3)

Nox erat
et fessa corpora per terrās placidum sopōrem carpēbant,
silvaeque et saeva aequora quiērant,
cum mediō lāpsū sīdera volvuntur,
cum omnis ager tacet,
pecudēs pictaeque volucrēs,
quaeque liquidōs lacūs lātē [tenent]
quaeque rūra aspera dūmīs tenent,
somnō sub nocte silentī positae [sunt].
[Cūrās lēniēbant et corda oblīta [sunt] labōrum.]

Verba Vergiliī, versūs 522-528

Nox erat et placidum carpēbant fessa sopōrem
corpora per terrās, silvaeque et saeva quiērant
aequora, cum mediō volvuntur sīdera lāpsū,
cum tacet omnis ager, pecudēs pictaeque volucrēs,
quaeque lacūs lātē liquidōs quaeque aspera dūmīs
rūra tenent, somnō positae sub nocte silentī.
[Lēnībant cūrās et corda oblīta labōrum.]

IV.32 versūs 529-532

Aestus est mōtus ingēns. Cum mare turbidum est, magnō **aestū** movētur (magnae undae = **aestus**). Cum flammae ad caelum surgunt, magnō **aestū** moventur (magnae flammae = **aestus**).

Gradus Prīmus (IV.32.1)

Sed nōn immemor cūrae est Dīdō īnfēlix.
Numquam dormit.
Numquam oculōs in somniō claudit.
Numquam in pectore somnum accipit.
Nam in pectore cūrae multiplicantur,
et iterum amor resurgit et furit.
Magnō aestū īrārum Dīdō commōta est.

Gradus Secundus (IV.32.2)

Sed nōn cūrās dīmittēbat Phoenissa Dīdō, īnfēlīcem
  animum habēns,
neque umquam solvitur ad somnium
neque oculīs aut pectore noctem accipit:
cūrae duplicantur rūrsusque amor resurgēns furit
magnōque aestū īrārum commōta est.

Gradus Tertius (IV.32.3)

At nōn Phoenissa īnfēlīx animī,
neque umquam solvitur in somnōs
oculīsve aut pectore noctem accipit:
cūrae ingeminant rūrsusque amor resurgēns saevit
magnōque aestū īrārum fluctuat.

Verba Vergiliī, versūs 529-532

At nōn īnfēlīx animī Phoenissa, neque umquam
solvitur in somnōs oculīsve aut pectore noctem
accipit: ingeminant cūrae rūrsusque resurgēns
saevit amor magnōque īrārum fluctuat aestū.

IV.33 versūs 533-536

Puer rotam **volūtat** (iterum iterumque volvit). Et philosophus
quaestiōnem difficilem in animō **volūtat**.

Vir jam loquitur, et **pergit** loquī. **Īnsistit** loquī.

Puella puerum **dēspicit**. Puer **dēspectus est**.

Gradus Prīmus (IV.33.1)

Sīc Dīdō pergit dē rē cōgitāre,
et sīc rem in animō sōla volūtat:
'Ēn (≈ecce), quid faciō?
Sī ad dūcēs Āfricānōs redībō,
illī mē rīdēbunt et dīcent,
"Hahahahae! Rediistīne ergō ad nōs?"
Iterumne hōs Āfrīcānōs patiar, quī anteā in mātrimōnium sibi
    mē petiērunt?
Fīamne supplex,
et petam mātrimōnium eōrum?
Ego jam Iarbān et aliōs Āfrīcānōs dūcēs dēspexī!
Saepe eīs dīxī, "nōlō tē marītum habēre."'

Gradus Secundus (IV.33.2)

Sīc adeō pergit dē rē cogitāre
et ita in corde sēcum rem volūtat:
'Ēn, quid agō?
Rūrsusne procōs (hominēs mātrimōnium petentēs) priōrēs patiar,
et ab eīs inrīdēbor,
et mātrimōnium Nomadum supplex petam,
quōs ego totiēns jam dēspexerim marītōs?'

Gradus Tertius (IV.33.3)

Sīc adeō īnsistit
et ita [in] corde sēcum volūtat:
'Ēn, quid agō?
Rūrsusne procōs priōrēs inrīsa experiar,
Nomadumque cōnūbia supplex petam,
quōs ego totiēns jam dēdignāta sim marītōs?'

VERBA VERGILIĪ, VERSŪS 533-536

Sīc adeō īnsistit sēcumque ita corde volūtat:
'Ēn, quid agō? Rūrsusne procōs inrīsa priōrēs
experiar, Nomadumque petam cōnūbia supplex,
quōs ego sim totiēns jam dēdignāta marītōs?'

IV.34 versūs 537-542

Vir putat sē magnum esse. Vir **superbus** (arrogāns) est.

facta Dīdōnis:

Quae sunt **facta** Dīdōnis? Haec sunt **facta** ejus: 'Dīdō Trojānōs accēpit, et nāvēs eōrum redūxit.'

Gradus Prīmus (IV.34.1)

Dīdō: 'Quid igitur faciam? Trojānāsne nāvēs sequar?
(Illī Trojānī mihi imperābunt, et necesse erit mihi eīs pārēre!)
Cūr eōs sequar? Quia illī laetī sunt et gaudent meō auxiliō,
(Haec sententia falsa est—Trojānī vērō nec laetī sunt nec gaudent
    meō auxiliō.)
et quia grātiās mihi agunt quod anteā eōs adjūvī?
(Immō, Trojānī grātiās mihi nōn agunt, sed mē hostem habent.)
Nōlō Trojānōs sequī!
Sed sī eōs sequar, quid accidet?
Quis Trojānus mē sequī sinet?
Quis superbus Trojānus in superbīs nāvibus mē accipiet?
Mihi invident! Eīs odiō sum!
Ēheu, Dīdō, misera Dīdō, dēserta ab omnibus,
nescīsne falsa verba Trojānōrum?
Gens eōrum est Lāomedontis:
Lāomedōn quondam Apollinī Neptūnōque pecūniam prōmīsit
prō mūrīs urbis Trojae aedificandīs,
sed nihil eīs dedit. Ingrātum perfidumque virum!
Sīcut Lāomedōn, omnēs Trojānī falsa dīcunt nec grātiās agunt.'

Gradus Secundus (IV.34.2)

'Itaque Trojānam classem atque ultima jussa Trojānōrum sequar?
Sequarne eōs, quia illī gaudent quod anteā eīs auxiliō eram,
et grātia prō vetere factō bene stat apud eōs, quī memorēs sunt
   meī auxiliī?
Sed quis, etiamsī sequī vellem, mē sequī sinet,
vel in nāvibus superbīs mē, fēminam odiōsam, accipiet?
Ēheu nescīs, dēserta Dīdō, necdum sentīs falsa verba gentis
   Lāomedontis?'

Gradus Tertius (IV.34.3)

'Īliacās igitur classīs atque ultima jussa Teucrum sequar?
Quiane [eōs] juvat ante levātōs auxiliō
et grātia veteris factī bene stat apud [eōs] memorēs?
Quis mē autem, fac velle, sinet
ratibusve superbīs invīsam accipiet?
Heu nescīs, perdita, necdum sentīs perjūria Lāomedontēae gentis?'

VERBA VERGILIĪ, VERSŪS 537-542

'Īliacās igitur classīs atque ultima Teucrum
jussa sequar? Quiane auxiliō juvat ante levātōs
et bene apud memorēs veteris stat grātia factī?
Quis mē autem, fac velle, sinet ratibusve superbīs
invīsam accipiet? Nescīs heu, perdita, necdum
Lāomedontēae sentīs perjūria gentis?'

IV.35 versūs 543-547

Quia ventī secundī sunt, nautae **vēla ventīs dant**. Sīc
facile nāvigant.

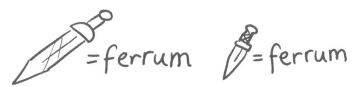

Gladius, pugiō, et alia ferrea īnstrūmenta saepe eōdem nōmine appellantur: nōmen eīs est '**ferrum**'. Itaque gladius = **ferrum**, pugiō = **ferrum**, et cētera.

Gradus Prīmus (IV.35.1)

Dīdō: 'Deinde, quid accidet?
Ego sōla et victa, a meā terrā fugiēns, nautās victōrēs
    Trojānōs sequar?
Sōla eōs sequar, an cum meīs Tyriīs?
Multitūdō eōrum magna est—nāvēs Trojānōrum plēnae erunt.
Volentne Tyriī mē sequī?
Difficile erat mihi eōs ē patriā removēre,
et modo novam urbem aedificāvimus.
Eōsne iterum in marī dūcam et eōs nāvigāre jubēbō?
Melius est mihi morī. Dēbeō morī.
Sīc dolōrem ferrō removēbō.'

Gradus Secundus (IV.35.2)

'Quid tum accidet?
Ego sōla, sīcut fugitīva, nautās triumphantēs (Trojānōs) sequar?
An Tyriīs omnīque manū meōrum amīcōrum comitāta ad eōs
    (Trojānōs) mē jungam?
et, Tyriōs quōs vix ex urbe Sīdoniā remōvī,
rūrsusne eōs in marī dūcam
et vēla ventīs dare jubēbō?
Quīn (=cūr nōn) morere ut dēbēs,
et removē dolōrem ferrō.'

Gradus Tertius (IV.35.3)

'Quid tum?
Sōla nautās ovantīs fugā comitābor?
An Tyriīs omnīque manū meōrum stīpāta īnferar
et, [eōs] quōs vix [ex] urbe Sīdoniā revellī,
rūrsus pelagō agam

et vēla ventīs dare jubēbō?
Quīn morere ut merita es,
et āverte dolōrem ferrō.'

Verba Vergiliī, versūs 543-547

'Quid tum? Sōla fugā nautās comitābor ovantīs?
An Tyriīs omnīque manū stīpāta meōrum
īnferar et, quōs Sīdoniā vix urbe revellī,
rūrsus agam pelagō et ventīs dare vēla jubēbō?
Quīn morere ut merita es, ferrōque āverte dolōrem.'

IV.36 versūs 548-553

Nōn **licet** hominibus fūrtum facere. Hoc est **crīmen**;
contrā lēgēs est.

Post ignem, **cinis** invenītur.

Thalamus significat 'lectus' et 'cubiculum'. **Thalamus** est
signum mātrimōniī.

Vir et uxor manūs tenent et prōmittunt amōrem firmum et stabilem. Prōmittunt **fidem**.

Fēmina ōvum **rumpit** et in fretāle **fundit**.

Gradus Prīmus (IV.36.1)

Dīdō: 'Ō soror Anna, cūr mē lacrimantem audīvistī?
Cūr lacrimīs meīs victa es?
Tū prīma, soror, mihi furentī persuāsistī ut haec mala facerem.
Tū mē ad hostem jēcistī.
Nōn licuit mihi innocentī vītam agere,
similī animālī, sine crīmine.
Nōn licuit mihi ā mātrimōniō fugere et sine virō vītam agere.
Nōn licuit mihi tālem amōrem, tālēs cūrās effugere.
Mea fidēs, quam Sychaeō prōmīsī, nōn servāta est.'
Haec trīstia verba Dīdō dīcēbat et ē pectore fundēbat.

Gradus Secundus (IV.36.2)

'Tū, soror, lacrimīs meīs victa,
tū prīma, soror, mihi furentī haec mala dedistī
atque mē ad hostem jēcistī.
Nōn licuit mihi lectum mātrimōniī fugere et sine
    crīmine vītam agere
sīcut animal vel fera bēstia,

nec tālēs cūrās tangere;
mea fidēs, prōmissa mortuō Sychaeō et cinerī ejus, nōn
  servāta est.'
Dīdō tanta lāmenta suō pectore fundēbat.

Gradus Tertius (IV.36.3)

'Tū lacrimīs meīs ēvicta,
tū prīma, germāna, [mē] furentem hīs malīs onerās
atque [mē] hostī objicis.
Nōn licuit [mihi] thalamī expertem sine crīmine vītam dēgere
mōre ferae,
nec tālīs cūrās tangere;
nōn servāta [est] fidēs prōmissa cinerī Sychaeō.'
Illa tantōs questūs suō pectore rumpēbat.

Verba Vergiliī, versūs 548-553

'Tū lacrimīs ēvicta meīs, tū prīma furentem
hīs, germāna, malīs onerās atque objicis hostī.
Nōn licuit thalamī expertem sine crīmine vītam
dēgere mōre ferae, tālīs nec tangere cūrās;
nōn servāta fidēs cinerī prōmissa Sychaeō.'
Tantōs illa suō rumpēbat pectore questūs.

CAPUT V

Vōx Extrēma

V.1 versūs 554-559

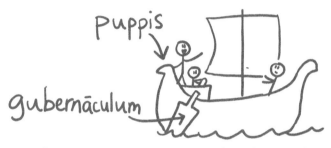

Puppis est pars postrēma nāvis, ubi gubernāculum est. Magister, in **puppī** prope gubernāculum stāns, nāvem regit.

Ecce, Mercurius et pictūra Mercuriī. Imāgō Mercuriī est **similis Mercuriō** ipsī.

Mercurius **flāvōs** crīnēs habet.

Gradus Prīmus (V.1.1)

Sed Aenēās, in altā puppī nāvis jacēns,
jam certus erat abīre et Āfricam relinquere,
et bene dormiēbat,
quia omnia jam parāta erant.
Imāgō deī Aenēae dormientī appāruit.
Haec imāgō vidēbātur Mercurius esse.
Eratne vērō Mercurius?
Nesciō! Sed similis erat Mercuriō.
Vōx ejus similis erat Mercuriī vōcī, et color ejus similis erat,
et flāvī crīnēs ejus similēs erant crīnibus Mercuriī.
Imāgō juvenis erat et pulchra membra (=crūra
    bracchiaque) habēbat.
Haec imāgō Aenēae appāruit et eum monēre vidēbātur,
'Abī... abī Aenēā... dī tē monent...'

Gradus Secundus (V.1.2)

Aenēās, jam certus īre,
in altā puppī bene dormiēbat,
omnibus rēbus jam rēctē parātīs.
Huic virō fōrma deī Mercuriī redeuntis appāruit in somniīs,
et iterum sīc monēre vidēbātur,
forma omnīnō similis Mercuriō.
Quōmodo similis Mercuriō erat forma?
Vōx, color, crīnēs flāvōs, et membra pulchra ejus similēs erant
    deī Mercuriī.
 Membra ejus pulchra erant propter juventam.

Gradus Tertius (V.1.3)

Aenēās, jam certus eundī,
in celsā puppī somnōs carpēbat,
rēbus jam rīte parātīs.
Huic fōrma deī redeuntis vultū eōdem sē obtulit in somnīs
rūrsusque ita monēre vīsa est,
omnia similis Mercuriō,
vōcemque colōremque et crīnīs flāvōs et membra decōra juventā:

Aenēās celsā in puppī jam certus eundī
carpēbat somnōs rēbus jam rīte parātīs.
Huic sē fōrma deī vultū redeuntis eōdem
obtulit in somnīs rūrsusque ita vīsa monēre est,
omnia Mercuriō similis, vōcemque colōremque
et crīnīs flāvōs et membra decōra juventā:

V.2 versūs 560-562

Cum ventus nāvēs sequitur et eās juvat, ventus '**secundus**' est.
Ventus **secundus** post nāvēs flat.

Gradus Prīmus (V.2.1)

Mercurius 'Ō filī deae,' inquit,
'potēsne nunc dormīre?
Nōnne vidēs quae perīcula adsint?
Nōnne audīs ventum secundum flāre?'

Gradus Secundus (V.2.2)

'Fīlī deae, potesne nunc dormīre, perīculō imminente,
nec nunc vidēs quae perīcula circum tē stent, ō īnsāne vir,
neque audīs Zephyrōs (Zephyrus est ventus occidentālis)
   secundōs flāre?'

Gradus Tertius (V.2.3)

'Nāte deā, potes sub hōc cāsū somnōs dūcere,
nec deinde cernis quae perīcula circum tē stent, dēmēns,
neque audīs Zephyrōs secundōs spīrāre?'

VERBA VERGILIĪ, VERSŪS 560-562

'Nāte deā, potes hōc sub cāsū dūcere somnōs,
nec quae tē circum stent deinde perīcula cernis,
dēmēns, nec Zephyrōs audīs spīrāre secundōs?'

V.3 versūs 563-565

Graecī equum ligneum faciunt et mīlitēs in eō cēlant. Hic equus ligneus est **dolus**: hōc **dolō** Graecī possunt Trojānōs dēcipere.

Gradus Prīmus (V.3.1)

Mercurius: 'Dīdō malōs dolōs in animō vertit,
et īrās in suō pectore excitat.
Cōnstituit morī, et mortem sibi quaerit.
Haec fēmina moritūra perīculōsa est.
Cūr nōn fugis ab hāc terrā?
Tempus est fugere! Fuge celeriter, festīnā!'

Gradus Secundus (V.3.2)

'Illa Dīdō dolōs et terribile malum in pectore vertit,
certa morī,
variāsque flammās īrārum excitat.
Nōnne fugis hinc celeriter, dum potes festīnāre?'

Gradus Tertius (V.3.3)

'Illa dolōs dīrumque nefās in pectore versat
certa morī,
variōsque aestūs īrārum concitat.
Nōn fugis hinc praeceps, dum potestās [est] praecipitāre?'

Verba Vergiliī, versūs 563-565

'Illa dolōs dīrumque nefās in pectore versat
certa morī, variōsque īrārum concitat aestūs.
Nōn fugis hinc praeceps, dum praecipitāre potestās?'

V.4 versūs 566-570

Aqua **fervit**. Calidissima est.

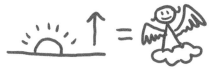

Ortus sōlis est '**Aurōra**', et **Aurōra** est dea quae prīmam lūcem
diēī indūcit.

Gradus Prīmus (V.4.1)

Mercurius: 'Mox vidēbis multās nāvēs in marī,
ā Dīdōne missās ad tē oppugnandum.
Et saevum ignem vidēbis,
quō Dīdō vult tuās nāvēs incendere.
Mox vidēbis omnia ārdentia,
sī hīc manēs dum sol oritur.
Heus, ī nunc! Nōlī morārī.
Fuge rēgīnam;
fēminae semper mūtābilēs sunt.'
Haec locūtus, Mercurius in noctem obscūram discessit.

Gradus Secundus (V.4.2)

'Jam mare turbārī nāvibus saevāsque facēs lūcēre vidēbis,
jam lītora flammīs ārdēre vidēbis,
sī Aurōra tē in hīs terrīs morantem illūmināverit.
Heus, age, nōlī morārī.
Fēmina semper est varia et mūtābilis rēs.'
Sīc locūtus, Mercurius sē cum nocte ātrā miscuit.

Gradus Tertius (V.4.3)

'Jam mare turbārī trabibus saevāsque facēs conlūcēre vidēbis,
jam lītora flammīs fervere [vidēbis],
sī Aurōra tē hīs terrīs morantem attigerit.
Heja age, rumpe morās.
Fēmina semper [est] varium et mūtābile.'
Sīc fātus sē noctī ātrae immiscuit.

VERBA VERGILIĪ, VERSŪS 566-570

'Jam mare turbārī trabibus saevāsque vidēbis
conlūcēre facēs, jam fervere lītora flammīs,
sī tē hīs attigerit terrīs Aurōra morantem.
Heja age, rumpe morās. Varium et mūtābile semper
fēmina.' Sīc fātus noctī sē immiscuit ātrae.

V.5 versūs 571-574

trānstrum

nautae rēmigant

Ecce, **trānstrum**. Multa **trānstra** sunt in nāve. **Trānstra** sunt longae sēdēs ubi nautae sedent rēmigantēs.

Vēla sunt suprā nāvem. Nautae **vēla** solvunt. **Vēla** aurās capiunt.

Gradus Prīmus (V.5.1)

Deinde vērō Aenēās celeriter surgit ē somnō,
ā Mercuriō territus, nam nōn exspectābat Mercuriī adventum.
Aenēās comitēs celeriter excitat et jubet:
'Surgite, virī, et ad trānstra festīnāte;
solvite vēla cito (=celeriter).
Dēbēmus statim discēdere!'

Gradus Secundus (V.5.2)

Tum vērō Aenēās subitā umbrā Mercuriī territus
corpus rapit ē somnō
comitēsque ruentēs vehementer excitat:
'Surgite, virī, et cōnsīdite in trānstrīs;
solvite vēla cito.'

Gradus Tertius (V.5.3)

Tum vērō Aenēās subitīs umbrīs exterritus
corpus corripit ē somnō
sociōsque praecipitēs fatīgat:

'Vigilāte, virī, et cōnsīdite trānstrīs;
solvite vēla citī.'

VERBA VERGILIĪ, VERSŪS 571-574

Tum vērō Aenēās subitīs exterritus umbrīs
corripit ē somnō corpus sociōsque fatīgat
praecipitīs: 'Vigilāte, virī, et cōnsīdite trānstrīs;
solvite vēla citī.' ...

V.6 versūs 574-579

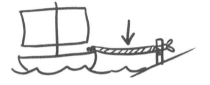

Ecce, **fūnis**. **Fūnis** nāvem ad lītus alligat.

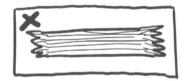

Hic **fūnis tortus** est.

Nauta festīnat et **fūnem incīdit**.

Gradus Prīmus (V.6.1)

Aenēās: 'Ecce deus ā caelō missus
jubet nōs celeriter fugere,
et iterum fūnēs incīdere ut discēdāmus.

Ō deus, sequimur tē, quisquis es;
ubi jubēs nōs, tē laetī audīmus.
Adsīs, benignus sīs, et nōs adjuvēs,
et ferās nōbīs bonam fortūnam.'

Gradus Secundus (V.6.2)

'Ecce deus ab altō caelō missus
urget nōs festīnāre et fugere,
et iterum tortōs fūnēs incīdere.
Sequimur tē, sāncte nūntī deōrum, quisquis es,
imperiōque iterum pārēmus gaudentēs.
Adsīs ō deus, benignusque nōs juvēs,
et bonās stēllās in caelum ferās.'

Gradus Tertius (V.6.3)

'Ecce deus ab altō aethere missus
īnstimulat [nōs] fugam festīnāre
et iterum tortōs fūnīs incīdere.
Sequimur tē, sāncte deōrum, quisquis es,
imperiōque iterum pārēmus ovantēs.
Adsīs ō [deus], placidusque juvēs,
et dextra sīdera caelō ferās.'

Verba Vergiliī, versūs 574-579

'... Deus aethere missus ab altō
festīnāre fugam tortōsque incīdere fūnīs
ecce iterum īnstimulat. Sequimur tē, sāncte deōrum,
quisquis es, imperiōque iterum pārēmus ovantēs.
Adsīs ō placidusque juvēs et sīdera caelō
dextra ferās.' ...

V.7 versūs 579-583

Ecce, gladius (=**ēnsis**) et **vāgīna**.

Vir gladium ē **vāgīnā** strīnxit; gladius **strīctus** est.

Fēmina in casā **verrit**. Nautae rēmigantēs mare **verrunt**.

Suprā mare est **spūma**. **Spūma** alba et levis est. Ubi undae sunt, **spūma** est.

Gradus Prīmus (V.7.1)

Aenēās haec dīxit, et gladium ē vāgīnā celeriter stringit,
strīctōque gladiō fūnem incīdit.
Hūc illūc omnēs Trojānī intentē festīnant,
eādem celeritāte ruunt.
Lītus statim relinquunt,
nāvēs in mare dūcunt.
Mox tot nāvēs in marī sunt ut mare vix vidērī possit!
Mare cēlātum est sub tot nāvibus.
Trojānī contendunt et rēmigantēs aquam maris verrunt.

Gradus Secundus (V.7.2)

Dīxit Aenēās, et gladium splendidum ē vāgīnā ēripit
strīctōque gladiō fūnem incīdit.
Īdem ārdor omnēs eōdem tempore habet,
Trojānī festīnant ruuntque;
lītora dēseruērunt, mare cēlātum est sub nāvibus,
Trojānī contendentēs spūmās pulsant et caeruleam aquam
   rēmīs verrunt.

Gradus Tertius (V.7.3)

Dīxit et ēnsem fulmineum [ē] vāgīnā ēripit
strīctōque ferrō retinācula ferit.
Īdem ārdor omnīs simul habet,
rapiuntque ruuntque;
lītora dēseruēre, aequor latet sub classibus,
adnīxī spūmās torquent (≈vertunt) et caerula verrunt.

Verba Vergiliī, versūs 579-583

... Dīxit vāgīnāque ēripit ēnsem
fulmineum strīctōque ferit retinācula ferrō.
Īdem omnīs simul ārdor habet, rapiuntque ruuntque;
lītora dēseruēre, latet sub classibus aequor,
adnīxī torquent spūmās et caerula verrunt.

V.8 versūs 584-585

Fēmina aquam in herbās **spargit**.

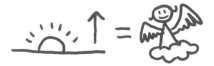

Ortus sōlis est '**Aurōra**', et **Aurōra** est dea quae prīmam lūcem diēī indūcit.

Conjūnx **Aurōrae** est **Tīthōnus**, vir Trojānus.

Gradus Prīmus (V.8.1)

Et jam prīma Aurōra, dea ortūs sōlis quae prīmam lūcem
   indūcit, surgēbat,
lectum conjugis Tīthōnī relinquēbat,
et lūcem in terrās spargēbat.

Gradus Secundus (V.8.2)

Et jam prīma Aurōra novā lūce terrās spargēbat
flāvum lectum Tīthōnī relinquēns.

Gradus Tertius (V.8.3)

Et jam prīma Aurōra novō lūmine terrās spargēbat
croceum cubīle Tīthōnī linquēns.

Verba Vergiliī, versūs 584-585

Et jam prīma novō spargēbat lūmine terrās
Tīthōnī croceum linquēns Aurōra cubīle.

V.9 versūs 586-591

Vēla sunt suprā nāvem. Vēla aurās capiunt.

Fēmina trīstissima est: pectus **percutit** et **comās abscindit**.

Ecce, **turris**, vel **specula**.

Gradus Prīmus (V.9.1)

Ubi rēgīna prīmam lūcem Aurōrae ē turrī vīdit,
et nāvēs in marī nāvigāre,
et lītus vacuum et sine nautīs vīdit,
trīstissima erat.
Iterum iterumque manū pectus percussit,
et flāvās comās abscidit.
'Dī immortālēs!' inquit. 'Prō Juppiter!
Effugietne hic hospes (Aenēās),
et rēgnum meum inrīdēbit?
Et rīdēns dīcet "Hahahae, facile est Karthāginem effugere
et rēgīnam dēcipere"?'

Gradus Secundus (V.9.2)

Rēgīna ubi prīmam lūcem ex altā turrī vīdit lūcēscere
et nāvēs vēlīs dēductīs prōcēdere,
lītoraque et portūs vacuōs sine nautīs sēnsit,
terque quaterque manū pectus pulchrum percussa
flāvāsque comās abscissa
'Prō Juppiter!' inquit,
'Ībitne hic hospes, et nostrum rēgnum inrīdēbit?'

Gradus Tertius (V.9.3)

Rēgīna ut prīmam lūcem ē speculīs vīdit albēscere
et classem aequātīs vēlīs prōcēdere,
lītoraque et portūs vacuōs sine rēmige sēnsit,
terque quaterque manū pectus decōrum percussa
flāventēsque comās abscissa
'Prō Juppiter!' ait,
'Ībit[ne] hic advena, et nostrīs rēgnīs inlūserit?'

Verba Vergiliī, versūs 586-591

Rēgīna ē speculīs ut prīmam albēscere lūcem
vīdit et aequātīs classem prōcēdere vēlīs,
lītoraque et vacuōs sēnsit sine rēmige portūs,
terque quaterque manū pectus percussa decōrum
flāventīsque abscissa comās 'Prō Juppiter! Ībit
hic,' ait 'et nostrīs inlūserit advena rēgnīs?'

V.10 versūs 592-594

Ecce, **nāvālia**. Nāvēs sunt in **nāvālibus**.

Ecce, **rēmus**. Nāvēs **rēmīs** impelluntur.

Gradus Prīmus (V.10.1)

Dīdō: 'Cūr Tyriī Trojānōs nōn sequuntur?
Cūr nōn arma capiunt et ex urbe in nāvēs currunt,
et Trojānōs in marī oppugnant?
Īte, ferte flammās cito (=celeriter), oppugnāte!
Jacite hastās et sagittās!
Nāvigāte cito!'

Gradus Secundus (V.10.2)

'Nōnne aliī Tyriī arma capient et ex urbe tōtā sequentur,
et aliī Tyriī parvās nāvēs ē nāvālibus ferent?
Īte, ferte flammās cito, jacite tēla, impellite rēmōs!'

Gradus Tertius (V.10.3)

'Nōn arma expedient et ex urbe tōtā sequentur,
et aliī ratēs [ē] nāvālibus dīripient?
Īte, ferte flammās citī, date tēla, impellite rēmōs!'

VERBA VERGILIĪ, VERSŪS 592-594

'Nōn arma expedient tōtāque ex urbe sequentur,
dīripientque ratēs aliī nāvālibus? Īte,
ferte citī flammās, date tēla, impellite rēmōs!'

V.11 versūs 595-599

Senex est fessus. Cūr fessus est? Fessus est quia juvenis nōn est.
Senex est fessus **aetāte**. (**Aetās** hīc significat 'senectūs.')

Ecce, **umerī**. **Umerī** sunt suprā bracchia.

Gradus Prīmus (V.11.1)

Dīdō: 'Quid dīcō? Aut ubi sum?
Sentiō furōrem... sentiō īnsāniam...
sed quae īnsānia in animum meum venit?
Ō mē miseram, ō īnfēlīcem Dīdōnem, vidēsne quid fēceris?
Nunc vidēs tua mala facta?
Tum dēbuistī ea agnōscere, cum rēgnum Aenēae dabās.
Ecce, quam fidēlis est Aenēās! (Illum perfidum!)
Dē eō dīcunt,
"Ō, Aenēās fidēlissimus est.
Deōs Trojānōs sēcum ad novam terram portat—quam pius!
Ille patrem quoque senem ex urbe Trojā umerīs portāvit!"
Sed nōn pius erat cum mē relinquere cōnstituisset.'

Gradus Secundus (V.11.2)

'Quid loquor? Aut ubi sum? Quae īnsānia mentem meam mūtat?
Īnfēlīx Dīdō, nunc agnōscis tua impia facta?
Utinam anteā vīdissēs!
Tum dēbuistī ea agnōscere, cum rēgnum eī (Aenēae) dabās.
Ecce dextra fidēsque Aenēae,
quem dīcunt penātēs patriae sēcum portāre,
et quem dīcunt patrem fessum aetāte umerīs portāvisse!'

Gradus Tertius (V.11.3)

'Quid loquor? Aut ubi sum? Quae īnsānia mentem mūtat?
Īnfēlīx Dīdō, nunc impia facta tē tangunt?
Tum decuit, cum scēptra dabās.
Ēn dextra fidēsque,
quem ajunt patriōs penātīs sēcum portāre,
quem [ajunt] parentem cōnfectum aetāte umerīs subiisse!'

Verba Vergiliī, versūs 595-599

'Quid loquor? Aut ubi sum? Quae mentem īnsānia mūtat?
Īnfēlīx Dīdō, nunc tē facta impia tangunt?
Tum decuit, cum scēptra dabās. Ēn dextra fidēsque,
quem sēcum patriōs ajunt portāre penātīs,
quem subiisse umerīs cōnfectum aetāte parentem!'

V.12 versūs 600-602

Puella chartam **scindit**. Puer chartam **dīvellit**
(=vehementer scindit).

Gradus Prīmus (V.12.1)

Dīdō: 'Nōnne potuī Aenēān anteā pūnīre, cum apud mē manēret?
Potuī eum capere, occīdere, et corpus ejus scindere!
Et potuī bracchia crūraque caputque truncumque ejus in
    mare jacere.
Nōnne potuī amīcōs ejus occīdere et fīlium?
Potuī Ascanium ipsum gladiō occīdere,
et eum coquere et in mēnsīs pōnere ut pater fīlium cōnsūmeret.'

Gradus Secundus (V.12.2)

'Nōnne potuī corpus abripere et dīvellere,
et in undīs spargere?
Nōnne potuī comitēs occīdere,
nōnne potuī ipsum Ascanium ferrō occīdere
et in mēnsīs pōnere, cibum cōnsūmendum patrī?'

Gradus Tertius (V.12.3)

'Nōn potuī corpus abreptum dīvellere et undīs spargere?
Nōn [potuī] sociōs [absūmere], nōn [potuī] ipsum Ascanium
    ferrō absūmere
patriīsque mēnsīs epulandum pōnere?'

VERBA VERGILIĪ, VERSŪS 600-602

'Nōn potuī abreptum dīvellere corpus et undīs
spargere? Nōn sociōs, nōn ipsum absūmere ferrō
Ascanium patriīsque epulandum pōnere mēnsīs?'

V.13 versūs 603-606

Ecce, **fax** (pl. **facēs**). **Facēs** ūtilēs sunt ad aedificia incendenda.

Ecce, **forī** sunt prope nāvēs. Hominēs **forōs** ascendunt ut nāvēs conscendant.

Gradus Prīmus (V.13.1)

Dīdō: 'Sed, sī haec fēcissem (et Aenēān oppugnāvissem), pugna
  fuisset perīculōsa.
Dīcāmus hoc vērum esse:
Etiam sī pugna perīculōsa fuerat, quid timuī?
Moritūra eram, sīve pugnāvissem sīve nōn pugnāvissem.
Facēs ad nāvēs Trojānās jēcissem,
forōs nāvium incendissem,
fīlium patremque omnēsque Trojānōs dēlēvissem,
deinde ipsa mē in flammās jēcissem et ibi mortua essem.'

Gradus Secundus (V.13.2)

'At vērō, sī haec fēcissem, fortūna pugnae fuerat perīculōsa.
Dīcāmus hoc vērum fuisse:
sī pugna perīculōsa fuerat, quem timuī, moritūra?
Facēs in castra Trojānōrum jēcissem
implēvissemque forōs nāvium flammīs
fīliumque patremque cum populō exstīnxissem,
deinde ipsa mēmet (=mē ipsam) super omnēs flammās jēcissem.'

Gradus Tertius (V.13.3)

'Vērum fortūna pugnae fuerat anceps.
Fuisset: quem metuī moritūra?
Facēs in castra tulissem
implēssemque forōs flammīs
nātumque patremque cum genere exstīnxem,
ipsa mēmet super dedissem.'

VERBA VERGILIĪ, VERSŪS 603-606

'Vērum anceps pugnae fuerat fortūna. Fuisset:
quem metuī moritūra? Facēs in castra tulissem
implēssemque forōs flammīs nātumque patremque
cum genere exstīnxem, mēmet super ipsa dedissem.'

V.14 versūs 607-612

Moritūra...   **moriēns**...   mortua.

Interpres est quī inter duōs hominēs venit et pactum facit.
Jūnō est **interpres** mātrimōniī, nam inter virum et mulierem
mātrimōnium facit.

Trivium est locus ubi trēs viae in ūnum locum conveniunt.

Ultor (masc.) vel **ultrīx** (fem.) est quī injūriam ulcīscitur et scelestōs pūnit.

Gradus Prīmus (V.14.1)

Dīdō: 'Audīte, omnēs dī deaeque:
audī, ō Sōl, quī omnia vidēs, in caelum surgēns;
audī mē, ō Jūnō, interpres meī mātrimōniī;
mē audī, Hecatē, dea noctis et magicārum artium,
quam hominēs colunt nocte in triviīs, clāmantēs;
et audīte mē, ultrīcēs Furiae, et omnēs dī deaeque:
morior nunc.
Accipite haec verba, mē adjūvāte (ō potentēs!), et meās
    precēs audīte.'

Gradus Secundus (V.14.2)

'Ō Sōl, quī omnia facta terrārum tuīs flammīs illūminās,
et tū, Jūnō, interpres et cōnscia hārum cūrārum,
et Hecatē, quam hominēs ululantēs colunt nocte per
    urbēs in triviīs,
et ultrīcēs Dīrae ('Dīrae' sunt Furiae),
et omnēs dī quī mē audiunt, morientem Dīdōnem:
accipite haec verba,
dignamque potestātem ad meōs labōrēs advertite
et meās precēs audīte.'

Gradus Tertius (V.14.3)

'Sōl, quī omnia opera terrārum flammīs lūstrās,
tūque Jūnō, interpres et cōnscia hārum cūrārum,
et Hecatē, ululāta per urbēs [in] nocturnīs triviīs,
et ultrīcēs Dīrae et dī morientis Elissae,
accipite haec, meritumque nūmen malīs advertite
et nostrās precēs audīte.'

Verba Vergiliī, versūs 607-612

'Sōl, quī terrārum flammīs opera omnia lūstrās,
tūque hārum interpres cūrārum et cōnscia Jūnō,
nocturnīsque Hecatē triviīs ululāta per urbēs
et Dīrae ultrīcēs et dī morientis Elissae,
accipite haec, meritumque malīs advertite nūmen
et nostrās audīte precēs.' ...

V.15 versūs 612-618

'**Terminus**' est fīnis. Saxum ingēns positum est in **terminō** agrī.

Anas in aquā **nat**. Anas est animal mīrum: et ambulāre et **nāre** et volāre potest.

Gradus Prīmus (V.15.1)

Dīdō: 'Sī necesse est illum virum (Aenēān) ad terrās
  Ītaliae pervenīre,
et sīc fāta jubent,
nōn possum fāta mūtāre:
terminus haeret, nec movēbitur.
Sed tamen licet mihi haec rogāre:
dum Aenēās omnia fātīs agit,
volō eum magnum dolōrem patī.
Volō superbum populum bellum gerere cum eō.
Volō eum numquam ad patriam Trojam revenīre.

Volō eum ā filiō Iūlō abripī,
et auxilium ōrāre.
Videat horribilēs mortēs amīcōrum quī in bellō cadent!'

Gradus Secundus (V.15.2)

'Sī necesse est īnfandum virum (quem nōmināre nōlō)
ad portūs pervenīre atque ad terrās nāre,
et sīc Juppiter et fāta jubent,
terminus fātōrum haeret;
sed doleat ille!
Bellō contrā superbum populum cruciātus,
ē terrīs suīs expulsus,
ab amplexū Iūlī raptus auxilium ōret
et videat indignās mortēs suōrum amīcōrum.'

Gradus Tertius (V.15.3)

'Sī necesse est īnfandum caput tangere portūs ac terrīs adnāre,
et sīc fāta Jovis poscunt,
hic terminus haeret,
at vexātus bellō audācis populī et armīs,
finibus extorris,
complexū Iūlī āvulsus auxilium implōret
videatque indigna fūnera suōrum.'

VERBA VERGILIĪ, VERSŪS 612-618

... 'Sī tangere portūs
īnfandum caput ac terrīs adnāre necesse est,
et sīc fāta Jovis poscunt, hic terminus haeret,
at bellō audācis populī vexātus et armīs,
finibus extorris, complexū āvulsus Iūlī
auxilium implōret videatque indigna suōrum
fūnera.' ...

V.16 versūs 618-621

Ecce, **harēna**. Multum **harēnae** est in lītoribus et in dēsertīs terrīs.

Fēmina aquam **fundit**.

Hominēs in cursū currunt. Prīmus laetus est. **Ultimus** (=**extrēmus**) trīstis et fessus est.

Gradus Prīmus (V.16.1)

Dīdō: 'Cum Aenēās accēperit lēgēs pācis inīquae,
(nam hostēs eum victum cōgent pācem injūstam accipere)
ō dī deaeque, vōs ōrō nē Aenēās diū vīvat nēve in rēgnō suō regat,
sed volō eum morī juvenem, ante diem suum,
et corpus ejus in lītore jacēre neque in terrā humārī—
nōn enim dignus sepulchrō est iste perfidus.

Haec verba ultima ōrō,
et vītam meam vōbīs sacrificium dō.'

Gradus Secundus (V.16.2)
'Cum accēperit lēgēs pācis injūstae,
nē rēgnō aut longā vītā fruātur, quae spērāvit,
sed cadat ante diem et in mediā harēnā jaceat.
Nē corpus ejus in terrā humētur.
Haec ōrō, haec verba ultima cum sanguine fundō.'

Gradus Tertius (V.16.3)
'Nec, cum sē trādiderit sub lēgēs pācis inīquae,
rēgnō aut optātā lūce fruātur,
sed cadat ante diem mediāque harēnā inhumātus.
Haec precor, hanc vōcem extrēmam cum sanguine fundō.'

VERBA VERGILIĪ, VERSŪS 618-621
... 'Nec, cum sē sub lēgēs pācis inīquae
trādiderit, rēgnō aut optātā lūce fruātur,
sed cadat ante diem mediāque inhumātus harēnā.
Haec precor, hanc vōcem extrēmam cum sanguine fundō.'

V.17 versūs 622-624

Post ignem, **cinis** invenītur.

Bellum cōnfectum est. Nātiōnēs **foedus** faciunt nē inter sē pugnent.

Gradus Prīmus (V.17.1)

Dīdō: 'Et nunc vōs, ō Tyriī, oppugnāte hoc genus
    maximō cum odiō!
Oppugnāte eōs ubīque odiīs.
Et ferte arma contrā omnēs futūrōs Trojānōs.
Ferte haec dōna ad meum sepulchrum.
Sit nūllus amor inter vōs et Trojānōs, nec foedus.'

Gradus Secundus (V.17.2)

'Tum vōs, ō Tyriī, oppugnāte odiīs genus Trojānum et omne
    futūrum genus,
et mittite haec dōna cinerī meō.
Sit nūllus amor inter populōs Trojānōs Tyriōsque, nec foedera.'

Gradus Tertius (V.17.3)

'Tum vōs, ō Tyriī, exercēte stirpem et omne futūrum genus odiīs,
et mittite haec mūnera cinerī nostrō.
Suntō nūllus amor populīs nec foedera.'

Verba Vergiliī, versūs 622-624

'Tum vōs, ō Tyriī, stirpem et genus omne futūrum
exercēte odiīs, cinerīque haec mittite nostrō
mūnera. Nūllus amor populīs nec foedera suntō.'

V.18 versūs 625-629

Ultor est quī injūriam ulcīscitur et scelestōs pūnit.

Ecce, **os**. **Ossa** sunt dūra, et post mortem in terrā permanent.

Ille **vīrēs** habet. Is quī **vīrēs** habet magnum pondus tollere potest.

Gradus Prīmus (V.18.1)

Dīdō: 'Surge, aliquis post mortem meam, aliquis ultor,
et pete Trojānōs colōnōs ignī gladiōque,
nunc, mox, quōcumque tempore poteris.
Haec precor:
sint lītora nostra contrā lītora eōrum,
et undae nostrae contrā undās eōrum,
et arma nostra contrā arma eōrum.
Pugnāte, vōs ipsī, et vestrī nepōtēs.'

Gradus Secundus (V.18.2)

'Tū, aliquis ultor post meam mortem, surge ē meīs ossibus,
tū quī Trojānōs colōnōs petās ignī gladiōque,
nunc, ōlim, quōcumque tempore vīrēs tibi dabuntur.
Invocō lītora contrā lītora,
undās contrā undās, arma contrā arma:
pugnent et ipsī Tyriī et nepōtēs eōrum.'

Gradus Tertius (V.18.3)

'[Tū,] aliquis ultor ē nostrīs ossibus,
exoriāre, quī sequāris face ferrōque Dardaniōs colōnōs,
nunc, ōlim, quōcumque tempore vīrēs sē dabunt.
Imprecor lītora contrāria lītoribus
undās [contrāriās] flūctibus, arma [contrāria] armīs:
pugnent ipsīque nepōtēsque.'

VERBA VERGILIĪ, VERSŪS 625-629

'Exoriāre aliquis nostrīs ex ossibus ultor
quī face Dardaniōs ferrōque sequāre colōnōs,
nunc, ōlim, quōcumque dabunt sē tempore vīrēs.
Lītora lītoribus contrāria, flūctibus undās
imprecor, arma armīs: pugnent ipsīque nepōtēsque.'

V.19 versūs 630-633

Fēmina dīves nōn vult ipsa lac īnfantī suō dare, itaque **nūtrīx**
lac eī dat. **Nūtrīx** est fēmina quae lac īnfantibus nōn suīs sed
aliēnīs dat.

Post ignem, **cinis** invenītur. Hic **cinis** est **āter** (**āter** est color obscūrus, nōn albus.)

Gradus Prīmus (V.19.1)

Haec dīxit Dīdō, et animum vertēbat hūc illūc, sēcum cōgitāns,
'Quōmodo mē occīdam?
Festīnā, Dīdō! Celeriter cōgitā! Quam celerrimē morī volō.
Nōlō hanc lūcem diūtius vidēre.
Ōdī hanc lūcem. Ōdī meam vītam.'
Mox Dīdō nūtrīcem Sychaeī vocāvit, 'Barcē! Venī hūc!'
Nūtrīcem virī mortuī vocāvit quod nūtrīx sua jam mortua erat;
cinis ejus in sepulchrō jacēbat.

Gradus Secundus (V.19.2)

Haec locūta est, et animum in omnēs partēs iterum
   iterumque vertēbat,
quaerēns quam prīmum sē ab odiōsā lūce removēre.
Deinde brevī tempore Barcēn nūtrīcem Sychaeī vocāvit,
namque nūtrīx Dīdōnis sub cinere ātrō in Phoenīciā (patriā
   antīquā) jacēbat.

Gradus Tertius (V.19.3)

Haec ait, et animum in omnīs partīs versābat,
quaerēns quam prīmum invīsam lūcem abrumpere.
Tum breviter Barcēn nūtrīcem Sychaeī adfāta,
namque cinis āter suam [nūtrīcem] [in] patriā antīquā habēbat.

Verba Vergiliī, versūs 630-633

Haec ait, et partīs animum versābat in omnīs,
invīsam quaerēns quam prīmum abrumpere lūcem.
Tum breviter Barcēn nūtrīcem adfāta Sychaeī,
namque suam patriā antīquā cinis āter habēbat.

V.20 versūs 634-637

Fēmina aquam in herbās **spargit**.

Ecce, **vitta**. Sacerdōs **vittam** in capite gerit.

Gradus Prīmus (V.20.1)

Dīdō: 'Ō Barcē, mea cāra nūtrīx, dūc Annam meam
    sorōrem ad mē:
jubē eam festīnāre et corpus aquā spargere,
et animālia et sacrificia quae sacerdōs nōbīs ostendit hūc dūcere.
Volō eam hūc venīre animālia dūcentem.
Et volō tē vittam gerere.'

Gradus Secundus (V.20.2)

'Nūtrīx cāra mihī, dūc Annam sorōrem hūc:
imperā eī ut festīnet corpus flūminis aquā spargere,
et animālia et dēmōnstrāta sacrificia sēcum dūcat.
Sīc veniat, tūque ipsa in capite sacram vittam gere.'

Gradus Tertius (V.20.3)

'Nūtrīx cāra mihī, hūc siste Annam sorōrem:
dīc [eī] properet corpus fluviālī lymphā spargere,
et pecudēs et mōnstrāta piācula sēcum dūcat.
Sīc veniat, tūque ipsa tempora piā vittā tege.'

VERBA VERGILIĪ, VERSŪS 634-637

'Annam, cāra mihī nūtrīx, hūc siste sorōrem:
dīc corpus properet fluviālī spargere lymphā,
et pecudēs sēcum et mōnstrāta piācula dūcat.
Sīc veniat, tūque ipsa piā tege tempora vittā.'

V.21 versūs 638-641

Vetus vir est senex. Vetus fēmina est **anus**.

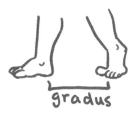

Ecce, **gradus**. Cum aliquis ambulat, multōs **gradūs** facit.

Gradus Prīmus (V.21.1)

Dīdō: 'Volō perficere sacrificia Plūtōnī (rēgī terrae mortuōrum),
sacrificia quae rectē parāvī.
Et volō finem dare meīs cūrīs.
Volō pyram incendere, ubi omnēs rēs Aenēae positae sunt.'
Sīc dīxit Dīdō.
Barcē anus erat vetus, proba, et strēnua:
intentē Dīdōnem audīvit,
et ut dīligentissimē rem parāret,
cito abiit celerīs gradibus.

Gradus Secundus (V.21.2)

'Volō perficere sacrificia Plūtōnī,
quae incēpī et rēctē rīteque parāvī,
et volō finem cūrīs dare
et pyram Trojānī virī flammīs incendere.'
Sīc dīxit.
Illa (Barcē nūtrīx) celerī gradū properāvit, dīligentiā
  anūs contendēns.

Gradus Tertius (V.21.3)

'Animus est perficere sacra Jovī Stygiō,
incepta quae rīte parāvī,
finemque cūrīs impōnere
et rogum Dardaniī capitis flammae permittere.'
Sīc ait.
Illa gradum studiō anīlī celebrābat.

Verba Vergiliī, versūs 638-641

'Sacra Jovī Stygiō, quae rīte incepta parāvī,
perficere est animus finemque impōnere cūrīs
Dardaniīque rogum capitis permittere flammae.'
Sīc ait. Illa gradum studiō celebrābat anīlī.

V.22 versūs 642-647

Ecce, **macula**. In pelle canis Dalmaticī multae **maculae** sunt.

Ecce, **gena**. Duae **genae** sunt in vultū.

Gradus Prīmus (V.22.1)

Sed Dīdō timēns et furēns, quod dē horribilibus cōnsiliīs cogitābat,
ad pyram accessit.
Oculōs rubrōs hūc illūc volvēbat.
Erant multae maculae in genīs ejus, nam animō aegra erat.
Vultus maculātus tremēbat.
Et vultus pallidus erat (=albus), quod illa dē morte cōgitābat.
Dīdō in interiōrēs partēs domūs festīnāvit, ubi pyra erat,
et altam pyram furēns ascendit,
et gladium Aenēae cēpit.
(Hic gladius erat dōnum quod Dīdō ōlim ab Aenēā petīvit.
Eō tempore, Aenēān laeta amābat necdum morī volēbat.
Hunc gladium nōn petīverat quō sē occīderet, sed mox sē
    eō occīdet.)

Gradus Secundus (V.22.2)

At Dīdō trepida et cōnsiliīs dīrīs furēns
rubrōs oculōs volvēns,
et pallida dē morte futūrā cōgitāns,
genīs tromentibus, in quibus sunt multae maculae,
in interiōra loca domūs incurrit
et altam pyram furēns cōnscendit
gladiumque Trojānum ēdūxit,
dōnum quod nōn quaesīverat ab Aenēā ad hunc ūsum.

Gradus Tertius (V.22.3)

At Dīdō trepida et coeptīs immānibus effera
sanguineam aciem volvēns,
interfūsaque genās trementēs maculīs
et pallida morte futūrā,
interiōra līmina domūs inrumpit
et altōs rogōs furibunda cōnscendit
ēnsemque Dardanium reclūdit,
mūnus nōn quaesītum in hōs ūsūs.

VERBA VERGILIĪ, VERSŪS 642-647

At trepida et coeptīs immānibus effera Dīdō
sanguineam volvēns aciem, maculīsque trementīs

interfūsa genās et pallida morte futūrā,
interiōra domūs inrumpit līmina et altōs
cōnscendit furibunda rogōs ēnsemque reclūdit
Dardanium, nōn hōs quaesītum mūnus in ūsūs.

V.23 versūs 648-650

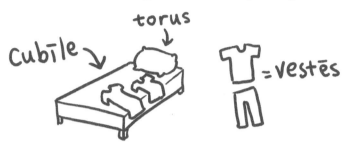

Ecce, lectus (=**cubīle**) et **vestēs**. **Vestēs** in lectō sunt. **Torus** quoque in lectō est.

Gradus Prīmus (V.23.1)

In hōc locō, postquam cōnspexit Dīdō Trojānōs vestēs et lectum
    Aenēae quem bene nōverat,
brevī tempore cōnsistēbat,
lacrimāns et dē praeteritīs temporibus in mente cōgitāns.
Deinde, in lectō jacēbat,
et dīxit ultima verba.

Gradus Secundus (V.23.2)

Hīc, postquam Trojānōs vestēs nōtumque lectum cōnspexit,
paulisper lacrimīs et mente morāta est,
et in lectō jacēbat,
dīxitque ultima verba.

Gradus Tertius (V.23.3)

Hīc, postquam Īliacās vestīs nōtumque cubīle cōnspexit,
paulum lacrimīs et mente morāta
in torō incubuit
dīxitque novissima verba.

Verba Vergiliī, versūs 648-650

Hīc, postquam Īliacās vestīs nōtumque cubīle
cōnspexit, paulum lacrimīs et mente morāta
incubuitque torō dīxitque novissima verba.

V.24 versūs 651-654

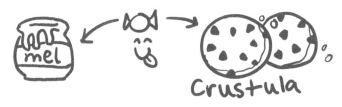

Mel **dulce** est. Crustula **dulcia** sunt. Hae rēs **dulcēs** sunt.

Gradus Prīmus (V.24.1)

Dīdō: 'Ō dulcēs vestēs, quās ille relīquit,
dulcēs erātis dum fāta deīque mē eum amāre sinēbant,
sed nōn jam dulcēs estis.
Accipite hanc vītam
et mē ab hīs dolōribus līberāte.
Bene vītam ēgī, multa magnaque opera perfēcī;
perfēcī iter quod Fortūna dederat.
Nunc mea magna imāgō sub terram ībit.'

Gradus Secundus (V.24.2)

'Ō dulcēs reliquae vestēs et arma,
dulcēs dum fāta deusque mē laetam esse sinēbat,
accipite hanc animam
et mē ab hīs cūrīs līberāte.
Dignam vītam ēgī, et perfēcī cursum quem Fortūna dederat,
et nunc magna imāgō meī sub terrās ībit.'

Gradus Tertius (V.24.3)

'[Ō] dulcēs exuviae, [dulcēs] dum fāta deusque sinēbat,
accipite hanc animam
mēque [ab] hīs cūrīs exsolvite.

Vīxī et perēgī cursum quem Fortūna dederat,
et nunc magna imāgō meī sub terrās ībit.'

VERBA VERGILIĪ, VERSŪS 651-654

'Dulcēs exuviae, dum fāta deusque sinēbat,
accipite hanc animam mēque hīs exsolvite cūrīs.
Vīxī et quem dederat cursum Fortūna perēgī,
et nunc magna meī sub terrās ībit imāgō.'

V.25 versūs 655-658

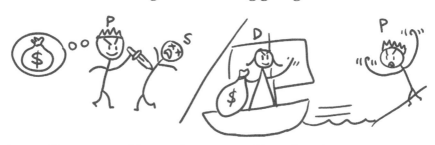

Pygmaliōn aurī cupidus Sychaeum occīdit, sed Dīdō (uxor Sychaeī
et soror Pygmaliōnis) aurum rapuit ad novam terram. Sīc Dīdō
Pygmaliōnem pūnīvit et Sychaeum **ulta est**.

Gradus Prīmus (V.25.1)

Dīdō: 'Multa in hāc vītā perfēcī:
magnam urbem Karthāginem aedificāvī,
meōs altōs mūrōs vīdī,
ulta sum meum virum Sychaeum, et frātrem Pygmaliōnem pūnīvī.
Fēlīx eram, antequam Aenēās advēnit.
Ēheu, quam fēlīx fuissem, sī Trojānī numquam advēnissent!'

Gradus Secundus (V.25.2)

'Urbem nōtissimam aedificāvī, meōs mūrōs vīdī,
ulta sum meum virum, et frātrem inimīcum pūnīvī.
Fēlīx, heu nimium fēlīx fuissem,
sī modo Trojānae nāvēs ad lītora nostra numquam pervēnissent.'

Gradus Tertius (V.25.3)

'Urbem praeclāram statuī, mea moenia vīdī,
ulta virum poenās ā frātre inimīcō recēpī.
Fēlīx, heu nimium fēlīx [fuissem],
sī tantum Dardaniae carīnae lītora nostra numquam tetigissent.'

VERBA VERGILIĪ, VERSŪS 655-658

'Urbem praeclāram statuī, mea moenia vīdī,
ulta virum poenās inimīcō ā frātre recēpī.
Fēlīx, heu nimium fēlīx, sī lītora tantum
numquam Dardaniae tetigissent nostra carīnae.'

V.26 versūs 659-662

Vir pōculum aquae **haurit**.

Aenēās Dīdōnem occīdit, sed posteā Tyriī Aenēān nōn occīdent.
Dīdō igitur mortua erit **inulta**.

Gradus Prīmus (V.26.1)

Sīc dīxit Dīdō, et vultum in lectō pressit,
et 'Moriar inulta,' inquit, 'sed tamen morī volō.
Sīc, sīc gaudeō īre sub terram.
Videat crūdēlis Trojānus hanc pyram,

hauriat hunc ignem oculīs, in marī nāvigāns,
et sēcum portet dīra signa meae mortis.'

Gradus Secundus (V.26.2)

Dīxit, ōs impressit in lectō,
et 'Moriēmur inultae, sed moriāmur' inquit.
'Sīc, sīc mē dēlectat īre sub umbrās.
Hauriat crūdēlis Trojānus hunc ignem oculīs ā marī,
et sēcum ferat ōmina meae mortis.'

Gradus Tertius (V.26.3)

Dīxit, et ōs impressa in torō
'Moriēmur inultae, sed moriāmur' ait.
'Sīc, sīc [mē] juvat īre sub umbrās.
Hauriat crūdēlis Dardanus hunc ignem oculīs ab altō,
et sēcum ferat ōmina nostrae mortis.'

Verba Vergiliī, versūs 659-662

Dīxit, et ōs impressa torō 'Moriēmur inultae,
sed moriāmur' ait. 'Sīc, sīc juvat īre sub umbrās.
Hauriat hunc oculīs ignem crūdēlis ab altō
Dardanus, et nostrae sēcum ferat ōmina mortis.'

V.27 versūs 663-666

Rēgīna moriēns manūs sanguine **spargit**. Manūs sanguine
sparsae sunt.

Gladius sanguine (=**cruōre**) **spūmat**.

Gradus Prīmus (V.27.1)

Tandem dīxerat Dīdō, et in gladium cecidit.
Intereā Tyriī comitēs illam in gladiō jacentem cōnspiciunt,
gladiumque sanguine spūmantem vident,
et sparsās manūs rēgīnae morientis vident.
Clāmor it per tōtam domum:
Fāma (illa mala dea) ruit per commōtam urbem.

Gradus Secundus (V.27.2)

Dīxerat, atque inter tālēs rēs
Tyriī comitēs illam [Dīdōnem] in gladiō conlāpsam cōnspiciunt,
gladiumque sanguine spūmantem sparsāsque manūs.
Clāmor it ad alta ātria:
Fāma ruit sīcut Baccha (fēmina quae deum Bacchum colit
    adōratque) per concussam urbem.

Gradus Tertius (V.27.3)

Dīxerat, atque inter media tālia
comitēs illam [in] ferrō conlāpsam aspiciunt,
ēnsemque cruōre spūmantem sparsāsque manūs.
Clāmor it ad alta ātria:
Fāma bacchātur per concussam urbem.

VERBA VERGILIĪ, VERSŪS 663-666

Dīxerat, atque illam media inter tālia ferrō
conlāpsam aspiciunt comitēs, ēnsemque cruōre
spūmantem sparsāsque manūs. It clāmor ad alta
ātria: concussam bacchātur Fāma per urbem.

V.28 versūs 667-671

Gradus Prīmus (V.28.1)

Aedificia Karthāginis sonant magnīs clāmōribus et lāmentīs,
caelum super Karthāginem resonat sonō magnō.
Similēs clāmōrēs audīrēs sī hostēs per tōtam urbem currerent,
et omnis Karthāgō caderet,
aut sī antīqua urbs Tyros caderet,
tālēs clāmōrēs audīrēs sī omnia aedificia et templa urbis flammīs
   furentibus ārdērent.

Gradus Secundus (V.28.2)

Aedificia sonant lāmentīs gemitūque et ululātū fēminārum,
caelum resonat magnīs lāmentīs,
nōn aliter quam sī omnis Karthāgō aut antīqua urbs Tyros
   immissīs hostibus cadat,
flammaeque furentēs perque aedificia hominum perque templa
   deōrum volvantur.

Gradus Tertius (V.28.3)

Tēcta fremunt lāmentīs gemitūque et fēmineō ululātū,
aether resonat magnīs plangōribus,
nōn aliter quam sī omnis Karthāgō aut antīqua Tyros immissīs
   hostibus ruat,
flammaeque furentēs perque culmina hominum perque [culmina]
   deōrum volvantur.

Verba Vergiliī, versūs 667-671

Lāmentīs gemitūque et fēmineō ululātū
tēcta fremunt, resonat magnīs plangōribus aether,
nōn aliter quam sī immissīs ruat hostibus omnis
Karthāgō aut antīqua Tyros, flammaeque furentēs
culmina perque hominum volvantur perque deōrum.

V.29 versūs 672-675

In fīnibus digitōrum sunt **unguēs**.

'**Pugnus**' est manus contracta et clausa.

Gradus Prīmus (V.29.1)

Anna soror percussa terrōre erat.
Territa est quod Fāma ad aurēs ejus advēnit
et eī dīxit, 'Soror tua mortem petit!'
Trīstissima, vultum unguibus vulnerāns,
et pectus pugnīs pulsāns,
per mediōs cucurrit,
et morientem sorōrem nōmine clāmāvit:
'Dīdō! Dīdō!
Sīc hoc significat, soror?
Mē dēcipiēbās ubi haec omnia parāre jussistī?'

Gradus Secundus (V.29.2)

Soror exanimis dīram rem audiit.
Tremēns et territa ad sorōrem cucurrit.
Ōs unguibus et pectus pugnīs vulnerāns
per mediōs ruit,
ac morientem sorōrem nōmine clāmat:
'Hoc fuit illud, soror? Mē sīc dēcipiēbās?'

Gradus Tertius (V.29.3)

Soror exanimis audiit,
trepidōque cursū exterrita
ōra unguibus et pectora pugnīs foedāns
per mediōs ruit,
ac morientem nōmine clāmat:
'Hoc fuit illud, germāna? Mē fraude petēbās?'

VERBA VERGILIĪ, VERSŪS 672-675

Audiit exanimis trepidōque exterrita cursū
unguibus ōra soror foedāns et pectora pugnīs
per mediōs ruit, ac morientem nōmine clāmat:
'Hoc illud, germāna, fuit? Mē fraude petēbās?'

V.30 versūs 676-679

Ecce, **āra**. **Āra** est locus in quō sacrificia fiunt.

Vir dulcia ā puerō rapit et puer **queritur**: 'Māaater! Nōn jūstum
est! Ille vir mea dulcia rapuit!'

Gradus Prīmus (V.30.1)

Anna: 'Num illa pyra hanc horribilem mortem mihi parābat?
Num ignēs āraeque hunc horribilem cōnspectum mihi parābant?
Ō mē miseram! Quid prīmum querar?
Ā tē dēserta sum!
Mē abīre jussistī, mē, tuam sorōrem, quae semper tēcum adsum,
ut sōla morerēris.
Crūdēlis soror, utinam tēcum morerer!
Utinam mē tēcum morī jussissēs!
Eadem mors et mē et tē tolleret,
eōdem gladiō morerēmur.'

Gradus Secundus (V.30.2)

'Ista pyra hoc mihi parābat?
Ignēs āraeque hoc mihi parābant?
Quid prīmum querar, ego quem dēseruistī?
Rejēcistīne mē, sorōrem comitem, moriēns?
Utinam mē ad eadem fāta vocāvissēs—
īdem dolor atque eadem hōra nōs ambās gladiō occīdisset.'

Gradus Tertius (V.30.3)

'Iste rogus hoc mihi [parābat], ignēs āraeque hoc [mihi] parābant?
Quid prīmum [ego] dēserta querar?
Sprēvistīne sorōrem comitem moriēns?
Mē ad eadem fāta vocāssēs,
īdem dolor atque eadem hōra [nōs] ambās ferrō tulisset.'

VERBA VERGILIĪ, VERSŪS 676-679

'Hoc rogus iste mihi, hoc ignēs āraeque parābant?
Quid prīmum dēserta querar? Comitemne sorōrem
sprēvistī moriēns? Eadem mē ad fāta vocāssēs,
īdem ambās ferrō dolor atque eadem hōra tulisset.'

V.31 versūs 680-685

Puella manūs aquā **abluit**.

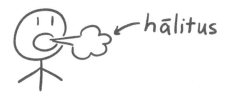

Cum homō spīrat, **spīritus** (=**hālitus**) ex ōre exit.

Gradus Prīmus (V.31.1)

Anna: 'Ego ipsa hanc pyram aedificāvī,
sed cūr? Ut tū sōla morerēris?
Tūne mē jussistī omnia haec sacrificia parāre,
ut mē longē hinc mitterēs?
Ut ā tē moriente abessem?
Crūdēlis soror, tē et mē et omnem Karthāginem dēlēvistī.'
Tandem, Anna Dīdōnem morientem cōnspexit.
Multī Tyriī circumstābant flentēs.
'Ō sorōrem miseram!' Anna inquit. 'Ō Tyriōs miserōs!
Permittite mihi ut vulnera sorōris aquā abluam,
et, sī adhūc spīrat,
permittite mihi ut ultimum spīritum ejus meō ōre capiam.'

Gradus Secundus (V.31.2)

'Hīs manibus ego ipsa pyram cōnstrūxī
patrumque deōs magnā vōce vocāvī,
ut ā tē moriente, hīc jacente, abessem? (Crūdēlis soror!)
Dēlēvistī tē mēque, soror,
populumque patrēsque Tyriōs urbemque tuam.
Ō Tyriī comitēs, permittite mihi ut vulnera aquā abluam

et, sī quis ultimus spīritus super eam errat,
permittite mihi ut eum spīritum meō ōre colligam.'

Gradus Tertius (V.31.3)

'Hīs manibus etiam strūxī
patriōsque deōs vōce vocāvī,
ut tē sīc positā, crūdēlis, abessem?
Exstīnxtī tē mēque, soror,
populumque patrēsque Sīdoniōs urbemque tuam.
Date, vulnera lymphīs abluam
et, sī quis extrēmus hālitus super errat,
ōre legam.'

VERBA VERGILIĪ, VERSŪS 680-685

'Hīs etiam strūxī manibus patriōsque vocāvī
vōce deōs, sīc tē ut positā, crūdēlis, abessem?
Exstīnxtī tē mēque, soror, populumque patrēsque
Sīdoniōs urbemque tuam. Date, vulnera lymphīs
abluam et, extrēmus sī quis super hālitus errat,
ōre legam.' ...

V.32 versūs 685-687

Ecce, **gradūs**. Anna **gradūs** ascendit.

Anna Dīdōnem **amplectitur**.

Ecce, **sinus**. Sinus est locus concavus. Est **sinus** in pectore et in gremiō.

Pullī nōn sunt frīgidī quia māter eōs **fovet**.

Sōl ārdet et fluvium **siccat**.

Gradus Prīmus (V.32.1)

Haec dīxit Anna.
Jam gradūs altōs ascenderat (dum loquēbātur),
et sorōrem morientem cōnspexerat.
Soror nōndum mortua erat, sed sēmianimis: inter
   vītam et mortem.
Anna sorōrem in sinū amplexa est
et eam fovēbat, lacrimāns,
et vestem suam in vulnus imposuit, ut sanguinem siccāret.

Gradus Secundus (V.32.2)

Sīc locūta gradūs altōs ascenderat,
sēmianimemque sorōrem in sinū amplexa est
et cum gemitū (=sonō trīstī) fovēbat,
atque ātrum sanguinem veste siccābat.

Gradus Tertius (V.32.3)

Sīc fāta gradūs altōs ēvāserat,
sēmianimemque germānam sinū amplexa cum gemitū fovēbat
atque ātrōs cruōrēs veste siccābat.

VERBA VERGILIĪ, VERSŪS 685-687

... Sīc fāta gradūs ēvāserat altōs,
sēmianimemque sinū germānam amplexa fovēbat
cum gemitū atque ātrōs siccābat veste cruōrēs.

V.33 versūs 688-692

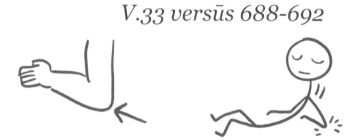

Ecce, **cubitus**. In bracchiō est **cubitus**. Hic vir
cubitō adnītitur.

Gradus Prīmus (V.33.1)

Dīdō cōnāta est oculōs ad sorōrem Annam tollere,
sed nōn potuit.
Ubi spīrāvit, vulnus sub pectore strīdit. (=Sonum acūtum
  fēcit: iiiiii!)
Surgere iterum iterumque cōnāta est,
sed in lectō iterum iterumque cecidit.
Oculīs morientibus lūcem in altō caelō quaesīvit,
sed cum lūcem cōnspexisset, 'Ēheu,' trīstis inquit.

Gradus Secundus (V.33.2)

Illa gravēs oculōs iterum tollere cōnāta est sed nōn potuit;
vulnus, in pectore fixum, sub pectore strīdit.
Ter sē tollēns cubitōque adnīxa surgere cōnāta est,
ter in lectō conlāpsa est
oculīsque errantibus lūcem in altō caelō quaesīvit
et ingemuit (sonum trīstem fēcit) cum lūcem invēnisset.

Gradus Tertius (V.33.3)

Illa gravīs oculōs attollere cōnāta rūrsus dēficit;
īnfixum vulnus sub pectore strīdit.
Ter sēsē attollēns cubitōque adnīxa levāvit,
ter [in] torō revolūta est
oculīsque errantibus lūcem [in] altō caelō quaesīvit
ingemuitque [lūce] repertā.

Verba Vergiliī, versūs 688-692

Illa gravīs oculōs cōnāta attollere rūrsus
dēficit; īnfixum strīdit sub pectore vulnus.
Ter sēsē attollēns cubitōque adnīxa levāvit,
ter revolūta torō est oculīsque errantibus altō
quaesīvit caelō lūcem ingemuitque repertā.

V.34 versūs 693-695

Manūs **ligātae** sunt.

Amīcus **resolvit ligātās** manūs. Grātiās tibi!

Ecce **Īris** et arcus pluvius. **Īris** est dea quae arcum pluvium afferre potest et amīca Jūnōnis.

Gradus Prīmus (V.34.1)

Jūnō omnipotēns Dīdōnem vīdit.
Jūnō trīstis erat, nam Dīdō lentē moriēbātur.
Mors Dīdōnis difficilis erat;
manūs et bracchia et crūra dolōre ligāta erant.
Tōtō corpore dolēbat, et difficile eī erat corpus movēre.
Itaque Jūnō mīsit Īrim ut animam Dīdōnis līberāret;
id fēcit ut Dīdō celerius morerētur.

Gradus Secundus (V.34.2)

Deinde Jūnō omnipotēns,
quae trīstis erat quod Dīdō longum dolōrem patiēbātur,
et exitus ejus difficilis erat,
deam Īrim dē monte Olympō dēmīsit
quae līberāret dolentem animam
et resolveret ligāta membra.

Gradus Tertius (V.34.3)

Tum Jūnō omnipotēns
miserāta longum dolōrem difficilīsque obitūs
Īrim Olympō dēmīsit
quae luctantem animam nexōsque artūs resolveret.

VERBA VERGILIĪ, VERSŪS 693-695

Tum Jūnō omnipotēns longum miserāta dolōrem
difficilīsque obitūs Īrim dēmīsit Olympō
quae luctantem animam nexōsque resolveret artūs.

V.35 versūs 696-699

Hic dīves vir dīligenter hominēs juvat. Argentum ejus **meritum** est.

Hic dīves vir hominēs nōn juvat, sed crūdēlis est. Argentum ejus nōn **meritum** est.

Gradus Prīmus (V.35.1)

Quoniam Dīdō illō diē nōn dēbuit morī,
Dīdō nōn facile moriēbātur:
dea mortuōrum, Prōserpina, nōndum eam vocāverat ad
  terram mortuōrum;
nōndum Prōserpina crīnem ab illā cēperat, sacrificium
  deō mortuōrum.
Itaque Dīdō nec morī nec vīvere poterat, sed dolōre
  maximō labōrābat.

Gradus Secundus (V.35.2)

Quoniam nec fātō nec meritā morte moriēbātur,
sed misera moriēbātur ante diem cum dēbuit morī,
et mortem sibi petiit subitō furōre accēnsa,
Prōserpina (rēgīna terrae mortuōrum)
nōndum flāvum crīnem abstulerat ā summō capite Dīdōnis
nec caput damnāverat et mīserat eam ad Orcum (terram
   mortuōrum) et ad flūmen Stygem.

Gradus Tertius (V.35.3)

Nam quia nec fātō nec meritā morte perībat,
sed misera ante diem subitōque furōre accēnsa,
nōndum Prōserpina illī flāvum crīnem vertice abstulerat
Stygiōque Orcō caput damnāverat.

VERBA VERGILIĪ, VERSŪS 696-699

Nam quia nec fātō meritā nec morte perībat,
sed misera ante diem subitōque accēnsa furōre,
nōndum illī flāvum Prōserpina vertice crīnem
abstulerat Stygiōque caput damnāverat Orcō.

V.36 versūs 700-705

Ecce, **arcus pluvius**. **Arcus pluvius** vidētur cum sōl **adversus**
splendet, et **hūmidus** nimbus est in caelō.

Fēmina crīnem **secat**. Crīnis est sacrificium deīs.

Ignis, sōl, et vīventēs hominēs **calōrem** habent. Sed mortuī hominēs **calōrem** nōn habent. (**Calor** ↔ frīgus)

Gradus Prīmus (V.36.1)

Itaque Īris dē caelō ad Dīdōnem volāvit.
Dum volābat, arcum pluvium in caelō post sē trahēbat.
Mīlle variī colōrēs erant in arcū pluviō.
Arcus pluvius pulcher erat, sed mors Dīdōnis nōn pulchra erat.
Īris volāvit ad Dīdōnem et stetit suprā caput.
(Īris est levis, nōn gravis; leviter in capite stat.)
Īris, 'Ego jussa sum,' inquit, 'ā Jūnōne hoc facere.
Ecce, crīnem secō.
Hic crīnis est bonum sacrificium Plūtōnī.
Sīc, ō Dīdō, tē solvō ab illō miserō corpore.
Volā, ō anima Dīdōnis, ad terram mortuōrum.'
Sīc dīxit Īris et crīnem Dīdōnis secāvit.
Statim omnis calor ē Dīdōne exiit.
Anima Dīdōnis in ventōs discessit.
Tandem mortua erat Dīdō.

Gradus Secundus (V.36.2)

Itaque hūmida Īris flāvīs pennīs per caelum volat
arcum pluvium post sē trahēns,
mīlle variōs colōrēs adversō sōle trahēns,
et suprā caput Dīdōnis stat.
'Ego, ā Jūnōne jussa,
ferō hunc sacrum crīnem Dītī (Plūtōnī, rēgī terrae mortuōrum)
et tē ab istō corpore solvō.'
Sīc dīxit et dextrā manū crīnem secat.
Omnis calor ūnā relīquit Dīdōnem et cecidit ex eā,
ac vīta in ventōs discessit.

Gradus Tertius (V.36.3)

Ergō rōscida Īris croceīs pennīs per caelum dēvolat
mīlle variōs colōrēs adversō sōle trahēns
et suprā caput astitit.
'Ego jussa hunc sacrum Dītī ferō
tēque istō corpore solvō.'
Sīc ait et dextrā crīnem secat.
Omnis et ūnā calor dīlāpsus [est]
ac vīta in ventōs recessit.

Verba Vergiliī, versūs 700-705

Ergō Īris croceīs per caelum rōscida pennīs
mīlle trahēns variōs adversō sōle colōrēs
dēvolat et suprā caput astitit. 'Hunc ego Dītī
sacrum jussa ferō tēque istō corpore solvō.'
Sīc ait et dextrā crīnem secat, omnis et ūnā
dīlāpsus calor atque in ventōs vīta recessit.

APPENDIX

Aenēidos liber quārtus

At rēgīna gravī jamdūdum saucia cūrā
vulnus alit vēnīs et caecō carpitur ignī.
Multa virī virtūs animō multusque recursat
gentis honōs; haerent īnfīxī pectore vultūs
verbaque nec placidam membrīs dat cūra quiētem.   5
Postera Phoebēā lūstrābat lampade terrās
ūmentemque Aurōra polō dīmōverat umbram,
cum sīc ūnanimam adloquitur male sāna sorōrem:
'Anna soror, quae mē suspēnsam īnsomnia terrent!
Quis novus hic nostrīs successit sēdibus hospes,   10
quem sēsē ōre ferēns, quam fortī pectore et armīs!
Crēdō equidem, nec vāna fidēs, genus esse deōrum.
Dēgenerēs animōs timor arguit. Heu, quibus ille
jactātus fātīs! Quae bella exhausta canēbat!
Sī mihi nōn animō fīxum immōtumque sedēret   15
nē cui mē vinclō vellem sociāre jugālī,
postquam prīmus amor dēceptam morte fefellit;
sī nōn pertaesum thalamī taedaeque fuisset,
huic ūnī forsan potuī succumbere culpae.
Anna (fatēbor enim) miserī post fāta Sychaeī   20
conjugis et sparsōs frāternā caede penātīs
sōlus hic īnflexit sēnsūs animumque labantem
impulit. Agnōscō veteris vestīgia flammae.

Sed mihi vel tellūs optem prius īma dehīscat
vel pater omnipotēns adigat mē fulmine ad umbrās,   25
pallentīs umbrās Erebō noctemque profundam,
ante, pudor, quam tē violō aut tua jūra resolvō.
Ille meōs, prīmus quī mē sibi jūnxit, amōrēs
abstulit; ille habeat sēcum servetque sepulchrō.'
Sīc effāta sinum lacrimīs implēvit obortīs.   30
Anna refert: 'Ō lūce magis dīlēcta sorōrī,
sōlane perpetuā maerēns carpēre juventā
nec dulcīs nātōs Veneris nec praemia nōris?
Id cinerem aut mānīs crēdis cūrāre sepultōs?
Estō: aegram nūllī quondam flexēre marītī,   35
nōn Libyae, nōn ante Tyrō; dēspectus Iarbās
ductōrēsque aliī, quōs Āfrica terra triumphīs
dīves alit: placitōne etiam pugnābis amōrī?
Nec venit in mentem quōrum cōnsēderis arvīs?
Hinc Gaetūlae urbēs, genus īnsuperābile bellō,   40
et Numidae īnfrēnī cingunt et inhospita Syrtis;
hinc dēserta sitī regiō lātēque furentēs
Barcaeī. Quid bella Tyrō surgentia dīcam
germānīque minās?
Dīs equidem auspicibus reor et Jūnōne secundā   45
hunc cursum Īliacās ventō tenuisse carīnās.
Quam tū urbem, soror, hanc cernēs, quae surgere rēgna
conjugiō tālī! Teucrum comitantibus armīs
Pūnica sē quantīs attollet glōria rēbus!
Tū modo posce deōs veniam, sacrīsque litātīs   50
indulgē hospitiō causāsque innecte morandī,
dum pelagō dēsaevit hiems et aquōsus Orīōn,
quassātaeque ratēs, dum nōn tractābile caelum.'
Hīs dictīs impēnsō animum flammāvit amōre
spemque dedit dubiae mentī solvitque pudōrem.   55
Prīncipiō dēlūbra adeunt pācemque per ārās
exquīrunt; mactant lēctās dē mōre bidentīs
lēgiferae Cererī Phoebōque patrīque Lyaeō,
Jūnōnī ante omnīs, cui vincla jugālia cūrae.
Ipsa tenēns dextrā pateram pulcherrima Dīdō   60
candentis vaccae media inter cornua fundit,
aut ante ōra deum pinguīs spatiātur ad ārās,
īnstauratque diem dōnīs, pecudumque reclūsīs
pectoribus inhiāns spīrantia cōnsulit exta.

Heu, vātum ignārae mentēs! Quid vōta furentem, 65
quid dēlūbra juvant? Ēst mollīs flamma medullās
intereā et tacitum vīvit sub pectore vulnus.
Ūritur īnfēlīx Dīdō tōtāque vagātur
urbe furēns, quālis conjectā cerva sagittā,
quam procul incautam nemora inter Crēsia fīxit 70
pāstor agēns tēlīs līquitque volātile ferrum
nescius: illa fugā silvās saltūsque peragrat
Dictaeōs; haeret laterī lētālis harundō.
Nunc media Aenēān sēcum per moenia dūcit
Sīdoniāsque ostentat opēs urbemque parātam, 75
incipit effārī mediāque in vōce resistit;
Nunc eadem lābente diē convīvia quaerit,
Īliacōsque iterum dēmēns audīre labōrēs
exposcit pendetque iterum nārrantis ab ōre.
Post ubi dīgressī, lūmenque obscūra vicissim 80
lūna premit suādentque cadentia sīdera somnōs,
sōla domō maeret vacuā strātīsque relictīs
incubat. Illum absēns absentem auditque videtque,
aut gremiō Ascanium genitōris imāgine capta
dētinet, īnfandum sī fallere possit amōrem. 85
Nōn coeptae adsurgunt turrēs, nōn arma juventūs
exercet portūsve aut prōpugnācula bellō
tūta parant: pendent opera interrupta minaeque
mūrōrum ingentēs aequātaque māchina caelō.
Quam simul ac tālī persēnsit peste tenērī 90
cāra Jovis conjūnx nec fāmam obstāre furōrī,
tālibus adgreditur Venerem Sāturnia dictīs:
'Ēgregiam vērō laudem et spolia ampla refertis
tūque puerque tuus (magnum et memorābile nūmen),
ūna dolō dīvum sī fēmina victa duōrum est. 95
Nec mē adeō fallit veritam tē moenia nostra
suspectās habuisse domōs Karthāginis altae.
Sed quis erit modus, aut quō nunc certāmine tantō?
Quīn potius pācem aeternam pactōsque hymenaeōs
exercēmus? Habēs tōtā quod mente petīstī: 100
ārdet amāns Dīdō trāxitque per ossa furōrem.
Commūnem hunc ergō populum paribusque regāmus
auspiciīs; liceat Phrygiō servīre marītō
dōtālīsque tuae Tyriōs permittere dextrae.'
Ollī (sēnsit enim simulātā mente locūtam, 105

quō rēgnum Ītaliae Libycās āverteret ōrās)
sīc contrā est ingressa Venus: 'Quis tālia dēmēns
abnuat aut tēcum mālit contendere bellō?
Sī modo quod memorās factum fortūna sequātur.
Sed fātīs incerta feror, sī Juppiter ūnam   110
esse velit Tyriīs urbem Trojāque profectīs,
miscērīve probet populōs aut foedera jungī.
Tū conjūnx, tibi fās animum temptāre precandō.
Perge, sequar.' Tum sīc excēpit rēgia Jūnō:
'Mēcum erit iste labor. Nunc quā ratiōne quod īnstat   115
cōnfierī possit, paucīs (adverte) docēbō.
Vēnātum Aenēās ūnāque miserrima Dīdō
in nemus īre parant, ubi prīmōs crāstinus ortūs
extulerit Tītān radiīsque retēxerit orbem.
Hīs ego nigrantem commixtā grandine nimbum,   120
dum trepidant ālae saltūsque indāgine cingunt,
dēsuper īnfundam et tonitrū caelum omne ciēbō.
Diffugient comitēs et nocte tegentur opācā:
spēluncam Dīdō dux et Trojānus eandem
dēvenient. Aderō et, tua sī mihi certa voluntās,   125
cōnūbiō jungam stabilī propriamque dicābō.
Hic hymenaeus erit.' Nōn adversāta petentī
adnuit atque dolīs rīsit Cytherēa repertīs.
Ōceanum intereā surgēns Aurōra relīquit.
It portīs jubare exortō dēlēcta juventūs,   130
rētia rāra, plagae, lātō vēnābula ferrō,
Massȳlīque ruunt equitēs et odōra canum vīs.
Rēgīnam thalamō cūnctantem ad līmina prīmī
Poenōrum exspectant, ostrōque īnsignis et aurō
stat sonipēs ac frēna ferōx spūmantia mandit.   135
Tandem prōgreditur magnā stīpante catervā
Sīdoniam pictō chlamydem circumdata limbō;
cui pharetra ex aurō, crīnēs nōdantur in aurum,
aurea purpuream subnectit fibula vestem.
Nec nōn et Phrygiī comitēs et laetus Iūlus   140
incēdunt. Ipse ante aliōs pulcherrimus omnīs
īnfert sē socium Aenēās atque agmina jungit.
Quālis ubi hībernam Lyciam Xanthīque fluenta
dēserit ac Dēlum māternam invīsit Apollō
īnstauratque chorōs, mixtīque altāria circum   145
Crētēsque Dryopēsque fremunt pictīque Agathyrsī;

Ipse jugīs Cynthī graditur mollīque fluentem
fronde premit crīnem fingēns atque implicat aurō,
tēla sonant umerīs: haud illō sēgnior ībat
Aenēās, tantum ēgregiō decus ēnitet ōre.   150
Postquam altōs ventum in montīs atque invia lustra,
ecce ferae saxī dējectae vertice caprae
dēcurrēre jugīs; aliā dē parte patentīs
trānsmittunt cursū campōs atque agmina cervī
pulverulenta fugā glomerant montīsque relinquunt.   155
At puer Ascanius mediīs in vallibus ācrī
gaudet equō jamque hōs cursū, jam praeterit illōs,
spūmantemque darī pecora inter inertia vōtīs
optat aprum, aut fulvum dēscendere monte leōnem.
Intereā magnō miscērī murmure caelum   160
incipit, īnsequitur commixtā grandine nimbus,
et Tyriī comitēs passim et Trojāna juventūs
Dardaniusque nepōs Veneris dīversa per agrōs
tēcta metū petiēre; ruunt dē montibus amnēs.
Spēluncam Dīdō dux et Trojānus eandem   165
dēveniunt. Prīma et Tellūs et prōnuba Jūnō
dant signum; fulsēre ignēs et cōnscius aether
cōnūbiīs summōque ululārunt vertice Nymphae.
Ille diēs prīmus lētī prīmusque malōrum
causa fuit; neque enim speciē fāmāve movētur   170
nec jam fūrtīvum Dīdō meditātur amōrem:
conjugium vocat, hōc praetexit nōmine culpam.
Extemplō Libyae magnās it Fāma per urbēs,
Fāma, malum quā nōn aliud vēlōcius ūllum:
mōbilitāte viget vīrīsque adquīrit eundō,   175
parva metū prīmō, mox sēsē attollit in aurās
ingrediturque solō et caput inter nūbila condit.
Illam Terra parēns īrā inrītāta deōrum
extrēmam, ut perhibent, Coeō Enceladōque sorōrem
prōgenuit pedibus celerem et pernīcibus ālīs,   180
mōnstrum horrendum, ingēns, cui quot sunt corpore plūmae,
tot vigilēs oculī subter (mīrābile dictū),
tot linguae, totidem ōra sonant, tot subrigit aurīs.
Nocte volat caelī mediō terraeque per umbram
strīdēns, nec dulcī dēclīnat lūmina somnō;   185
lūce sedet custōs aut summī culmine tēctī
turribus aut altīs, et magnās territat urbēs,

269

tam fictī prāvīque tenāx quam nūntia vērī.
Haec tum multiplicī populōs sermōne replēbat
gaudēns, et pariter facta atque īnfecta canēbat: 190
vēnisse Aenēān Trojānō sanguine crētum,
cui sē pulchra virō dignētur jungere Dīdō;
nunc hiemem inter sē luxū, quam longa, fovēre
rēgnōrum immemorēs turpīque cupīdine captōs.
Haec passim dea foeda virum diffundit in ōra. 195
Prōtinus ad rēgem cursūs dētorquet Iarbān
incenditque animum dictīs atque aggerat īrās.
Hic Hammōne satus raptā Garamantide nymphā
templa Jovī centum lātīs immānia rēgnīs,
centum ārās posuit vigilemque sacrāverat ignem, 200
excubiās dīvum aeternās, pecudumque cruōre
pingue solum et variīs flōrentia līmina sertīs.
Isque āmēns animī et rūmōre accēnsus amārō
dīcitur ante ārās media inter nūmina dīvum
multa Jovem manibus supplex ōrāsse supīnīs: 205
'Juppiter omnipotēns, cui nunc Maurūsia pictīs
gēns epulāta torīs Lēnaeum lībat honōrem,
aspicis haec? An tē, genitor, cum fulmina torquēs
nēquīquam horrēmus, caecīque in nūbibus ignēs
terrificant animōs et inānia murmura miscent? 210
Fēmina, quae nostrīs errāns in finibus urbem
exiguam pretiō posuit, cui lītus arandum
cuique locī lēgēs dedimus, cōnūbia nostra
reppulit ac dominum Aenēān in rēgna recēpit.
Et nunc ille Paris cum sēmivirō comitātū, 215
Maeoniā mentum mitrā crīnemque madentem
subnexus, raptō potitur: nōs mūnera templīs
quippe tuīs ferimus fāmamque fovēmus inānem.'
Tālibus ōrantem dictīs ārāsque tenentem
audiit omnipotēns, oculōsque ad moenia torsit 220
rēgia et oblītōs fāmae meliōris amantīs.
Tum sīc Mercurium adloquitur ac tālia mandat:
'Vāde age, nāte, vocā Zephyrōs et lābere pennīs
Dardaniumque ducem, Tyriā Karthāgine quī nunc
exspectat fātīsque datās nōn respicit urbēs, 225
adloquere et celerīs dēfer mea dicta per aurās.
Nōn illum nōbīs genetrīx pulcherrima tālem
prōmīsit Grajumque ideō bis vindicat armīs;

sed fore quī gravidam imperiīs bellōque frementem
Ītaliam regeret, genus altō ā sanguine Teucrī 230
prōderet, ac tōtum sub lēgēs mitteret orbem.
Sī nūlla accendit tantārum glōria rērum
nec super ipse suā mōlītur laude labōrem,
Ascaniōne pater Rōmānās invidet arcēs?
Quid struit? Aut quā spē inimīcā in gente morātur 235
nec prōlem Ausoniam et Lāvīnia respicit arva?
Nāviget! Haec summa est, hic nostrī nūntius estō.'
Dīxerat. Ille patris magnī pārēre parābat
imperiō; et prīmum pedibus tālāria nectit
aurea, quae sublīmem ālīs sīve aequora suprā 240
seu terram rapidō pariter cum flāmine portant.
Tum virgam capit: hāc animās ille ēvocat Orcō
pallentīs, aliās sub Tartara trīstia mittit,
dat somnōs adimitque, et lūmina morte resignat.
Illā frētus agit ventōs et turbida trānat 245
nūbila. Jamque volāns apicem et latera ardua cernit
Atlantis dūrī caelum quī vertice fulcit,
Atlantis, cīnctum adsiduē cui nūbibus ātrīs
pīniferum caput et ventō pulsātur et imbrī,
nix umerōs īnfūsa tegit, tum flūmina mentō 250
praecipitant senis, et glaciē riget horrida barba.
Hīc prīmum paribus nītēns Cyllēnius ālīs
cōnstitit; hinc tōtō praeceps sē corpore ad undās
mīsit avī similis, quae circum lītora, circum
piscōsōs scopulōs humilis volat aequora jūxtā. 255
Haud aliter terrās inter caelumque volābat
lītus harēnōsum ad Libyae, ventōsque secābat
māternō veniēns ab avō Cyllēnia prōlēs.
Ut prīmum ālātīs tetigit māgālia plantīs,
Aenēān fundantem arcēs ac tēcta novantem 260
cōnspicit. Atque illī stēllātus iaspide fulvā
ēnsis erat Tyriōque ārdēbat mūrice laena
dēmissa ex umerīs, dīves quae mūnera Dīdō
fēcerat, et tenuī tēlās discrēverat aurō.
Continuō invādit: 'Tū nunc Karthāginis altae 265
fundāmenta locās pulchramque uxōrius urbem
exstruis? Heu, rēgnī rērumque oblīte tuārum!
Ipse deum tibi mē clārō dēmittit Olympō
rēgnātor, caelum et terrās quī nūmine torquet,

ipse haec ferre jubet celerīs mandāta per aurās: 270
Quid struis? Aut quā spē Libycīs teris ōtia terrīs?
Sī tē nūlla movet tantārum glōria rērum
[nec super ipse tuā mōlīris laude labōrem,]
Ascanium surgentem et spēs hērēdis Iūlī
respice, cui rēgnum Ītaliae Rōmānaque tellūs 275
dēbētur.' Tālī Cyllēnius ōre locūtus
mortālīs vīsūs mediō sermōne relīquit
et procul in tenuem ex oculīs ēvānuit auram.
At vērō Aenēās aspectū obmūtuit āmēns,
arrēctaeque horrōre comae et vōx faucibus haesit. 280
Ārdet abīre fugā dulcīsque relinquere terrās,
attonitus tantō monitū imperiōque deōrum.
Heu quid agat? Quō nunc rēgīnam ambīre furentem
audeat adfātū? Quae prīma exōrdia sūmat?
Atque animum nunc hūc celerem nunc dīvidit illūc 285
in partīsque rapit variās perque omnia versat.
Haec alternantī potior sententia vīsa est:
Mnesthea Sergestumque vocat fortemque Serestum,
classem aptent tacitī sociōsque ad lītora cōgant,
arma parent et quae rēbus sit causa novandīs 290
dissimulent. Sēsē intereā, quandō optima Dīdō
nesciat et tantōs rumpī nōn spēret amōrēs,
temptātūrum aditūs et quae mollissima fandī
tempora, quis rēbus dexter modus. Ōcius omnēs
imperiō laetī pārent et jussa facessunt. 295
At rēgīna dolōs (quis fallere possit amantem?)
praesēnsit, mōtūsque excēpit prīma futūrōs
omnia tūta timēns. Eadem impia Fāma furentī
dētulit armārī classem cursumque parārī.
Saevit inops animī tōtamque incēnsa per urbem 300
bacchātur, quālis commōtīs excita sacrīs
Thȳias, ubi audītō stimulant trietērica Bacchō
orgia nocturnusque vocat clāmōre Cithaerōn.
Tandem hīs Aenēān compellat vōcibus ultrō:
'Dissimulāre etiam spērāstī, perfide, tantum 305
posse nefās tacitusque meā dēcēdere terrā?
Nec tē noster amor nec tē data dextera quondam
nec moritūra tenet crūdēlī fūnere Dīdō?
Quīn etiam hībernō mōlīrī sīdere classem
et mediīs properās Aquilōnibus īre per altum, 310

crūdēlis? Quid, sī nōn arva aliēna domōsque
ignōtās peterēs, et Troja antīqua manēret,
Troja per undōsum peterētur classibus aequor?
Mēne fugis? Per ego hās lacrimās dextramque tuam tē
(quandō aliud mihi jam miserae nihil ipsa relīquī),   315
per cōnūbia nostra, per inceptōs hymenaeōs,
sī bene quid dē tē meruī, fuit aut tibi quicquam
dulce meum, miserēre domūs lābentis et istam,
ōrō, sī quis adhūc precibus locus, exue mentem.
Tē propter Libycae gentēs Nomadumque tyrannī   320
ōdēre, īnfēnsī Tyriī; tē propter eundem
exstīnctus pudor et, quā sōlā sīdera adībam,
fāma prior. Cui mē moribundam dēseris hospes
(hoc sōlum nōmen quoniam dē conjuge restat)?
Quid moror? An mea Pygmaliōn dum moenia frāter   325
dēstruat aut captam dūcat Gaetūlus Iarbās?
Saltem sī qua mihī dē tē suscepta fuisset
ante fugam subolēs, sī quis mihi parvulus aulā
lūderet Aenēās, quī tē tamen ōre referret,
nōn equidem omnīnō capta ac dēserta vidērer.'   330
Dīxerat. Ille Jovis monitīs immōta tenēbat
lūmina et obnīxus cūram sub corde premēbat.
Tandem pauca refert: 'Ego tē, quae plūrima fandō
ēnumerāre valēs, numquam, rēgīna, negābō
prōmeritam, nec mē meminisse pigēbit Elissae   335
dum memor ipse meī, dum spīritus hōs regit artūs.
Prō rē pauca loquar. Neque ego hanc abscondere fūrtō
spērāvī (nē finge) fugam, nec conjugis umquam
praetendī taedās aut haec in foedera vēnī.
Mē sī fāta meīs paterentur dūcere vītam   340
auspiciīs et sponte meā compōnere cūrās,
urbem Trojānam prīmum dulcīsque meōrum
relliquiās colerem, Priamī tēcta alta manērent,
et recidīva manū posuissem Pergama victīs.
Sed nunc Ītaliam magnam Grȳnēus Apollō,   345
Ītaliam Lyciae jussēre capessere sortēs;
hic amor, haec patria est. Sī tē Karthāginis arcēs
Phoenissam Libycaeque aspectus dētinet urbis,
quae tandem Ausoniā Teucrōs cōnsīdere terrā
invidia est? Et nōs fās extera quaerere rēgna.   350
Mē patris Anchīsae, quotiēns ūmentibus umbrīs

nox operit terrās, quotiēns astra ignea surgunt,
admonet in somnīs et turbida terret imāgō;
mē puer Ascanius capitisque injūria cārī,
quem rēgnō Hesperiae fraudō et fātālibus arvīs.   355
Nunc etiam interpres dīvum Jove missus ab ipsō
(testor utrumque caput) celerīs mandāta per aurās
dētulit: ipse deum manifēstō in lūmine vīdī
intrantem mūrōs vōcemque hīs auribus hausī.
Dēsine mēque tuīs incendere tēque querēlīs;   360
Ītaliam nōn sponte sequor.'
Tālia dīcentem jamdūdum āversa tuētur
hūc illūc volvēns oculōs tōtumque pererrat
lūminibus tacitīs et sīc accēnsa profātur:
'Nec tibi dīva parēns generis nec Dardanus auctor,   365
perfide, sed dūrīs genuit tē cautibus horrēns
Caucasus Hyrcānaeque admōrunt ūbera tigrēs.
Nam quid dissimulō aut quae mē ad majōra reservō?
Num flētū ingemuit nostrō? Num lūmina flexit?
Num lacrimās victus dedit aut miserātus amantem est?   370
Quae quibus anteferam? Jam jam nec maxima Jūnō
nec Sāturnius haec oculīs pater aspicit aequīs.
Nusquam tūta fidēs. Ējectum lītore, egentem
excēpī et rēgnī dēmēns in parte locāvī.
Āmissam classem, sociōs ā morte redūxī   375
(heu furiīs incēnsa feror!): nunc augur Apollō,
nunc Lyciae sortēs, nunc et Jove missus ab ipsō
interpres dīvum fert horrida jussa per aurās.
Scīlicet is superīs labor est, ea cūra quiētōs
sollicitat. Neque tē teneō neque dicta refellō: 380
ī, sequere Ītaliam ventīs, pete rēgna per undās.
Spērō equidem mediīs, sī quid pia nūmina possunt,
supplicia hausūrum scopulīs et nōmine Dīdō
saepe vocātūrum. Sequar ātrīs ignibus absēns
et, cum frīgida mors animā sēdūxerit artūs,   385
omnibus umbra locīs aderō. Dabis, improbe, poenās.
Audiam et haec Mānīs veniet mihi fāma sub īmōs.'
Hīs medium dictīs sermōnem abrumpit et aurās
aegra fugit sēque ex oculīs āvertit et aufert,
linquēns multa metū cūnctantem et multa parantem   390
dīcere. Suscipiunt famulae conlāpsaque membra
marmoreō referunt thalamō strātīsque repōnunt.

At pius Aenēās, quamquam lēnīre dolentem
sōlandō cupit et dictīs āvertere cūrās,
multa gemēns magnōque animum labefactus amōre   395
jussa tamen dīvum exsequitur classemque revīsit.
Tum vērō Teucrī incumbunt et lītore celsās
dēdūcunt tōtō nāvīs. Natat ūncta carīna,
frondentīsque ferunt rēmōs et rōbora silvīs
īnfabricāta fugae studiō.   400
Migrantīs cernās tōtāque ex urbe ruentīs:
Ac velut ingentem formīcae farris acervum
cum populant hiemis memorēs tēctōque repōnunt,
it nigrum campīs agmen praedamque per herbās
convectant calle angustō; pars grandia trūdunt   405
obnīxae frūmenta umerīs, pars agmina cōgunt
castīgantque morās, opere omnis sēmita fervet.
Quis tibi tum, Dīdō, cernentī tālia sēnsus,
quōsve dabās gemitūs, cum lītora fervere lātē
prōspicerēs arce ex summā, tōtumque vidērēs   410
miscērī ante oculōs tantīs clāmōribus aequor!
Improbe Amor, quid nōn mortālia pectora cōgis!
Īre iterum in lacrimās, iterum temptāre precandō
cōgitur et supplex animōs summittere amōrī,
nē quid inexpertum frūstrā moritūra relinquat.   415
'Anna, vidēs tōtō properārī lītore circum:
undique convēnēre; vocat jam carbasus aurās,
puppibus et laetī nautae imposuēre corōnās.
Hunc ego sī potuī tantum spērāre dolōrem,
et perferre, soror, poterō. Miserae hoc tamen ūnum   420
exsequere, Anna, mihī; sōlam nam perfidus ille
tē colere, arcānōs etiam tibi crēdere sēnsūs;
sōla virī mollīs aditūs et tempora nōrās.
Ī, soror, atque hostem supplex adfāre superbum:
nōn ego cum Danaīs Trojānam exscindere gentem   425
Aulide jūrāvī classemve ad Pergama mīsī,
nec patris Anchīsae cinerem mānīsve revellī.
Cūr mea dicta negat dūrās dēmittere in aurīs?
Quō ruit? Extrēmum hoc miserae det mūnus amantī:
exspectet facilemque fugam ventōsque ferentīs.   430
Nōn jam conjugium antīquum, quod prōdidit, ōrō,
nec pulchrō ut Latiō careat rēgnumque relinquat:
tempus ināne petō, requiem spatiumque furōrī,

dum mea mē victam doceat fortūna dolēre.
Extrēmam hanc ōrō veniam (miserēre sorōris),　　　　435
quam mihi cum dederit cumulātam morte remittam.'
Tālibus ōrābat, tālīsque miserrima flētūs
fertque refertque soror. Sed nūllīs ille movētur
flētibus aut vōcēs ūllās tractābilis audit;
fāta obstant placidāsque virī deus obstruit aurīs.　　　　440
Ac velut annōsō validam cum rōbore quercum
Alpīnī Boreae nunc hinc nunc flātibus illinc
ēruere inter sē certant; it strīdor, et altae
cōnsternunt terram concussō stīpite frondēs;
ipsa haeret scopulīs et quantum vertice ad aurās　　　　445
aetheriās, tantum rādīce in Tartara tendit:
Haud secus adsiduīs hinc atque hinc vōcibus hērōs
tunditur, et magnō persentit pectore cūrās;
mēns immōta manet, lacrimae volvuntur inānēs.
Tum vērō īnfēlīx fātīs exterrita Dīdō　　　　450
mortem ōrat; taedet caelī convexa tuērī.
Quō magis inceptum peragat lūcemque relinquat,
vīdit, tūricremīs cum dōna impōneret ārīs,
(horrendum dictū) laticēs nigrēscere sacrōs
fūsaque in obscēnum sē vertere vīna cruōrem;　　　　455
hoc vīsum nūllī, nōn ipsī effāta sorōrī.
Praetereā fuit in tēctīs dē marmore templum
conjugis antīquī, mīrō quod honōre colēbat,
velleribus niveīs et fēstā fronde revīnctum:
hinc exaudīrī vōcēs et verba vocantis　　　　460
vīsa virī, nox cum terrās obscūra tenēret.
Sōlaque culminibus fērālī carmine būbō
saepe querī et longās in flētum dūcere vōcēs;
multaque praetereā vātum praedicta priōrum
terribilī monitū horrificant. Agit ipse furentem　　　　465
in somnīs ferus Aenēās, semperque relinquī
sōla sibī, semper longam incomitāta vidētur
īre viam et Tyriōs dēsertā quaerere terrā.
Eumenidum velutī dēmēns videt agmina Pentheus
et sōlem geminum et duplicēs sē ostendere Thēbās,　　　　470
aut Agamemnonius scaenīs agitātus Orestēs,
armātam facibus mātrem et serpentibus ātrīs
cum fugit ultrīcēsque sedent in līmine Dīrae.
Ergō ubi concēpit furiās ēvicta dolōre

dēcrēvitque morī, tempus sēcum ipsa modumque 475
exigit, et maestam dictīs adgressa sorōrem
cōnsilium vultū tegit ac spem fronte serēnat:
'Invēnī, germāna, viam (grātāre sorōrī)
quae mihi reddat eum vel eō mē solvat amantem.
Ōceanī fīnem jūxtā sōlemque cadentem 480
ultimus Aethiopum locus est, ubi maximus Atlās
axem umerō torquet stēllīs ārdentibus aptum.
Hinc mihi Massȳlae gentis mōnstrāta sacerdōs,
Hesperidum templī custōs, epulāsque dracōnī
quae dabat et sacrōs servābat in arbore rāmōs, 485
spargēns ūmida mella sopōriferumque papāver.
Haec sē carminibus prōmittit solvere mentēs
quās velit, ast aliīs dūrās immittere cūrās,
sistere aquam fluviīs et vertere sīdera retrō,
nocturnōsque movet Mānīs: mūgīre vidēbis 490
sub pedibus terram et dēscendere montibus ornōs.
Testor, cāra, deōs et tē, germāna, tuumque
dulce caput, magicās invītam accingier artīs.
Tū sēcrēta pyram tēctō interiōre sub aurās
ērige, et arma virī thalamō quae fixa relīquit 495
impius exuviāsque omnīs lectumque jugālem,
quō periī, super impōnās: abolēre nefandī
cūncta virī monimenta juvat mōnstratque sacerdōs.'
Haec effāta silet, pallor simul occupat ōra.
Nōn tamen Anna novīs praetexere fūnera sacrīs 500
germānam crēdit, nec tantōs mente furōrēs
concipit aut graviōra timet quam morte Sychaeī.
Ergō jussa parat.
At rēgīna, pyrā penetrālī in sēde sub aurās
ērēctā ingentī taedīs atque īlice sectā, 505
intenditque locum sertīs et fronde corōnat
fūntereā; super exuviās ēnsemque relictum
effigiemque torō locat haud ignāra futūrī.
Stant ārae circum et crīnīs effūsa sacerdōs
ter centum tonat ōre deōs, Erebumque Chaosque 510
tergeminamque Hecatēn, tria virginis ōra Diānae.
Sparserat et laticēs simulātōs fontis Avernī,
falcibus et messae ad lūnam quaeruntur aēnīs
pūbentēs herbae nigrī cum lacte venēnī;
quaeritur et nāscentis equī dē fronte revulsus 515

et mātrī praereptus amor.
Ipsa molā manibusque piīs altāria jūxtā
ūnum exūta pedem vinclīs, in veste recīncta,
testātur moritūra deōs et cōnscia fātī
sīdera; tum, sī quod nōn aequō foedere amantīs   520
cūrae nūmen habet jūstumque memorque, precātur.
Nox erat et placidum carpēbant fessa sopōrem
corpora per terrās, silvaeque et saeva quiērant
aequora, cum mediō volvuntur sīdera lāpsū,
cum tacet omnis ager, pecudēs pictaeque volucrēs,   525
quaeque lacūs lātē liquidōs quaeque aspera dūmīs
rūra tenent, somnō positae sub nocte silentī.
[Lēnībant cūrās et corda oblīta labōrum.]
At nōn īnfēlīx animī Phoenissa, neque umquam
solvitur in somnōs oculīsve aut pectore noctem   530
accipit: ingeminant cūrae rūrsusque resurgēns
saevit amor magnōque īrārum fluctuat aestū.
Sīc adeō īnsistit sēcumque ita corde volūtat:
'Ēn, quid agō? Rūrsusne procōs inrīsa priōrēs
experiar, Nomadumque petam cōnūbia supplex,   535
quōs ego sim totiēns jam dēdignāta marītōs?
Īliacās igitur classīs atque ultima Teucrum
jussa sequar? Quiane auxiliō juvat ante levātōs
et bene apud memorēs veteris stat grātia factī?
Quis mē autem, fac velle, sinet ratibusve superbīs   540
invīsam accipiet? Nescīs heu, perdita, necdum
Lāomedontēae sentīs perjūria gentis?
Quid tum? Sōla fugā nautās comitābor ovantīs?
An Tyriīs omnīque manū stīpāta meōrum
īnferar et, quōs Sīdoniā vix urbe revellī,   545
rūrsus agam pelagō et ventīs dare vēla jubēbō?
Quīn morere ut merita es, ferrōque āverte dolōrem.
Tū lacrimīs ēvicta meīs, tū prīma furentem
hīs, germāna, malīs onerās atque objicis hostī.
Nōn licuit thalamī expertem sine crīmine vītam   550
dēgere mōre ferae, tālīs nec tangere cūrās;
nōn servāta fidēs cinerī prōmissa Sychaeō.'
Tantōs illa suō rumpēbat pectore questūs.
Aenēās celsā in puppī jam certus eundī
carpēbat somnōs rēbus jam rīte parātīs.   555
Huic sē fōrma deī vultū redeuntis eōdem

obtulit in somnīs rūrsusque ita vīsa monēre est,
omnia Mercuriō similis, vōcemque colōremque
et crīnīs flāvōs et membra decōra juventā:
'Nāte deā, potes hōc sub cāsū dūcere somnōs, 560
nec quae tē circum stent deinde perīcula cernis,
dēmēns, nec Zephyrōs audīs spīrāre secundōs?
Illa dolōs dīrumque nefās in pectore versat
certa morī, variōsque īrārum concitat aestūs.
Nōn fugis hinc praeceps, dum praecipitāre potestās? 565
Jam mare turbārī trabibus saevāsque vidēbis
conlūcēre facēs, jam fervere lītora flammīs,
sī tē hīs attigerit terrīs Aurōra morantem.
Heja age, rumpe morās. Varium et mūtābile semper
fēmina.' Sīc fātus noctī sē immiscuit ātrae. 570
Tum vērō Aenēās subitīs exterritus umbrīs
corripit ē somnō corpus sociōsque fatīgat
praecipitīs: 'Vigilāte, virī, et cōnsīdite trānstrīs;
solvite vēla citī. Deus aethere missus ab altō
festīnāre fugam tortōsque incīdere fūnīs 575
ecce iterum īnstimulat. Sequimur tē, sāncte deōrum,
quisquis es, imperiōque iterum pārēmus ovantēs.
Adsīs ō placidusque juvēs et sīdera caelō
dextra ferās.' Dīxit vāgīnāque ēripit ēnsem
fulmineum strīctōque ferit retinācula ferrō. 580
Īdem omnīs simul ārdor habet, rapiuntque ruuntque;
lītora dēseruēre, latet sub classibus aequor,
adnīxī torquent spūmās et caerula verrunt.
Et jam prīma novō spargēbat lūmine terrās
Tīthōnī croceum linquēns Aurōra cubīle. 585
Rēgīna ē speculīs ut prīmam albēscere lūcem
vīdit et aequātīs classem prōcēdere vēlīs,
lītoraque et vacuōs sēnsit sine rēmige portūs,
terque quaterque manū pectus percussa decōrum
flāventīsque abscissa comās 'Prō Juppiter! Ībit 590
hic,' ait 'et nostrīs inlūserit advena rēgnīs?
Nōn arma expedient tōtāque ex urbe sequentur,
dīripientque ratēs aliī nāvālibus? Īte,
ferte citī flammās, date tēla, impellite rēmōs!
Quid loquor? Aut ubi sum? Quae mentem īnsānia mūtat? 595
Īnfēlīx Dīdō, nunc tē facta impia tangunt?
Tum decuit, cum scēptra dabās. Ēn dextra fidēsque,

quem sēcum patriōs ajunt portāre penātīs,
quem subiisse umerīs cōnfectum aetāte parentem!
Nōn potuī abreptum dīvellere corpus et undīs   600
spargere? Nōn sociōs, nōn ipsum absūmere ferrō
Ascanium patriīsque epulandum pōnere mēnsīs?
Vērum anceps pugnae fuerat fortūna. Fuisset:
quem metuī moritūra? Facēs in castra tulissem
implēssemque forōs flammīs nātumque patremque   605
cum genere exstīnxem, mēmet super ipsa dedissem.
Sōl, quī terrārum flammīs opera omnia lūstrās,
tūque hārum interpres cūrārum et cōnscia Jūnō,
nocturnīsque Hecatē triviīs ululāta per urbēs
et Dīrae ultrīcēs et dī morientis Elissae,   610
accipite haec, meritumque malīs advertite nūmen
et nostrās audīte precēs. Sī tangere portūs
īnfandum caput ac terrīs adnāre necesse est,
et sīc fāta Jovis poscunt, hic terminus haeret,
at bellō audācis populī vexātus et armīs,   615
fīnibus extorris, complexū āvulsus Iūlī
auxilium implōret videatque indigna suōrum
fūnera. Nec, cum sē sub lēgēs pācis inīquae
trādiderit, rēgnō aut optātā lūce fruātur,
sed cadat ante diem mediāque inhumātus harēnā.   620
Haec precor, hanc vōcem extrēmam cum sanguine fundō.
Tum vōs, ō Tyriī, stirpem et genus omne futūrum
exercēte odiīs, cinerīque haec mittite nostrō
mūnera. Nūllus amor populīs nec foedera suntō.
Exoriāre aliquis nostrīs ex ossibus ultor   625
quī face Dardaniōs ferrōque sequāre colōnōs,
nunc, ōlim, quōcumque dabunt sē tempore vīrēs.
Lītora lītoribus contrāria, flūctibus undās
imprecor, arma armīs: pugnent ipsīque nepōtēsque.'
Haec ait, et partīs animum versābat in omnīs,   630
invīsam quaerēns quam prīmum abrumpere lūcem.
Tum breviter Barcēn nūtrīcem adfāta Sychaeī,
namque suam patriā antīquā cinis āter habēbat:
'Annam, cāra mihī nūtrīx, hūc siste sorōrem:
dīc corpus properet fluviālī spargere lymphā,   635
et pecudēs sēcum et mōnstrāta piācula dūcat.
Sīc veniat, tūque ipsa piā tege tempora vittā.
Sacra Jovī Stygiō, quae rīte incepta parāvī,

perficere est animus fīnemque impōnere cūrīs
Dardaniīque rogum capitis permittere flammae.'   640
Sīc ait. Illa gradum studiō celebrābat anīlī.
At trepida et coeptīs immānibus effera Dīdō
sanguineam volvēns aciem, maculīsque trementīs
interfūsa genās et pallida morte futūrā,
interiōra domūs inrumpit līmina et altōs   645
cōnscendit furibunda rogōs ēnsemque reclūdit
Dardanium, nōn hōs quaesītum mūnus in ūsūs.
Hīc, postquam Īliacās vestīs nōtumque cubīle
cōnspexit, paulum lacrimīs et mente morāta
incubuitque torō dīxitque novissima verba.   650
'Dulcēs exuviae, dum fāta deusque sinēbat,
accipite hanc animam mēque hīs exsolvite cūrīs.
Vīxī et quem dederat cursum Fortūna perēgī,
et nunc magna meī sub terrās ībit imāgō.
Urbem praeclāram statuī, mea moenia vīdī,   655
ulta virum poenās inimīcō ā frātre recēpī.
Fēlīx, heu nimium fēlīx, sī lītora tantum
numquam Dardaniae tetigissent nostra carīnae.'
Dīxit, et ōs impressa torō 'Moriēmur inultae,
sed moriāmur' ait. 'Sīc, sīc juvat īre sub umbrās.   660
Hauriat hunc oculīs ignem crūdēlis ab altō
Dardanus, et nostrae sēcum ferat ōmina mortis.'
Dīxerat, atque illam media inter tālia ferrō
conlāpsam aspiciunt comitēs, ēnsemque cruōre
spūmantem sparsāsque manūs. It clāmor ad alta   665
ātria: concussam bacchātur Fāma per urbem.
Lāmentīs gemitūque et fēmineō ululātū
tēcta fremunt, resonat magnīs plangōribus aether,
nōn aliter quam sī immissīs ruat hostibus omnis
Karthāgō aut antīqua Tyros, flammaeque furentēs   670
culmina perque hominum volvantur perque deōrum.
Audiit exanimis trepidōque exterrita cursū
unguibus ōra soror foedāns et pectora pugnīs
per mediōs ruit, ac morientem nōmine clāmat:
'Hoc illud, germāna, fuit? Mē fraude petēbās?   675
Hoc rogus iste mihi, hoc ignēs āraeque parābant?
Quid prīmum dēserta querar? Comitemne sorōrem
sprēvistī moriēns? Eadem mē ad fāta vocāssēs,
īdem ambās ferrō dolor atque eadem hōra tulisset.

His etiam strūxī manibus patriōsque vocāvī 680
vōce deōs, sīc tē ut positā, crūdēlis, abessem?
Exstīnxtī tē mēque, soror, populumque patrēsque
Sīdoniōs urbemque tuam. Date, vulnera lymphīs
abluam et, extrēmus sī quis super hālitus errat,
ōre legam.' Sīc fāta gradūs ēvāserat altōs, 685
sēmianimemque sinū germānam amplexa fovēbat
cum gemitū atque ātrōs siccābat veste cruōrēs.
Illa gravīs oculōs cōnāta attollere rūrsus
dēficit; īnfixum strīdit sub pectore vulnus.
Ter sēsē attollēns cubitōque adnīxa levāvit, 690
ter revolūta torō est oculīsque errantibus altō
quaesīvit caelō lūcem ingemuitque repertā.
Tum Jūnō omnipotēns longum miserāta dolōrem
difficilīsque obitūs Īrim dēmīsit Olympō
quae luctantem animam nexōsque resolveret artūs. 695
Nam quia nec fātō meritā nec morte perībat,
sed misera ante diem subitōque accēnsa furōre,
nōndum illī flāvum Prōserpina vertice crīnem
abstulerat Stygiōque caput damnāverat Orcō.
Ergō Īris croceīs per caelum rōscida pennīs 700
mīlle trahēns variōs adversō sōle colōrēs
dēvolat et suprā caput astitit. 'Hunc ego Dītī
sacrum jussa ferō tēque istō corpore solvō.'
Sīc ait et dextrā crīnem secat, omnis et ūnā
dīlāpsus calor atque in ventōs vīta recessit. 705

Glossary abbreviations

abbr	abbreviation
adj	adjective
adv	adverb
conj	conjunction
fem	feminine
interj	interjection
masc	masculine
neut	neuter
num adj	numeral adjective
prep	preposition
pron	pronoun
v dep	deponent verb
v impers	impersonal verb
v perf def	perfect defective verb
v semidep	semideponent verb
vi	intransitive verb
vt	transitive verb

Words beginning in consonantal i (here printed as j) are listed under 'J'.

GLOSSARY

A

ā, ab *prep* by, from (+ abl.)
abdōmen, -inis *neut* abdomen
abdūcō, -cere, -xī, -ctum *vt* lead away, carry off
abeō, -īre, -iī, -ītum *vi* depart, go away
abessem *see* **absum**
abest *see* **absum**
ablātā *see* **auferō**
abluō, -uere, -uī, -ūtum *vt* wash (away), purify, cleanse
abnuō, -uere, -uī, -ūtum *vt* refuse, decline
aboleō, -ēre, -ēvī, -itum *vt* destroy, obliterate
abripiō, -ipere, -ipuī, -eptum *vt* snatch/carry away by force
abrumpō, -umpere, -ūpī, -uptum *vt* cut off (a speech), break off (access to something)
abscindō, -ndere, -dī, -ssum *vt* tear off
abscondō, -ere, -ī, -itum *vt* hide, conceal
absēns, absentis *adj* absent
abstulit *see* **auferō**
absum, abesse, āfuī *vt* be away, be absent

absūmō, -ere, -psī, -ptum *vt* take away, kill
ac *conj* and
accēdō, -ēdere, -essī, -essum *vt* approach, come near
accendō, -dere, -dī, -sum *vt* set on fire, inflame
accidit, -ere *v impers* it happens, occurs
accipiō, -ipere, -ēpī, -eptum *vt* receive, accept
ācer, ācris, ācre *adj* sharp; keen, vigorous, spirited
acervus, -ī *masc* heap, pile
aciēs, -ēī *fem* sharpness (of vision), pupil (of the eye); sight, glance
acūtus, -a, -um *adj* sharp; high-pitched
ad *prep* to, towards (+ acc.)
adeō *adv* to such a degree
adeō, -īre, -iī, -itum *vt* approach, go to
aderat *see* **adsum**
adesset *see* **adsum**
adest *see* **adsum**
adfor, -ārī, -ātus *v dep* speak to, address
adgredior, -edī, -essus *v dep* go to, approach (for the purpose of talking), address
adhūc *adv* thus far, up till now; still

adigō, -igere, -ēgī, -āctum *vt* force, impel; cast, hurl

adimō, -imere, -ēmī, -ēmptum *vt* take away

aditus, -ūs *masc* approach, access, entry-point (of conversation)

adjuvō, -āre, -āvī, -ātum *vt* help

adloquor, -quī, -cūtus *v dep* speak to, address

admittō, -ittere, -īsī, -issum *vt* let in, admit, receive

admoneō, -ēre, -uī, -itum *vt* admonish, warn

admoveō, -ovēre, -ōvī, -ōtum *vt* move (something) to; **ūbera admōvēre** give suckle to

adnepōs, adnepōtis *masc* great-great-great grandson

adnītor, -tī, -xus *v dep* lean upon, support oneself

adnō, -āre, -āvī, -ātum *vi* swim to; sail to

adnuō, -uere, -uī, -ūtum *vt* agree with a nod

adōrō, -āre, -āvī, -ātum *vt* honor, adore, worship

adquīrō, -rere, -sīvī, -sītum *vt* acquire, obtain, gain

adsiduē *adv* continually, constantly

adsiduus, -a, -um *adj* unremitting, incessant

adsum, adesse, adfuī *vt* be present

adsurgō, -gere, -rēxī, -rectum *vi* rise up

advena, -ae *masc/fem* foreigner, visitor from abroad; newcomer, interloper

adveniō, -enīre, -ēnī, -entum *vi* come to, arrive

adventus, -ūs *masc* arrival, approach

adversor, -ārī, -ātus *v dep* resist, oppose

adversus, -a, -um *adj* opposite, directly facing; hostile, unfavorable

advertō, -tere, -tī, -sum *vt* turn to, direct one's attention to

aedificium, -ī *neut* building, structure

aedificō, -āre, -āvī, -ātum *vt* build, construct

aeger, aegra, aegrum *adj* sick, ill; suffering grief; lovesick

aegrōtō, -āre, -āvī, -ātum *vi* be sick

Aenēās, -ae *masc* Aeneas

Aenēis, Aenēidos *fem* the Aeneid (epic poem about Aeneas)

aēnus, -a, -um *adj* made of bronze (or made of copper or copper alloy)

aequē *adv* equally, justly, fairly

aequō, -āre, -āvī, -ātum *vt* level, make even, make straight

aequor, -is *neut* level surface, plain; surface of the sea; sea

aequus, -a, -um *adj* equal, impartial, fair

āēr, āeris *masc/fem* air

aes, aeris *neut* bronze, copper alloy

aestās, -ātis *fem* summer

aestus, -ūs *masc* billowing motion, surging waves (of the sea), blaze (of flames)

aetās, -ātis *fem* age; old age

aeternus, -a, -um *adj* eternal, everlasting, perpetual

aethēr, aetheris *masc* upper air, heaven, sky

aetherius -a -um *adj* heavenly; lofty

Aethiops, Aethiopis *adj* Ethiopian

afferō, afferre, attulī, allātum *vt* produce, cause

afficiō, -icere, -ēcī, -ectum *vt* affect, influence, afflict

Āfrica, -ae *fem* Africa

Āfricānus, -a, -um *adj* African

Agamemnōn, -onis *masc* Agamemnon, king of Mycenae and brother of Menelaus

Agathyrsī, -ōrum *masc* a Scythian people who commonly painted their faces and limbs

ager, agrī *masc* field

aggerō, -āre, -āvī, -ātum *vt* heap up, increase

agitō, -āre, -āvī, -ātum *vt* drive, hunt, pursue

agmen, -inis *neut* herd, troop, crowd, procession

agnōscō, -ōscere, -ōvī, -itum
vt recognize

agō, agere, ēgī, āctum *vt* do, urge,
drive, impel, chase; **vītam agere**
pass a lifetime, live; **age** come on!

ait *vt* he/she says; **ajunt** they say

āla, -ae *fem* wing; (in hunting) beater

ālātus, -a, -um *adj* winged

Alba Longa *fem* Alba Longa,
precursor city to Rome

albēscō, -ere *vi* become bright, glow

albus, -a, -um *adj* white

aliēnus, -a, -um *adj* foreign;
belonging to another

aliquandō *adv* sometimes

aliquis, aliqua, aliquid *pron*
anyone, anything; someone,
something; some

aliquot *neut* (indeclinable) some
(indefinite number)

aliter *adv* otherwise, differently

alius, -a, -ud *adj* other, another;
aliī... aliī some... others

allevō, -āre, -āvī, -ātum *vt*
lighten, comfort

alligō, -āre, -āvī, -ātum *vt* bind,
tie, fasten

alō, -ere, -uī, -itum *vt* feed, nourish

Alpīnus, -a, -um *adj* to do with the
Alps, Alpine

altar, altāris *neut* altar

altē *adv* deeply

alter, altera, alterum *adj* another

alternō, -āre, -āvī, -ātum *vt* waver,
go back and forth

altum, -ī *neut* the deep sea

altus, -a, -um *adj* high, deep

amāns, -antis *masc/fem* lover

amārus, -a, -um *adj* bitter

ambiō, -īre, -īvī, -ītum *vt* go round;
solicit, canvass

ambo, ambae, ambo *adj* both

ambulō, -āre, -āvī, -ātum *vi* walk

āmēns, āmentis *adj* insane, out of
one's mind, frantic

amīca, -ae *fem* female friend

amīcus, -a, -um *adj* friendly

amīcus, -ī *masc* friend

āmittō, -ittere, -īsī, -issum *vt* lose

amnis, -is *masc* river, stream

amō, -āre, -āvī, -ātum *vt* love

amor, -ōris *masc* love

amplector, -ctī, -xus *v dep*
embrace, hug

amplexus, -ūs *masc* embrace

amplus, -a, -um *adj* great, large

amulētum, -ī *neut* amulet, charm

an *conj* can it be that (introduces
question expecting negative
answer or further question);
or; whether

anas, anatis *fem* duck

anceps, ancipitis *adj* undecided,
doubtful, unpredictable

Anchīsēs, -ae *masc* Anchises,
father of Aeneas

ancilla, -ae *fem* slave girl

angustus, -a, -um *adj* narrow

anīlis, -e *adj* old-womanish, of
an old woman

anima, -ae *fem* soul, life, spirit

animal, -ālis *neut* animal,
living thing

animus, -ī *masc* mind, soul,
feelings, character

Anna, -ae *fem* Anna, sister of Dido

annōsus, -a, -um *adj* old,
full of years

annus, -ī *masc* year

ante *adv* before, previously, in front

ante *prep* in front of, before (+ acc.)

anteā *adv* before, previously

anteferō, -ferre, -tulī, -lātum *vt*
put before; argue first

antequam *conj* before, sooner than

antīquus, -a, -um *adj* old, ancient

anus, -ūs *fem* old woman

ānxietās, -ātis *fem* anxiety, worry

ānxius, -a, -um *adj* anxious

aper, aprī *masc/fem* boar

aperiō, -īre, -uī, -tum *vt* open

apex, apicis *masc* point, top, summit

Apollō, -inis *masc* Apollo, god of
the sun, divination, healing,
poetry, and music

appāreō, -ēre, -uī, -itum *vi* appear

appellō, -āre, -āvī, -ātum *vt*
name; call upon

aptus, -a, -um *adj* suitable; **stēllīs aptum** studded with stars

apud *prep* among; at the house of; in the presence of (+ acc.)

aqua, -ae *fem* water

aquila, -ae *masc/fem* eagle

Aquilō, -ōnis *masc* north wind

aquōsus, -a, -um *adj* watery, bringing rains

āra, -ae *fem* altar, pyre

arbor, -is *fem* tree

arcānus, -a, -um *adj* secret

arcus, -ūs *masc* bow; **arcus pluvius** rainbow

ārdeō, -dēre, -sī, -sum *vt* be on fire, burn; rage

ārdor, -ōris *masc* eagerness

arduus, -a, -um *adj* steep, high

argentum, -ī *neut* silver; money

arguō, -uere, -uī, -ūtum *vt* make clear; reveal

arma, -ōrum *neut* weapons; war

armātus, -a, -um *adj* armed

armō, -āre, -āvī, -ātum *vt* equip, fit with armor, arm

arrēctus, -a, -um *adj* standing on end

arrogāns, -antis *adj* arrogant

ars, artis *fem* art, craft, skill

artus, -ūs *masc* limb, joint, part of the body

arvum, -ī *neut* arable land, field

arx, arcis *fem* citadel, stronghold

Ascanius, -ī *masc* Ascanius (also known as Iulus), son of Aeneas

ascendō, -endere, -endī, -ēnsum *vt* climb

Asia, -ae *fem* Asia Minor

Asiānus, -a, -um *adj* Asiatic, belonging to Asia Minor

aspectus, -ūs *masc* sight, vision

asper, aspera, asperum *adj* rough

aspiciō, -icere, -exī, -ectum *vt* look at, gaze upon, see

ast *conj* but

astō, astāre, astitī *vi* stand by, stand at

astrum, -ī *neut* star

at *conj* but

atavus, -ī *masc* great-great-great grandfather; ancestor

āter, ātra, ātrum *adj* black, matte-black

Atlās, Atlantis *masc* Atlas (mountain in Libya, maternal grandfather of Mercury)

atque *conj* and

ātrium, -ī *neut* atrium, reception hall; palace

attingō, -ingere, -igī, -āctum *vt* touch, reach

attollō, -ere *vt* raise, lift up, exalt

attonitus, -a, -um *adj* astonished

auctor, -ōris *masc/fem* originator; ancestor

audāx, -ācis *adj* bold, daring

audeō, -ēre, ausī, ausus *v semidep* dare

audiō, -īre, -īvī, -ītum *vt* hear, listen to

auferō, auferre, abstulī, ablātum *vt* take away

augur, -is *masc/fem* augur, prophet

aula, -ae *fem* hall, palace

Aulis, Aulidis *fem* Aulis, a seaport town in Boeotia, from which the Greek fleet set sail for Troy

aura, -ae *fem* breeze

aureus, -a, -um *adj* golden

auris, -is *fem* ear

Aurōra, -ae *fem* the Dawn

aurum, -ī *neut* gold

Ausonia, -ae *fem* Ausonia, poetic name for Italy

auspicēs, -um *masc/fem* auspices, omens

auspicium, -ī *neut* divination (by birds), omen, auspices (pl.)

aut *conj* or; **aut... aut** either... or

autem *conj* but, however; moreover

autumnus, -ī *masc* autumn

auxilium, -ī *neut* help, assistance

avārus, -a, -um *adj* greedy, covetous

āvellō, -ellere, -ulsī, -ulsum *vt* tear from, wrench away from

Avernus, -ī *masc* the underworld

āversus, -a, -um *adj* turned away; hostile

āvertō, -tere, -tī, -sum *vt* turn away
avis, -is *fem* bird
avus, -ī *masc* grandfather
axis, -is *masc* axis, pole; the
    sky, heaven

B

Baccha, -ae *fem* female worshiper of
    Bacchus, Bacchante
bacchor, -ārī, -ātus *v dep* celebrate
    rites of Bacchus; rage, be frenzied
Bacchus, -ī *masc* Bacchus,
    god of wine
barba, -ae *fem* beard
barbarus, -ī *masc*
    barbarian, foreigner
Barcaeī, -ōrum *masc* inhabitants
    of Barce (town in Libya),
    enemies of Dido
Barcē, -ēs *fem* Barce, the nurse
    of Sychaeus
bellum, -ī *neut* war; battle
bene *adv* well
beneficium, -ī *neut* favor, benefit
benignē *adv* kindly
benignus, -a, -um *adj*
    kind, courteous
bēstia, -ae *fem* beast, animal
bibō, -ere, -ī, -itum *vt* drink
bidēns, -entis *fem* sacrificial animal
    (especially a sheep) with two
    permanent teeth
bis *adv* twice
bonus, -a, -um *adj* good
    (comparative **melior**,
    superlative **optimus**)
Boreās, -ae *masc* north wind
bracchium, -ī *neut* arm
brevis, -e *adj* short, brief
breviter *adv* shortly, briefly
būbō, -ōnis *masc* horned or eagle owl

C

cadō, -ere, cecidī, cāsum *vi* fall;
    come to an end
caecus, -a, -um *adj* blind; hidden

caedēs, caedis *fem*
    murder, bloodshed
caedō, -ere, cecīdī, caesum
    vt slaughter
caelum, -ī *neut* sky, heaven
caeruleus, -a, -um *adj* blue
calamus, -ī *masc* reed pen
calceus, -ī *masc* shoe
calidus, -a, -um *adj* warm, hot
callis, -is *masc* rough stony
    track, path
calor, -ōris *masc* heat
campus, -ī *masc* plain, field
candēns, candentis *adj*
    shining, white
canis, canis *masc/fem* dog, hound
canō, -ere, cecinī, cantum *vt* sing
cantō, -āre, -āvī, -ātum *vt* sing
capessō, -ere, -īvī, -ītum *vt* seize
    eagerly; carry out orders
capiō, -ere, cēpī, captum *vt*
    take; capture
capra, -ae *fem* female goat
captus, -a, -um *adj* captured, captive
caput, capitis *neut* head; person
carbasus, -ī *fem* canvas, linen cloth
carbō, -ōnis *masc* charcoal
careō, -ēre, -uī, -itum *vt* be
    without, lack
carīna, -ae *fem* keel, bottom of
    ship; ship
carmen, -inis *neut* song; poem;
    magical incantation
carpō, -ere, -sī, -tum *vt* pluck, tear
    off; consume, erode
cārus, -a, -um *adj* dear
casa, -ae *fem* cottage, house
Caspium mare *neut* the Caspian Sea,
    located between Southeastern
    Europe and Western Asia
castīgō, -āre, -āvī, -ātum *vt*
    chastise, punish
castra, -ōrum *neut* military camp
cāsus, -ūs *masc* fall; emergency
caterva, -ae *fem* crowd
Caucasius, -a, -um *adj*
    pertaining to the Caucasus
    mountains, Caucasian

Caucasus, -ī *masc* the Caucasus, a rugged chain of mountains located between the Black and Caspian Seas

causā *prep* for the sake of (preceded by genitive)

causa, -ae *fem* reason, cause

cautēs, -is *fem* crag, cliff with exposed rocks

cecidit *see* **cadō**

cēdō, -ere, cessī, cessum *vt* yield, give in

celebrō, -āre, -āvī, -ātum *vt* celebrate; do in great numbers; **gradum celebrāre** hurry along her steps

celer, celeris *adj* swift, fast, quick

celeritās, -ātis *fem* speed, quickness

celeriter *adv* quickly

cēlō, -āre, -āvī, -ātum *vt* conceal, hide

celsus, -a, -um *adj* high, elevated

cēna, -ae *fem* dinner, principal meal in the evening

cēnō, -āre, -āvī, -ātum *vt* dine, eat dinner

centum *adj* a hundred

cēperat *see* **capiō**

cēpit *see* **capiō**

cernō, -ere, crēvī, crētum *vt* see, discern

certāmen, -inis *neut* contest, struggle; rivalry

certē *adv* certainly

certō, -āre, -āvī, -ātum *vt* vie with, contend, strive to best

certus, -a, -um *adj* certain, sure, settled, resolved

cerva, -ae *fem* doe, female deer

cervus, -ī *masc* male deer

cēterī, -ae, -a *adj* the others, the rest

Chaos, Chaī *neut* Chaos, the formless primitive mass or void out of which the universe was made, personified in mythology as the father of Erebus and Nox

charta, -ae *fem* sheet of paper

chlamys, -ydis *fem* cloak, cape, mantle

chorus, -ī *masc* chorus, troop of dancers

cibus, -ī *masc* food

cieō, ciēre, cīvī, citum *vt* rouse, stir up

cīnctus, -a, -um *adj* surrounded, encircled

cingō, -ere, cīnxī, cīnctum *vt* surround, encircle

cingulum, -ī *neut* belt

cinis, cineris *masc/fem* ashes; remains of a cremated person

circulus, -ī *masc* circle

circum *adv* around, about

circum *prep* around, about (+ acc.)

circumdō, -are, -edī, -atum *vt* surround, enclose

circumstō, -āre, -etī, -atum *vt* stand around

circumvolvō, -vere, -vī, -ūtum *vt* revolve around

Cithaerōn, -ōnis *masc* Cithaeron, a mountain of Boetia, sacred to Bacchus and the Muses, and famous for the death of Pentheus and Actaeon

cito *adv* quickly

citus, -a, -um *adj* quick, swift, fast

clam *adv* secretly, in secret

clāmō, -āre, -āvī, -ātum *vt* shout

clāmor, -ōris *masc* shout, outcry; wailing

clārus, -a, -um *adj* bright, gleaming; illustrious

classis, -is *fem* fleet

claudō, -dere, -sī, -sum *vt* close, shut, block up

clāvis, -is *fem* key

coëō, -īre, -iī, -itum *vt* come together; have sexual intercourse

coepī, -isse, -tum *v perf def* begin, commence, initiate

coeptum, -ī *neut* undertaking, enterprise, scheme

Coeus, -ī *masc* Coeus, a Titan

cōgitō, -āre, -āvī, -ātum *vt* think, consider, ponder

cōgō, -ere, coēgī, coāctum *vt* force, compel

colligō, -igere, -ēgī, -ēctum *vt* collect, bring together

colloquor, -quī, -cūtus *v dep* speak with, converse

colō, -ere, coluī, cultum *vt* till, cultivate (land); worship (gods or spirits of the dead)

colōnus, -ī *masc* farmer, tenant-farmer

color, -ōris *masc* colour

columna, -ae *fem* column, pillar

coma, -ae *fem* hair (of the head)

comes, comitis *masc/fem* comrade, companion, partner

comitor, -ārī, -ātus *v dep* accompany, go along with

commisceō, -scēre, -scuī, -xtum *vt* intermingle, mix together

commōtus, -a, -um *adj* (emotionally) moved, alarmed

commūnis, -e *adj* in common, owned together

compellō, -ellere, -ulī, -ulsum *vt* compel; address harshly

complexus, -ūs *masc* embrace, hug

compōnō, -ōnere, -osuī, -ositum *vt* arrange, organize

concavus, -a, -um *adj* hollow, concave

concēdō, -ēdere, -essī, -essum *vt* give in, concede

concipiō, -ipere, -ēpī, -eptum *vt* take up, conceive (thoughts)

concitō, -āre, -āvī, -ātum *vt* rouse, stir up

concutiō, -tere, -ssī, -ssum *vt* shake violently, batter

condō, -ere, -idī, -itum *vt* found, establish (a city); bury (something in the ground)

cōnfectus, -a, -um *adj* finished; thoroughly worn out

cōnficiō, -icere, -ēcī, -ectum *vt* finish, complete

cōnfirmō, -āre, -āvī, -ātum *vt* pronounce as valid, declare

coniciō, -icere, -jēcī, -jectum *vt* throw; shoot (an arrow)

cōnifer, cōnifera, cōniferum *adj* coniferous, cone-bearing

conjugium, -ī *neut* marriage

conjungō, -ungere, -ūnxī, -ūnctum *vt* connect, join together

conjūnx, conjugis *masc/fem* spouse, husband, wife

conlābor, -bī, -psus *v dep* fall (in a faint)

conlūceō, -cēre, -xī *vi* shine brightly, light up (with fire)

cōnor, -ārī, -ātus *v dep* try, attempt

cōnscendō, -endere, -endī, -ēnsum *vt* board (a ship), climb on top of

cōnscius, -a, -um *adj* conscious, aware of, sharing (secret) knowledge

cōnsentiō, -entīre, -ēnsī, -ēnsum *vt* agree

cōnsīdō, -īdere, -ēdī, -essum *vi* sit down; settle

cōnsilium, -ī *neut* plan, advice

cōnsistō, -istere, -titī, -titum *vt* stop, halt

cōnsōlor, -ārī, -ātus *v dep* console, comfort

cōnspectus, -ūs *masc* view, sight

cōnspiciō, -icere, -exī, -ectum *vt* catch sight of, notice

cōnsternō, -ernere, -rāvī, -rātum *vt* strew, cover

cōnstitit *see* **cōnsistō**

cōnstituō, -uere, -uī, -ūtum *vt* decide, resolve

cōnstruō, -uere, -ūxī, -ūctum *vt* construct

cōnsulō, -ere, -uī, -tum *vt* consult, seek advice

cōnsūmō, -ere, -psī, -ptum *vt* eat up, consume

contendō, -dere, -dī, -tum *vt* march; strive; contend in a fight

contineō, -inēre, -enuī, -entum *vt* contain

continuō *adv* immediately, at once

contrā *adv* against, opposite

contrā *prep* against, opposite (+ acc.)

contractus, -a, -um *adj* closed,

pinched together

contrārius, -a, -um *adj* opposite, contrary, hostile

cōnūbium, -ī *neut* marriage

convectō, -āre, -āvī, -ātum *vt* bring together, collect

conveniō, -enīre, -ēnī, -entum *vt* come together, gather, meet

convexum, -ī *neut* arch, dome of the sky

convexus, -a, -um *adj* arched, vaulted

convīvium, -ī *neut* dinner party, banquet

convocō, -āre, -āvī, -ātum *vt* call together, assemble

coquō, -quere, -xī, -ctum *vt* cook

cor, cordis *neut* heart, mind, soul

cornū, -ūs *neut* horn

corōna, -ae *fem* crown; garland, wreath

corōnō, -āre, -āvī, -ātum *vt* deck with garlands, put wreaths on

corpus, corporis *neut* body (whether living or dead)

corripiō, -ipere, -ipuī, -eptum *vt* snatch up, suddenly seize

cotīdiē *adv* every day

crās *adv* tomorrow

crassus, -a, -um *adj* fat, stout

crāstinus, -a, -um *adj* belonging to tomorrow, tomorrow's

crēdō, -dere, -didī, -ditum *vt* believe, trust

cremō, -āre, -āvī, -ātum *vt* cremate

Crēs, Crētis *adj* Cretan

crēscō, -ere, crēvī, crētum *vi* grow; be born (from)

Crēsius, -a, -um *adj* Cretan

Crēta, -ae *fem* Crete, island in the Mediterranean, home of the Minotaur

crētus, -a, -um *adj* born of, descended from

Creūsa, -ae *fem* Creusa, Aeneas' first wife who died during the escape from Troy

crīmen, -inis *neut* criminal

charge, offence

crīnis, -is *masc* hair

croceus, -a, -um *adj* yellow, golden, saffron-colored

cruciō, -āre, -āvī, -ātum *vt* torment, torture

crūdēlis, -e *adj* cruel, merciless

crūdēliter *adv* cruelly

cruor, -ōris *masc* blood, gore, bloodshed

crūs, crūris *neut* leg

crustulum, -ī *neut* small pastry, cookie

cubiculum, -ī *neut* bedroom

cubīle, cubīlis *neut* bed, couch

cubitus, -ī *masc* elbow, forearm

cucurrit *see* **currō**

culmen, -inis *neut* peak (of a roof), gable

culpa, -ae *fem* fault, mistake, error

cum *adv* when, since, although; **cum prīmum** as soon as

cum *prep* with (+ abl.)

cumulō, -āre, -āvī, -ātum *vt* heap up, accumulate; complete (an action)

cūnctor, -ārī, -ātus *v dep* delay, linger; hesitate, doubt

cūnctus, -a, -um *adj* all

cupīdō, -inis *masc/fem* desire, longing; **Cupīdō** Cupid, the god of love

cupidus, -a, -um *adj* desirous of, greedy for

cupiō, -ere, -īvī, -ītum *vt* desire, want

cūr *adv* why?

cūra, -ae *fem* care, worry, anxiety; the pains of unresolved love

cūrō, -āre, -āvī, -ātum *vt* care for, take care of, care about

currō, -ere, cucurrī, cursum *vi* run, move quickly

currus, -ūs *masc* chariot

cursus, -ūs *masc* course; act of running; race

curvātus, -a, -um *adj* curved

custōdiō, -īre, -īvī, -ītum *vt* guard,

keep watch, preserve

custōs, custōdis *masc/fem* guard

Cyllēnē, -ēs *fem* Mount Cyllene, situated in the north-eastern part of Arcadia, on which Mercury was born and brought up

Cyllēnius, -a, -um *adj* from mount Cyllene

Cynthus, -ī *masc* Mount Cynthus, a mountain in Delos, celebrated as the birthplace of Apollo and Diana

Cȳrēnē, -ēs *fem* Cyrene, major city in Libya

Cythēra, -ōrum *neut* Cythera, island in the Aegean Sea celebrated for the worship of Venus

Cytherēus, -a, -um *adj* Cytherean, to do with the island Cythera

D

Dalmaticus, -a, -um *adj* Dalmatian

damnō, -āre, -āvī, -ātum *vt* condemn

Danaī, -ōrum *masc* the Danaans, *i.e.* the Greeks

Dardanius, -a, -um *adj* Dardanian, poetic for Trojan

Dardanus, -ī *masc* Dardanus, son of Jupiter and founder of the city Dardania, ancestor of the Trojans

dat *see* **dō**

dē *prep* down from; about (+ abl.)

dea, -ae *fem* goddess

dēbeō, -ēre, -uī, -itum *vt* owe; ought, must, should

dēcēdō, -ēdere, -essī, -essum *vi* depart, leave

decem *adj* ten

dēcernō, -ernere, -rēvī, -rētum *vt* decide, resolve

decet, -ēre, -uit *v impers* it is fitting or proper for someone, *i.e.* someone should

dēciduus, -a, -um *adj* deciduous

dēcipiō, -ipere, -ēpī, -eptum *vt* deceive, mislead, cheat

dēclīnō, -āre, -āvī, -ātum *vt* lower; **oculōs dēclīnāre** to

close the eyes

decōrus, -a, -um *adj* beautiful; glorious; fitting, suitable

dēcurrō, -rrere, -rrī, -rsum *vt* run down

decus, decōris *neut* glory, splendor

dēdignō, -āre, -āvī, -ātum *vt* disdain; reject with scorn

dedissem *see* **dō**

dedit *see* **dō**

dēdūcō, -ūcere, -ūxī, -uctum *vt* bring down (to the sea), launch

dēfendō, -endere, -endī, -ēnsum *vt* defend

dēferō, -ferre, -tulī, -lātum *vt* report

dēficiō, -icere, -ēcī, -ectum *vi* fail, falter; sink down

dēgener, dēgeneris *adj* unworthy, belonging to inferior stock

dēgō, -ere, -ī *vt* spend, live one's life

dēhīscō, -scere, -vī *vi* gape, yawn open

dēiciō, -icere, -jēcī, -jectum *vt* throw down, dislodge

deinde *adv* then, next

dēlectō, -āre, -āvī, -ātum *vt* delight, please

dēleō, -ēre, -ēvī, -ētum *vt* destroy

dēligō, -igere, -ēgī, -ēctum *vt* pick, choose

dēlūbrum, -ī *neut* shrine

dēmēns, dēmentis *adj* out of one's mind, mad, raving

dēmittō, -ittere, -īsī, -issum *vt* send down; drape (clothes), let them hang down

dēmōnstrō, -āre, -āvī, -ātum *vt* point out; recommend

dēns, dentis *masc* tooth

dēnsus, -a, -um *adj* thick, dense

deorsum *adv* downwards

dēpōnō, -ōnere, -osuī, -ostum *vt* put aside, lay to rest

dēsaeviō, -īre, -ī, -ītum *vi* rave furiously; vent one's rage

dēscendō, -endere, -endī, -ēnsum *vi* descend, go down

dēserō, -ere, -uī, -tum *vt* desert,

abandon, leave

dēsertus, -a, -um *adj* deserted, forsaken; **dēserta terra** wilderness, desert

dēsinō, -inere, -īvī, -itum *vt* stop, desist

dēspērō, -āre, -āvī, -ātum *vt* despair, give up hope

dēspiciō, -icere, -exī, -ectum *vt* disdain, despise; express contempt for

dēstruō, -uere, -ūxī, -ūctum *vt* demolish, destroy

dēsuper *adv* from above

dētineō, -inēre, -inuī, -entum *vt* detain, keep back, cause to remain

dētorqueō, -quēre, -sī, -tum *vt* turn, twist, divert

dētrahō, -ahere, -āxī, -actum *vt* pull off

dētulit *see* **dēferō**

deus, -ī *masc* god

dēveniō, -enīre, -ēnī, -entum *vi* come to, arrive at

dēvolō, -āre, -āvī, -ātum *vi* fly down, swoop down on

dēvorō, -āre, -āvī, -ātum *vt* devour, consume

dexter, dextera/dextra, dexterum/dextrum *adj* right, on the right side; favorable, propitious

dextra, -ae *fem* right hand (symbol of agreement) (alternate form **dextera**)

Diāna, -ae *fem* Diana, goddess of the moon and hunting, sister of Apollo

dīcō, dīcere, dīxī, dictum *vt* say, speak

Dictaeus, -a, -um *adj* Dictaean, of Mount Dicte

Dictē, -ēs *fem* Mount Dicte, a mountain in the eastern part of Crete

dictum, -ī *neut* word

Dīdō, -ōnis *fem* Dido (also known as Elissa), queen and founder of Carthage (genitive form

also **Dīdūs**)

diēs, -ēī *masc/fem* day

difficilis, -e *adj* difficult

diffugiō, -ugere, -ūgī, -ugitum *vi* scatter, flee in different directions

diffundō, -undere, -undī, -ūsum *vt* spread, pour out widely

digitus, -ī *masc* finger

dignor, -ārī, -ātus *v dep* think worthy, deign

dignus, -a, -um *adj* worthy, deserving

dīlēctus, -a, -um *adj* beloved, dear

dīligenter *adv* carefully, diligently

dīligentia, -ae *fem* diligence

dīmittō, -ittere, -īsī, -issum *vt* dismiss, shake off

dīmoveō, -ovēre, -ōvī, -ōtum *vt* move off, remove

Dīra, -ae *fem* The Furies (vengeful underworld beings, often depicted as women with wings and snakes)

dīripiō, -ipere, -ipuī, -eptum *vt* snatch away

dīrus, -a, -um *adj* awful, dreadful, terrible

discēdō, -ēdere, -essī, -essum *vt* depart, leave

discernō, -ere, discrēvī, discrētum *vt* separate, divide; interweave with different coloured thread

discessus, -ūs *masc* departure

discō, -ere, didicī, discitum *vt* learn

disputō, -āre, -āvī, -ātum *vt* debate, argue

dissimilis, -e *adj* unlike, different, dissimilar

dissimulō, -āre, -āvī, -ātum *vt* conceal, hide the truth; **dissimulāre X** pretend something is not X when it is X

diū *adv* for a long time

dīvellō, -ellere, -ulsī, -ulsum *vt* tear to pieces, shred

dīversus, -a, -um *adj* diverse, different

dīves, dīvitis *adj* rich, wealthy
dīvidō, -idere, -īsī, -īsum *vt* divide
dīvīnus, -a, -um *adj* divine, godlike
dīvitiae, -ārum *fem* riches, wealth
dīvus, -a, -um *adj* divine
dīvus, -ī *masc* god
dō, dare, dedī, datum *vt* give
doceō, -ēre, -uī, doctum *vt*
  teach, tell
doleō, -ēre, -uī, -itum *vt* suffer hurt,
  feel pain, grieve
dolor, -ōris *masc* pain, grief, sorrow
dolus, -ī *masc* trick, deceit, treachery
dominus, -ī *masc* owner, lord, master
domus, -ūs/-ī *fem* home
dōnum, -ī *neut* gift
dormiō, -īre, -īvī, -ītum *vi* sleep
dōs, dōtis *fem* dowry
dōtālis, -e *adj* relating to a dowry
dracō, -ōnis *masc* dragon; snake
Dryopēs, -um *masc* the Dryopians, a
  people of Epirus
dubitō, -āre, -āvī, -ātum *vt* doubt,
  hesitate, be uncertain
dubius, -a, -um *adj*
  doubtful, uncertain
dūcō, dūcere, dūxī, ductum
  vt lead; think, consider; draw
  out, extend
ductor, -ōris *masc*
  leader, commander
dulcis, -e *adj* sweet, delightful
dum *conj* while, until
dūmus, -ī *masc* thorn or briar bush
duo, duae, duo *adj* two
duodecim *adj* twelve
duplex, duplicis *adj* double
duplicō, -āre, -āvī, -ātum *vt*
  double, duplicate
dūrus, -a, -um *adj* hard, harsh;
  cruel, unfeeling
dux, ducis *masc/fem* leader

E

ē, ex *prep* out of, from (+ abl.)
ecce *interj* look! behold!
edō, edere/ēsse, ēdī, essum *vt*
  eat, consume

ēdūcō, -ūcere, -ūxī, -uctum
  vt draw out
effēminātus, -a, -um *adj* womanish,
  effeminate
efferō, efferre, extulī, ēlātum
  vt bring out
efferus, -a, -um *adj* wild,
  fierce, savage
efficiō, -icere, -ēcī, -ectum *vt* bring
  about, accomplish
effigiēs, -ēī *fem* effigy, statue
effor, -ārī, -ātus *v dep* speak
effugiō, -ugere, -ūgī,
  -ugitum *vt* escape
effundō, -undere, -ūdī, -ūsum *vt*
  pour out; spread out, loosen
egēns, -entis *adj* needy, destitute
ēgī *see* **agō**
ego, (acc.) **mē,** (gen.) **meī,** (dat.)
  mihi, (abl.) **mē** *pron* I, me
ēgregius, -a, -um *adj* distinguished,
  exceptional, extraordinary
ēiciō, ēicere, ējēcī, ējectum *vt* cast
  out, fling
ēligō, -igere, -ēgī, -ēctum *vt* pick
  out, choose
Elissa, -ae *fem* Elissa (also known
  as Dido), queen and founder
  of Carthage
emō, emere, ēmī, ēmptum *vt* buy
ēn *interj* lo! behold! see!
Enceladus, -ī *masc* Enceladus, one
  of the giants upon whom Jupiter
  hurled Mount Etna
enim *conj* for; in fact
ēniteō, -ēre, -uī *vt* shine forth
ēnsis, -is *masc* sword
ēnumerō, -āre, -āvī, -ātum
  vt count up
eō *adv* to there; **quō... eō**
  (with comparatives) the
  more... the more
eō, īre, īvī/iī, itum *vt* go
epulae, -ārum *fem* feast, banquet
epulor, -ārī, -ātus *v dep* dine
  sumptuously, feast
equa, -ae *fem* mare
eques, equitis *masc* horseman,
  cavalryman

equidem *adv* truly, indeed

equitō, -āre, -āvī, -ātum *vt* ride (a horse)

equus, -ī *masc* horse

Erebus, -ī *masc* Erebus, god of darkness, son of Chaos, and brother of Nox; name for the underworld

ergō *adv* therefore

ērigō, -igere, -ēxī, -ēctum *vt* raise, erect, build

ēripiō, -ipere, -ipuī, -eptum *vt* snatch away, take by force

errō, -āre, -āvī, -ātum *vt* wander; make a mistake; **longē errāre** make a big mistake

error, -ōris *masc* error

ēruō, -ere, -ī, -tum *vt* pluck out, uproot

et *conj* and; **et ... et** both ... and

etc. *abbr* **et cētera**, and so on

etiam *conj* even, also

etiamsī *conj* even if, although

Eumenidēs, -um *fem* the Eumenides (benevolent, gracious ones), a euphemistic name for the Furies (vengeful goddesses)

Eurīpidēs, -is *masc* Euripides, a celebrated Athenian tragic poet

ēvādō, -dere, -sī, -sum *vt* escape; **gradūs ēvādere** finish climbing the stairs and get away from the stairwell

ēvānēscō, -ēscere, -uī *vi* vanish, disappear

ēvincō, -incere, -īcī, -ictum *vt* overcome, conquer, defeat utterly

ēvocō, -āre, -āvī, -ātum *vt* call forth, summon

exanimis, -e *adj* lifeless; breathless, terrified, dismayed

exaudiō, -īre, -īvī, -ītum *vt* hear clearly; hear from afar

excipiō, -ipere, -ēpī, -eptum *vt* take up, receive; start a reply; catch with the ear, get wind of

excitō, -āre, -āvī, -ātum *vt* wake up, stir up; excite, rouse

excubia, -ae *fem* vigil, watch

exemplum, -ī *neut* example;

exemplī grātiā for the sake of an example, e.g.

exeō, -īre, -iī, -itum *vi* go out, exit, leave

exerceō, -ēre, -uī, -itum *vt* exercise, train; carry out; harrass, attack

exercitus, -ūs *masc* army

exhauriō, -rīre, -sī, -stum *vt* completely drink up, exhaust; experience fully

exigō, -igere, -ēgī, -āctum *vt* examine, weigh up

exiguus, -a, -um *adj* small, meager

exitium, -ī *neut* destruction, ruin

exitus, -ūs *masc* exit, departure; death

exōrdium, -ī *neut* introduction (of a speech)

exorior, -īrī, -tus *v dep* rise up

expediō, -īre, -īvī, -ītum *vt* make ready

expellō, -ellere, -ulī, -ulsum *vt* drive out, expel

experior, -īrī, -tus *v dep* experience, put to the test

expers, expertis *adj* lacking experience, without having experienced

exposcō, -ere, expoposcī *vt* ask for, demand

expulsus *see* **expellō**

exquīrō, -rere, -sīvī, -sītum *vt* seek out

exscindō, -ndere, -dī, -ssum *vt* destroy, exterminate

exsequor, -quī, -cūtus *v dep* follow, go along with; carry out

exsolvō, -vere, -vī, -ūtum *vt* set free, release

exspectō, -āre, -āvī, -ātum *vt* wait for, expect

exstinguō, -inguere, -īnxī, -īnctum *vt* extinguish, destroy

exstruō, -uere, -ūxī, -ūctum *vt* build, construct

exta, -ōrum *neut* entrails of animals (esp. heart, lungs, liver) for divination

extemplō *adv* immediately

extendō, -dere, -dī, -tum *vt*
extend, prolong

exter/exterus, extera, exterum
adj of another country, foreign

exterreō, -ēre, -uī, -itum *vt* strike
with terror, scare

extorris, -e *adj* exiled

extrēmus, -a, -um *adj* furthest, last

extulerit *see* **efferō**

exuō, -uere, -uī, -ūtum *vt* take off;
lay aside, cast off

exuviae, -ārum *fem* things
stripped off (armour, clothes,
etc.); memento

F

fābula, -ae *fem* story

facessō, -ere, -ī, -itum *vt* perform
eagerly or earnestly

faciēs, -ēī *fem* face

facile *adv* easily

facilis, -e *adj* easy

faciō, facere, fēcī, factum
vt make, do

factum, -ī *neut* deed, act; fact

fallō, -ere, fefellī, falsum *vt*
deceive, cheat; fail

falsus, -a, -um *adj* false, untrue

falx, falcis *fem* sickle, scythe;
pruning knife

fāma, -ae *fem* rumor, reputation

familia, -ae *fem* household, family

famula, -ae *fem* female slave, maid

fār, farris *neut* hulled wheat, spelt

fās *neut* (indeclinable) divine
command, that which is lawful

fātālis, -e *adj* fated, destined;
fatal, deadly

fateor, -tērī, -ssus *v dep*
admit, confess

fatīgō, -āre, -āvī, -ātum *vt* wear out,
tire; harass

fātum, -ī *neut* fate, destiny (often pl.
fāta); natural term of life

faucēs, -ium *fem* throat

faveō, -ēre, fāvī, fautum *vi* favour,
support (+ dat.)

fax, facis *fem* torch

fēcerat *see* **faciō**

fēcisse *see* **faciō**

fēcissem *see* **faciō**

fēcit *see* **faciō**

fēlēs, fēlis *fem* cat

fēlīx, fēlīcis *adj* happy,
blessed, fortunate

fēmina, -ae *fem* woman; female

fēmineus, -a, -um *adj*
belonging to women

fera, -ae *fem* wild beast, wild animal

fērālis, -e *adj* belonging to the
dead, funereal

feriō, -īre *vt* hit, strike

ferō, ferre, tulī, lātum *vt* bring,
bear; tell, speak of

ferōciter *adv* fiercely

ferōx, -ōcis *adj* fierce

ferreus, -a, -um *adj* made of iron;
cruel, unyielding

ferrum, -ī *neut* iron; any tool of iron;
weapon, sword

ferus, -a, -um *adj* wild, savage

ferveō, -ēre, ferbuī *vi* boil, seethe;
swarm with (alternate form
fervō, -ere, fervī)

fessus, -a, -um *adj* tired, weary

festīnō, -āre, -āvī, -ātum *vt* hurry

fēstus, -a, -um *adj* festive, relating to
a holiday, solemn

fībula, -ae *fem* clasp, brooch

fictus, -a, -um *adj* false, fictitious

fidēlis, -e *adj* faithful, loyal

fidēs, -ēī *fem* loyalty, trust; honesty,
good faith

fīgō, -gere, -xī, -xum *vt* fasten,
fix; pierce

fīlia, -ae *fem* daughter

fīlius, -ī *masc* son

fingō, fingere, fīnxī, fictum *vt*
invent, make up (a story)

fīniō, -īre, -īvī, -ītum *vt* finish

fīnis, -is *masc/fem* boundary, end,
goal; **fīnēs** (pl.) territory

fīō, fierī, factus *v semidep* be made,
become; happen

firmitās, -ātis *fem* firmness, strength

firmus, -a, -um *adj* firm,

steady, secure

flāmen, -inis *neut* gust of wind, gale

flamma, -ae *fem* flame

flātus, -ūs *masc* blowing, wind

flāveō, -ēre *vt* be yellow or gold-colored

flāvus, -a, -um *adj* yellow, gold colored; blond

flectō, -ctere, -xī, -xum *vt* turn; persuade

fleō, -ēre, -ēvī, -ētum *vt* weep

flētus, -ūs *masc* weeping, lamentation

flō, -āre, -āvī, -ātum *vt* blow

flōreō, -ēre, -uī *vt* flourish; blossom, bloom

flōs, -ōris *masc* flower

fluctuō, -āre, -āvī, -ātum *vt* rise in waves, surge; be agitated

flūctus, -ūs *masc* wave

fluentum, -ī *neut* stream, river

flūmen, -inis *neut* river

fluō, -uere, -ūxī, -ūxum *vt* flow, stream

fluviālis, -e *adj* of a river

fluvius, -ī *masc* river, stream

foedō, -āre, -āvī, -ātum *vt* disfigure, mutilate

foedus, -a, -um *adj* foul, disgraceful, ugly

foedus, foederis *neut* treaty, contract

folium, -ī *neut* leaf

fōns, fontis *masc* spring, water source

for, fārī, fātus *v dep* speak, talk; say

fore *see* **sum**

fōrma, -ae *fem* form, appearance

formīca, -ae *fem* ant

forsan *adv* perhaps

fortasse *adv* perhaps

fortis, -e *adj* brave, courageous

fortūna, -ae *fem* chance, luck, fate; fortune

fortūnātus, -a, -um *adj* lucky, fortunate

forus, -ī *masc* gangway, gangplanks

foveō, -ēre, fōvī, fōtum *vt* keep warm; favor, cherish

fragilis, -e *adj* brittle

frangō, -angere, -ēgī, -āctum *vt* break, shatter

frāter, frātris *masc* brother

frāternus, -a, -um *adj* brotherly, belonging to a brother

fraudō, -āre, -āvī, -ātum *vt* defraud, deprive deceitfully

fraudulentus, -a, -um *adj* deceitful, dishonest

fraus, fraudis *fem* fraud, deceit

frēgit *see* **frangō**

fremō, -ere, -uī, -itum *vt* roar, howl, resound

frēnum, -ī *neut* horse's bridle (with the bit attached)

frētus, -a, -um *adj* leaning on, supported by (+ abl.)

frīgidus, -a, -um *adj* cold

frīgus, frīgoris *neut* cold

frondeō, -ēre, -uī, -itum *vi* be leafy

frōns, -ondis *fem* leafy branch, frond

frōns, -ontis *masc/fem* forehead, brow; face

frūmentum, -ī *neut* grain

fruor, -ī, frūctūs *v dep* enjoy, delight in (+ abl.)

frūstrā *adv* in vain, for nothing

fuerat *see* **sum**

fuga, -ae *fem* flight, fleeing

fugiō, fugere, fūgī, fugitum *vt* flee, run away

fugitīvus, -a, -um *adj* fugitive

fuisset *see* **sum**

fuit *see* **sum**

fulciō, -cīre, -sī, -tum *vt* prop up, support

fulgeō, -gēre, -sī *vt* flash, shine forth

fulmen, -inis *neut* lightning, thunderbolt

fulmineus, -a, -um *adj* flashing like lightning

fulvus, -a, -um *adj* tawny, reddish yellow

fūmō, -āre, -āvī *vt* smoke, send out fumes

fūmus, -ī *masc* smoke

fundāmentum, -ī *neut* foundation

fundō, fundere, fūdī, fūsum *vt* pour, pour out; scatter

fūnereus, -a, -um *adj* belonging to a funeral, funereal

fūnis, -is *masc* rope, cable

fūnus, fūneris *neut* burial, funeral; death

fūr, fūris *masc/fem* thief, robber

furia, -ae *fem* fury, rage; **Furiae, Furiārum** (pl.) the Furies, avenging spirits

furibundus, -a, -um *adj* raging, mad

furiōsus, -a, -um *adj* furious, mad, frantic

furō, -ere *vt* rage, be mad, run wild

furor, -ōris *masc* madness, rage, fury, frenzy; passionate love

fūrtīvus, -a, -um *adj* secret, hidden

fūrtum, -ī *neut* theft, deception; **furtō** secretly; **furtum facere** steal, commit theft

futūrus, -a, -um *adj* about to be; future (future active participle of **sum, esse, fuī**)

G

Gaetulī, -ōrum *masc* the Gaetulians, a people of north-western Africa

Gaetulus, -a, -um *adj* belonging to the Gaetulians

Garamantis, Garamantidis *adj* belonging to the Garamantes, a tribe of the interior of Africa

gaudeō, -ēre, gāvīsus *v semidep* be glad, rejoice

geminus, -a, -um *adj* twin, double

gemitus, -ūs *masc* groan, sigh

gemma, -ae *fem* jewel, gem, precious stone

gemō, -ere, -uī, -itum *vt* moan, groan

gena, -ae *fem* cheek

genetrīx, genetrīcis *fem* mother

genitor, -ōris *masc* father

gēns, gentis *fem* tribe, clan, nation, people

genū, -ūs *neut* knee

genus, generis *neut* birth, ancestry, lineage; kind, sort

germāna, -ae *masc* sister

germānus, -ī *masc* brother

gerō, gerere, gessī, gestum *vt* carry, wear; carry out, manage; **bellum gerere** wage war; **sē gerere** behave

gignō, gignere, genuī, genitum *vt* give birth to, bring forth, bear

glaciēs, -ēī *fem* ice

gladius, -ī *masc* sword

glomerō, -āre, -āvī, -ātum *vt* herd up, assemble

glōria, -ae *fem* glory, renown

gradior, -ī, gressūs *v dep* walk, step, advance

gradus, -ūs *masc* step; tier (of a tiered reader)

Graecia, -ae *fem* Greece

Graecus, -a, -um *adj* Greek

Grajus, -a, -um *adj* Greek

grandis, -e *adj* large, great

grandō, -inis *fem* hail

grātia, -ae *fem* popularity, esteem, favour; thanks (pl.); **exemplī grātiā** for the sake of an example, e.g.

grātor, -ārī, -ātus *v dep* rejoice with (+ dat.)

grātulor, -ārī, -ātus *v dep* congratulate

grātus, -a, -um *adj* pleasing, welcome

gravidus, -a, -um *adj* pregnant; teeming with, abundant in

gravis, -e *adj* heavy, serious

gremium, -ī *neut* lap, bosom

Grȳnēus, -a, -um *adj* belonging to Grynium, Grynian

Grȳnium, -ī *neut* Grynium, a small town in Aeolis, with a temple of Apollo

gubernāculum, -ī *neut* rudder, steering oar of a ship

H

habeō, -ēre, -uī, -itum *vt* have; consider, judge

habitātiō, -ōnis *fem* lodging, residence

habitō, -āre, -āvī, -ātum *vt* inhabit, live in

haereō, -rēre, -sī, -sum *vt* stick, cling to, be stuck

hālitus, -ūs *masc* breath

Hammōn, -ōnis *masc* Ammon, a name attached to Jupiter, derived from Amun-Ra, worshiped by Greeks in Africa in the form of a ram

harēna, -ae *fem* sand

harēnōsus, -a, -um *adj* sandy

harundō, -inis *fem* reed; arrow shaft

hasta, -ae *fem* spear

haud *adv* not, not at all

hauriō, -īre, -sī, -stum *vt* drink up

Hecatē, -ēs *fem* Hecate, goddess of enchantments, often identified with Diana and Luna

Hector, -is *masc* Hector, Troy's greatest hero, son of Priam and Hecuba

Helena, -ae *fem* Helen, wife of Menelaus who was abducted by Paris, sparking the Trojan War

herba, -ae *fem* herb, grass

hērēditās, -ātis *fem* inheritance; **hērēditāte accipere** inherit

hērēs, hērēdis *masc/fem* heir

hērōs, hērōis *masc* hero, demigod

Hesperia, -ae *fem* the western land (Italy)

Hesperidēs, -um *fem* the Hesperides, daughters of Hesperus

Hesperus, -ī *masc* Hesperus, the evening star

hībernus, -a, -um *adj* of winter, wintry

hīc *adv* here

hic, haec, hoc *pron* this, these

hiems, hiemis *fem* winter

hinc *adv* from here

hodiē *adv* today

homō, -inis *masc* human being, person

honor/honōs, honōris *masc* honour, dignity; honorary gift

hōra, -ae *fem* hour, time, season

horrendus, -a, -um *adj* horrible, dreadful, terrible

horreō, -ēre, -uī *vt* dread, shudder at; (hair, beard:) stand on end, bristle

horribilis, -e *adj* awful, horrible, terrible

horridus, -a, -um *adj* bristly, rough; grim, horrible

horrificō, -āre, -āvī, -ātum *vt* cause terror

horrificus, -a, -um *adj* frightening

horror, -ōris *masc* dread, horror; chill

hortus, -ī *masc* garden

hospes, hospitis *masc* host; guest, visitor, stranger

hospitium, -ī *neut* hospitality

hostīlis, -e *adj* hostile, performed by an enemy

hostis, hostis *masc/fem* enemy (of the state)

hūc *adv* here, to this place

hūmānus, -a, -um *adj* human

hūmidus, -a, -um *adj* damp, moist

humilis, -e *adj* low; lowly, humble

humō, -āre, -āvī, -ātum *vt* inter, bury

humus, -ī *fem* the ground

Hymen, -is *masc* Hymen, the god of marriage and weddings

Hymenaeus, -a, -um *adj* belonging to the god Hymen, to do with weddings and the wedding song

Hyrcānus, -a, -um *adj* Hyrcanian, inhabiting the region around the Caspian Sea

I

Ĭarbās, -ae *masc* Iarbas, king of Mauritania in Africa

ĭaspis, ĭaspidis *fem* jasper

ibi *adv* there, in that place

īdem, eadem, idem *pron* the same

ideō *adv* for that reason

igitur *conj* therefore

ignārus, -a, -um *adj* ignorant, unaware of (+ gen.)

igneus, -a, -um *adj* fiery, hot

ignis, -is *masc* fire

ignōbilis, -e *adj* ignoble; of low birth

ignōscō, -scere, -vī, -tum *vt* pardon, forgive (+ dat.)

ignōtus, -a, -um *adj* unknown, strange

īlex, īlicis *fem* holm-oak tree

Īliacus, -a, -um *adj* Trojan

ille, illa, illud *pron* that, those; he, she, it

illīc *adv* in that place, there

illinc *adv* from there

illūc *adv* there, to that place

illūminō, -āre, -āvī, -ātum *vt* illuminate, light up

imāgō, -inis *fem* image, appearance; ghost, phantom

imber, imbris *masc* heavy rain, shower

immānis, -e *adj* enormous, monstrous, frightening

immemor, immemoris *adj* forgetful, heedless (+ gen.)

immineō, -ēre *vi* threaten, overhang (+ dat.)

immisceō, -scēre, -scuī, -xtum *vt* mix in, mingle

immittō, -ittere, -īsī, -issum *vt* send in; let in

immō *adv* on the contrary (negates the previous statement and then offers a correction)

immortālis, -e *adj* immortal

immōtus, -a, -um *adj* immovable, unmoving

impatiēns, impatientis *adj* impatient

impedīmentum, -ī *neut* hindrance, obstacle

impellō, -ellere, -ulī, -ulsum *vt* drive, urge on; strike, overcome

impēnsus, -a, -um *adj* excessive, great

imperium, -ī *neut* command; power to rule; empire

imperō, -āre, -āvī, -ātum *vi* order, command (+ dat.)

impius, -a, -um *adj* wicked, impious

impleō, -ēre, -plēvī, -plētum *vt* fill up

implicō, -āre, -āvī, -ātum *vt* entwine, weave

implōrō, -āre, -āvī, -ātum *vt* beg, ask for help

impōnō, -ōnere, -osuī, -ositum *vt* put on, put in, place

importō, -āre, -āvī, -ātum *vt* bring in, import

imprecor, -ārī, -ātus *v dep* call upon, utter curses

imprimō, -imere, -essī, -essum *vt* press into, imprint

improbus, -a, -um *adj* wicked, impudent

imprūdēns, imprūdentis *adj* foolish, uncautious

impulit *see* **impellō**

īmus, -a, -um *adj* deepest, lowest

in *prep* (+ abl.) in, on; (+acc.) into, onto; against (in a hostile sense)

inānis, -e *adj* empty; vain, useless

incautus, -a, -um *adj* unsuspecting, off one's guard, unprotected

incēdō, -ēdere, -essī, -essum *vt* advance, march along

incendō, -endere, -endī, -ēnsum *vt* set on fire, inflame

inceptum, -ī *neut* undertaking, deed

incertus, -a, -um *adj* uncertain, doubtful

incīdō, -dere, -dī, -sum *vt* cut

incipiō, -ipere, -ēpī, -eptum *vt* begin

incitō, -āre, -āvī, -ātum *vt* enrage, urge on, rouse

incomitātus, -a, -um *adj* unaccompanied

incubō, -āre, -āvī, -ātum *vi* lie in or on, sit upon (+ dat.)

incumbō, -mbere, -buī, -bitum *vt* exert oneself in doing a task, hasten to carry out a task

incurrō, -rrere, -rrī, -rsum *vt* run into

indāgō, -inis *fem* encirclement (in hunting: a ring of huntsmen and nets which trap and funnel the fleeing animals)

indicō, -āre, -āvī, -ātum *vt* point out, show, indicate

indignus, -a, -um *adj* unworthy, undeserving, undeserved

indūcō, -ūcere, -ūxī, -uctum *vt* lead in, bring in

indulgeō, -gēre, -sī, -tum *vi* indulge, lavish gifts (+ dat.)

iners, inertis *adj* helpless, weak, insipid

inest *see* **īnsum**

inexpertus, -a, -um *adj* untried

īnfabricātus, -a, -um *adj* unwrought, unfashioned

īnfandus, -a, -um *adj* unspeakable, abominable, monstrous

īnfāns, -antis *masc/fem* infant, baby

īnfectus, -a, -um *adj* not done, false

īnfēlīx, īnfēlīcis *adj* unfortunate, unlucky, unhappy

īnfēnsus, -a, -um *adj* hostile, enraged

īnferō, īnferre, intulī, inlātum *vt* bring in; advance, move forward

īnferus, -a, -um *adj* below, beneath

īnfīgō, -gere, -xī, -xum *vt* fix, implant, drive in

īnflammō, -āre, -āvī, -ātum *vt* set on fire, inflame

īnflectō, -ctere, -xī, -xum *vt* bend; change

īnfrēnus, -a, -um *adj* not bridled; unrestrained, wild

īnfundō, -undere, -ūdī, -ūsum *vt* pour on

ingeminō, -āre, -āvī, -ātum *vt* redouble; increase in intensity

ingemō, -ere, -uī, -itum *vt* groan, sigh

ingēns, ingentis *adj* huge

ingrātus, -a, -um *adj* ungrateful, thankless

ingredior, -dī, -ssus *v dep* advance, walk; enter; begin a speech

inhiō, -āre, -āvī, -ātum *vt* gape, be open mouthed

inhospitus, -a, -um *adj* inhospitable

inhumātus, -a, -um *adj* unburied

inimīcus, -a, -um *adj* unfriendly, hostile

inimīcus, -ī *masc* enemy

inīquus, -a, -um *adj* unfair, disadvantageous

injūria, -ae *fem* injustice, wrong

injūstus, -a, -um *adj* unjust, wrongful

innectō, -ctere, -xuī, -xum *vt* devise, weave (plots)

innocēns, innocentis *adj* innocent

inops, inopis *adj* weak, helpless; **inops animī** out of one's mind

inquit *vt* he/she says, said

inrīdeō, -dēre, -sī, -sum *vt* laugh at, ridicule

inrumpō, -umpere, -ūpī, -uptum *vt* rush in, burst into

īnsānia, -ae *fem* insanity, madness

īnsāniō, -īre, -īvī, -ītum *vt* be mad, act crazily

īnsānus, -a, -um *adj* mad, raging, insane

īnscius, -a, -um *adj* not knowing, ignorant

īnsequor, -quī, -cūtus *v dep* follow, come after

īnsignis, -e *adj* distinguished, outstanding

īnsistō, -istere, -titī *vt* press on; continue to

īnsomnium, -ī *neut* sleeplessness; nightmare

īnspiciō, -icere, -exī, -ectum *vt* examine, inspect

īnstaurō, -āre, -āvī, -ātum *vt* renew, repeat

īnstimulō, -āre, -āvī, -ātum *vt* goad on, urge

īnstō, -tāre, -titī *vt* press on, approach, be about to happen

īnstrūmentum, -ī *neut* tool, equipment

īnsula, -ae *fem* island

īnsum, inesse, īnfuī *vt* be in

īnsuperābilis, -e *adj* unconquerable

intellegō, -egere, -ēxī, -ēctum *vt* understand; realize

intendō, -dere, -dī, -tum *vt* stretch out, spread something over

intentē *adv* attentively, intently

intentus, -a, -um *adj* attentive

inter *prep* between, among (+ acc.); **inter sē** each other, mutually

intereā *adv* meanwhile

interfundō, -undere, -ūdī, -ūsum *vt* spread over, stain

interior, -ōris *masc* inner, interior

interpres, interpretis *masc/fem* an agent between two parties; (Mercury) messenger; (Juno) arranger of weddings

interrumpō, -umpere, -ūpī, -uptum *vt* cut short, interrupt

intrō, -āre, -āvī, -ātum *vt* enter

inultus, -a, -um *adj* unavenged

invādō, -dere, -sī, -sum *vt* enter, invade; start speaking harshly

inveniō, -enīre, -ēnī, -entum *vt* discover, find

invictus, -a, -um *adj* invincible, unconquered

invideō, -idēre, -īdī, -īsum *vt* envy, be jealous of; begrudge

invidia, -ae *fem* envy, jealousy, hatred

invīsō, -īsere, -īsī, -īsum *vt* visit

invīsus, -a, -um *adj* hated, detested

invītō, -āre, -āvī, -ātum *vt* invite

invītus, -a, -um *adj* unwilling, against one's will

invius, -a, -um *adj* pathless

invocō, -āre, -āvī, -ātum *vt* call upon, invoke

ipse, ipsa, ipsum *pron* himself, herself, itself (emphatic)

īra, -ae *fem* anger

īrātus, -a, -um *adj* angry, enraged

Īris, -is *fem* Iris, the goddess of the rainbow

irrigō, -āre, -āvī, -ātum *vt* water, wet, moisten

is, ea, id *pron* he, she, it; that, this

iste, ista, istud *pron* that (thing close to you), that over there

ita *adv* thus, so; in such a way

Ītalia, -ae *fem* Italy

Ītalicus, -a, -um *adj* of Italy, Italian

itaque *adv* and so

item *adv* likewise

iter, itineris *neut* journey

iterum *adv* again

Ĭūlus, -ī *masc* Iulus (also known as Ascanius), son of Aeneas

J

jaceō, -ēre, -uī, -itum *vi* lie down

jaciō, -ere, jēcī, jactum *vt* throw, hurl, cast

jactō, -āre, -āvī, -ātum *vt* throw about, toss

jam *adv* now, already; **nōn jam** no longer; **jam jam** right at this moment (in the very imminent future)

jamdūdum *adv* long ago

jānua, -ae *fem* door

jēcissem *see* **jaciō**

jēcistī *see* **jaciō**

jubar, -is *neut* sunlight, rays of the sun

jubeō, -ēre, jussī, jussum *vt* order, command

jūdex, jūdicis *masc* judge

jūdicium, -ī *neut* trial, legal action; court

jūdicō, -āre, -āvī, -ātum *vt* judge, give judgment

jugālis, -e *adj* yoked together; matrimonial, to do with marriage

jugum, -ī *neut* ridge (of a mountain)

jungō, -ere, jūnxī, jūnctum *vt* join, connect

Jūnō, -ōnis *fem* Juno, goddess of marriage, queen of heaven, wife of Jupiter

Juppiter, Jovis *masc* Jupiter, king of the gods, known for hurling thunderbolts, husband of Juno

jūrō, -āre, -āvī, -ātum *vt* swear (an oath)

jūs, jūris *neut* law, duty

jusserat *see* **jubeō**

jussit *see* **jubeō**

jussum, -ī *neut* order, command

jūstus, -a, -um *adj* just, fair, right
juvenis, -e *adj* youthful, young
juvenis, -is *masc/fem* young man, young woman
juventa, -ae *fem* youth
juventūs, -ūtis *fem* group of young people, youths
juvō, -āre, jūvī, jūtum *vt* help; please, delight; (impersonal) **juvat** it is delightful to, it is helpful to
jūxtā *prep* close to, next to (+ acc.)

K

Karthāgō, -inis *fem* Carthage, city in northern Africa

L

labefaciō, -acere, -ēcī, -actum *vt* make unsteady, totter
labō, -āre, -āvī, -ātum *vt* totter, waver, be ready to fall
labor, -ī, lāpsus *v dep* slip and fall; glide
labor, -ōris *masc* labour, hardship; work, task
labōrō, -āre, -āvī, -ātum *vt* work, toil; be in distress
lac, lactis *neut* milk; milky juice of plants
lacrima, -ae *fem* tear
lacrimō, -āre, -āvī, -ātum *vt* shed tears, weep
lacus, -ūs *masc* lake
laena, -ae *fem* woolen double cloak
laetē *adv* happily
laetitia, -ae *fem* happiness
laetus, -a, -um *adj* happy
lāmella, -ae *fem* small plate of metal; credit card (Neo-Latin)
lāmenta, -ōrum *neut* weeping, wailing, laments
lāmentātiō, -ōnis *fem* lamentation, wailing
lāmentor, -ārī, -ātus *v dep* lament, utter cries of grief

lampas, lampadis *fem* lamp, lantern
lāna, -ae *fem* wool
Lāomedōn, -ontis *masc* Laomedon, father of Priam and Ganymede, king of Troy
lapis, lapidis *masc* stone; jewel
lāpsus, -ūs *masc* falling, setting
lātē *adv* widely, far and wide
lateō, -ēre, -uī *vt* lie hidden, lurk
latex, laticis *masc* liquid
Latium, -ī *neut* Latium (modern Lazio), region in Italy containing Rome
latus, -a, -um *adj* wide, broad
latus, lateris *neut* side, flank
laudō, -āre, -āvī, -ātum *vt* praise
laus, laudis *fem* praise, glory, renown
Lāvīnium, -ī *neut* Lavinium, a city of Latium near the coast, founded by Aeneas (after the end of the Aeneid) in honour of his wife Lavinia
Lāvīnius, -a, -um *adj* belonging to Lavnium, Lavinian
lēctus, -ī *masc* bed, couch
lēgifer, lēgifera, lēgiferum *adj* law-giving
lēgō, -āre, -āvī, -ātum *vt* bequeath, entrust in a will
legō, -ere, lēgī, lēctum *vt* read; choose, pick out
Lēnaeus, -a, -um *adj* to do with Bacchus; **Lēnaeus honor** a wine offering
lēniō, -īre, -īvī, -ītum *vt* calm, mitigate, soothe
lentē *adv* slowly
leō, -ōnis *masc* lion
lepus, leporis *masc* hare
lētālis, -e *adj* deadly, fatal, lethal
lētum, -ī *neut* death
levis, -e *adj* light (in weight)
leviter *adv* lightly, gently
levō, -āre, -āvī, -ātum *vt* lift, raise; lighten, relieve, support
lēx, lēgis *fem* law
liber, librī *masc* book
līberō, -āre, -āvī, -ātum *vt* free, liberate

lībō, -āre, -āvī, -ātum *vt* pour a
  drink offering
lībra, -ae *fem* set of scales, weight
  measuring device
Libya, -ae *fem* Libya, region in
  north Africa
Libycus, -a, -um *adj* Libyan
licet, -ēre, -uit, -itum *v impers* it is
  permitted, one may
ligneus, -a, -um *adj* wooden
lignum, -ī *neut* wood, timber
ligō, -āre, -āvī, -ātum *vt* bind, tie
limbus, -ī *masc* decorative border
līmen, -inis *neut* threshold, entrance
līnea, -ae *fem* string
lingua, -ae *fem* tongue
linquō, -ere, līquī, lictum *vt*
  leave behind
liquidus, -a, -um *adj* liquid
liquor, -ōris *masc* fluid, liquid
litō, -āre, -āvī, -ātum *vt* make
  a sacrifice
lītus, lītoris *neut* shore, coast
locō, -āre, -āvī, -ātum *vt* place, put
locus, -ī *masc* place; **loca** (neut. pl.)
  territory, region
longē *adv* far, by far; **longē errāre**
  make a big mistake
longus, -a, -um *adj* long
loquor, -quī, -cūtus *v dep* speak
lūceō, -ēre, lūxī *vt* shine, be bright
lūcēscō, -ere, luxī *vi* begin to
  shine, dawn
luctor, -ārī, -ātus *v dep*
  struggle, strive
lūdō, -dere, -sī, -sum *vt* play
lūmen, -inis *neut* light; (pl.) eyes
lūminō, -āre, -āvī, -ātum *vt*
  illuminate, light up
lūna, -ae *fem* moon
lupus, -ī *masc* wolf
lūstrō, -āre, -āvī, -ātum
  vt illuminate; purify;
  traverse, move over
lustrum, -ī *neut* haunt of wild beasts
lutum, -ī *neut* mud
lūx, lūcis *fem* light
luxuriōsus, -a, -um *adj* luxurious,
  self-indulgent

luxus, -ūs *masc* luxury,
  indulgent living
Lyaeus, -ī *masc* Lyaeus, the
  relaxer (name for Bacchus, the
  god of wine)
Lycia, -ae *fem* Lycia, a region
  of Asia Minor, which had an
  oracle of Apollo
Lycius, -a, -um *adj* Lycian; **Lyciae
  sortēs** the oracle of Apollo at
  Patara, in Lycia
lympha, -ae *fem* water

M

māchina, -ae *fem* machine; scaffold
  for building, crane
mactō, -āre, -āvī, -ātum *vt*
  sacrifice, slaughter
macula, -ae *fem* spot, stain
madeō, -ēre, -uī *vt* be wet,
  be dripping
madēscō, -ēscere, -uī *vt* become
  wet, become moist
Maeonius, -a, -um *adj* belonging
  to Maeonia, a region in Lydia,
  Asia Minor
maereō, -ēre *vt* grieve, be
  sad, mourn
maestus, -a, -um *adj* mournful, sad
magicus, -a, -um *adj* magic, magical
magis *adv* more, to a greater extent
magister, magistrī *masc* teacher;
  captain of a ship
magnus, -a, -um *adj* big,
  great (comparative **major**,
  superlative **maximus**)
major, -ōris *masc* (comparative of
  magnus) bigger, greater
male *adv* badly, wrongly
maledīcō, -īcere, -īxī, -ictum *vt*
  speak ill of, slander; curse
maledictum, -ī *neut* insult,
  reproach, taunt
maleficium, -ī *neut* evil deed,
  crime, offence
mālō, mālle, māluī *vt* prefer
malum, -ī *neut* evil
mālum, -ī *neut* apple, fruit

malus, -a, -um *adj* bad, evil

mandātum, -ī *neut* order, command

mandō, -āre, -āvī, -ātum *vt* entrust; order, command

mandō, -ere, mandī, mānsum *vt* chew on, champ

maneō, -ēre, mānsī, mānsum *vt* remain, stay, wait

mānēs, -ium *masc* ghosts of dead

manifēstus, -a, -um *adj* plain, clear

mānsuētus, -a, -um *adj* tame

manus, -ūs *fem* hand; handful of people, band, group

mare, maris *neut* sea

marītus, -ī *masc* husband; suitor

marmor, -is *neut* marble

marmoreus, -a, -um *adj* made of marble

Massȳlus, -a, -um *adj* Massylian, belonging to the Massyli people in Africa

māter, mātris *fem* mother

māteria, -ae *fem* material

māternus, -a, -um *adj* motherly, of a mother

mātrimōnium, -ī *neut* marriage

mātūrus, -a, -um *adj* ripe, mature

Maurūsius, -a, -um *adj* Mauritanian, belonging to the Mauritanian people in Africa

maximus, -a, -um *adj* greatest, biggest, very big

meditor, -ārī, -ātus *v dep* consider, contemplate, reflect on

medium, -ī *neut* middle

medius, -a, -um *adj* middle, the middle of

medulla, -ae *fem* marrow

mel, mellis *neut* honey

melior, melior, melius *adj* better (comparative of **bonus**)

membrāna, -ae *fem* membrane

membrum, -ī *neut* limb

meminī, -isse *v perf def* remember (the perfect tense of this defective verb has present force)

memor, memoris *adj* remembering, mindful of (+ gen.)

memorābilis, -e *adj* memorable; remarkable

memorō, -āre, -āvī, -ātum *vt* mention, speak of

Menelāus, -ī *masc* Menelaus, brother of Agamemnon and husband of Helen

mēns, mentis *fem* mind; intention, plan

mēnsa, -ae *fem* table

mēnsis, -is *masc* month

mentum, -ī *neut* chin

Mercurius, -ī *masc* Mercury, the messenger god

mereō, -ēre, -uī, -itum *vt* earn, deserve, merit

mergō, -gere, -sī, -sum *vt* plunge, sink, overwhelm

meritus, -a, -um *adj* deserved

metallum, -ī *neut* metal

metō, -tere, -ssuī, -ssum *vt* reap, cut off

metuō, -uere, -uī *vt* fear, be afraid of

metus, -ūs *masc* fear, dread

meus, -a, -um *adj* my

migrō, -āre, -āvī, -ātum *vt* move, go away

mīles, mīlitis *masc* soldier

mīlitō, -āre, -āvī, -ātum *vi* serve as soldier, perform military service

mīlle, (pl.) **mīlia** *neut* thousand

minae, -ārum *fem* threats; pinnacles

minimē *adv* not at all

minimus, -a, -um *adj* smallest (superlative of **parvus**)

minor, -ārī, -ātus *v dep* threaten

minor, minor, minus *adj* smaller (comparative of **parvus**)

mīrābilis, -e *adj* wonderful, marvelous, extraordinary

mīror, -ārī, -ātus *v dep* be amazed, wonder, marvel at

mīrus, -a, -um *adj* extraordinary, remarkable

misceō, -scēre, -scuī, -xtum *vt* mix, mingle

miser, misera, miserum *adj* miserable, wretched, unfortunate

misereor, -ērī, -itus *v dep* pity, have mercy on (+ gen.)

miseror, -ārī, -ātus *v dep* pity, feel
sorry for (+ acc.)

mīsit *see* **mittō**

missus *see* **mittō**

mitra, -ae *fem* an oriental head-
dress, turban

mittō, -ere, mīsī, missum *vt* send;
shoot (an arrow)

Mnēstheus, -ī *masc*
Mnestheus, a Trojan

mōbilitās, -ātis *fem*
mobility, swiftness

moderātiō, -ōnis *fem* moderation,
self control

modestus, -a, -um *adj* restrained,
moderate, virtuous

modo *adv* only, just; just
now, recently

modus, -ī *masc* way, method;
measure, moderation, limit

moenia, -um *neut* fortifications,
defensive walls

mola, -ae *fem* salted meal (coarsely
ground grain) for sacrifices

mōlior, -īrī, -ītus *v dep* strive, labour
at, work hard

mollis, -e *adj* soft; gentle, easy

molliter *adv* softly, gently

molō, -ere, -uī, -itum *vt* grind

moneō, -ēre, -uī, -itum *vt*
warn, advise

monimentum, -ī *neut*
reminder, memento

monitus, -ūs *masc*
warning, command

mōns, montis *masc* mountain

mōnstrō, -āre, -āvī, -ātum *vt* show,
reveal; advise

mōnstrum, -ī *neut* monster

mōnstruōsus, -a, -um *adj* strange,
monstrous, ill-omened

mora, -ae *fem* delay

morbus, -ī *masc* sickness, disease

moribundus, -a, -um *adj* dying

morior, morī, mortuus *v dep* die

moror, -ārī, -ātus *v dep* delay, linger

mors, mortis *fem* death

mortālis, -e *adj* mortal

mortuus, -a, -um *adj* dead

mōs, mōris *masc* custom, manner

mōtus, -ūs *masc* movement, motion

moveō, -ēre, mōvī, mōtum *vt*
move, agitate, disturb

mox *adv* soon

mūgiō, -īre, -īvī, -ītum *vt* bellow,
make a loud deep noise

mulier, -is *fem* woman

multiplex, multiplicis *adj*
numerous; changeable;
having many layers, full of
twists and turns

multiplicō, -āre, -āvī, -ātum *vt*
multiply, increase in number

multitūdō, -inis *fem*
multitude, crowd

multum *adv* much, greatly

multus, -a, -um *adj* many, much

mundus, -ī *masc* world

mūnītiō, -ōnis *fem* fortification

mūnus, mūneris *neut* service, duty;
gift, offering

mūrex, mūricis *masc* purple dye
(from the murex shellfish), purple

murmur, -is *neut* murmur; rumble

murmurō, -āre, -āvī, -ātum *vt*
murmur; rumble, roar

mūrus, -ī *masc* wall

mūtābilis, -e *adj* changeable,
inconstant

mūtō, -āre, -āvī, -ātum *vt*
change, alter

Mycēnae, -ārum *fem* Mycenae,
a very powerful city in Greece
during the heroic age, home
of Agamemnon

mysticus, -a, -um *adj* belonging to
secret rites, mysterious

N

nam *conj* for

namque *conj* for and in fact
(strengthened nam)

nāre *see* **nō**

nārrō, -āre, -āvī, -ātum *vt*
tell, recount

nāscor, -ī, nātus *v dep* be born

nat *see* **nō**

nātiō, -ōnis *fem* nation, people

natō, -āre, -āvī, -ātum *vt* swim; float

nātūrālis, -e *adj* natural

nātus, -ī *masc* son, child

nauta, -ae *masc* sailor

nāvālia, -um *neut* dockyard, place where ships are built and repaired

nāvigō, -āre, -āvī, -ātum *vt* sail

nāvis, -is *fem* ship

-ne *enclitic* question word (attached to end of first word in question)

nē *conj* that not, lest; **nē... quidem** not even

nec *conj* nor, and not; **nec... nec** neither... nor

necdum *conj* and not yet

necesse *adj* necessary

nectō, -ere, nexuī, nexum *vt* tie, bind

nefandus, -a, -um *adj* impious, wicked; abominable

nefās *neut* (indeclinable) violation of divine law, impious act

neglegō, -egere, -ēxī, -ēctum *vt* disregard, neglect, ignore

negō, -āre, -āvī, -ātum *vt* deny, refuse; say ... not

nēmō, -inis *masc/fem* no one, nobody

nemus, nemoris *neut* a wood with open glades and meadows, grove

nepōs, nepōtis *masc/fem* grandson

Neptūnus, -ī *masc* Neptune, god of the sea

neque *conj* nor, and not; **neque... neque** neither... nor

nēquīquam *adv* in vain

nesciō, -īre, -īvī, -ītum *vt* not know

nescius, -a, -um *adj* unaware, not knowing, ignorant

nēve *adv* and not, nor (introduces a negative clause containing a purpose, command, or prohibition)

Nīcolāus, -ī *masc* Nicholas (saint), Santa

niger, nigra, nigrum *adj* black, shiny-black

nigrāns, nigrantis *adj* black, dark colored, shadowy, murky

nigrēscō, -ēscere, -uī *vt* become black, grow dark

nihil *neut* nothing

nimbus, -ī *masc* storm cloud

nimium *adv* too, too much

nisi *conj* if not; except, unless

niteō, -ēre, -uī *vt* shine, glitter, look bright

niveus, -a, -um *adj* snowy, covered with snow; white

nix, nivis *fem* snow

nō, nāre, nāvī *vt* swim, float

nōbilis, -e *adj* noble, well born

nocturnālis, -e *adj* nocturnal

nocturnus, -a, -um *adj* nocturnal, at night, in the night

nōdō, -āre, -āvī, -ātum *vt* tie in a knot

nōdus, -ī *masc* knot; (hair) bun

nōlō, nōlle, nōluī *vt* be unwilling, not want, refuse to

Nomadēs, -um *masc* nomads, certain wandering pastoral tribes e.g. Numidians

nōmen, -inis *neut* name

nōmine *adv* by name, called

nōminō, -āre, -āvī, -ātum *vt* name, call

nōn *adv* not, no; **nōn sōlum... sed etiam** not only... but also

nōndum *adv* not yet

nōnne *adv* surely...? is it not true that...? (introduces a 'yes/no' question with an expected answer 'yes')

nōnnumquam *adv* sometimes

nōs, (acc.) nōs, (gen.) nostrum, (dat.) nōbīs, (abl.) nōbīs *pron* we, us

nōscō, -scere, -vī, -tum *vt* get to know, learn, find out

noster, nostra, nostrum *adj* our

nōtus, -a, -um *adj* well known, famous

November, Novembris *adj* November

novissimus, -a, -um *adj* last, final

novō, -āre, -āvī, -ātum *vt* make new, renovate; **rēs novāre**

make a revolution, overthrow the
existing order

novus, -a, -um *adj* new

nox, noctis *fem* night

nūbēs, nūbis *fem* cloud

nūbila, -ōrum *neut* clouds

nūllus, -a, -um *adj* no, not any

num *adv* surely... not? is it really the
case that...? (introduces a 'yes/no'
question with an expected answer
'no'); whether

nūmen, -inis *neut* divinity, divine
will, divine power

numerō, -āre, -āvī, -ātum *vt* count

Numidae, -ārum *masc* the
Numidians, a people of
northern Africa

numquam *adv* never

nunc *adv* now

nūntia, -ae *fem* female messenger

nūntiō, -āre, -āvī, -ātum *vt*
announce, report

nūntius, -ī *masc* messenger; message

nūptiae, -ārum *fem*
wedding, marriage

nūptiālis, -e *adj* to do with a wedding
or marriage

nusquam *adv* nowhere

nūtriō, -īre, -īvī, -ītum *vt*
nourish, feed

nūtrīx, nūtrīcis *fem* nurse

nympha, -ae *fem* nymph

O

ob *prep* on account of (+ acc.); **quam
ob rem** because of this

obiciō, -icere, -jēcī, -jectum *vt*
throw before, cast

obitus, -ūs *masc* death

obmūtēscō, -ēscere, -uī *vt* lose
one's speech, become silent

obnīxus, -a, -um *adj* struggling, with
great effort; resolute, firm

oborior, -īrī, -tus *v dep*
arise, spring up

obscēnus, -a, -um *adj* foul, ill-
omened, polluted

obscūrus, -a, -um *adj* dim,
dark, shadowy

obstō, -āre, -itī *vt* oppose, hinder,
stand in the way of (+ dat.)

obstruō, -uere, -ūxī, -ūctum *vt*
block up, barricade

obtulit *see* **offerō**

occāsiō, -ōnis *fem*
opportunity; occasion

occidēns, -entis *masc* the west

occidentālis, -e *adj* western

occīdō, -dere, -dī, -sum *vt* kill, slay

occidō, -idere, -idī, -āsum *vi* fall;
sol occidit the sun sets

occultus, -a, -um *adj* hidden, secret

occupō, -āre, -āvī, -ātum *vt*
seize, occupy

Ōceanus, -ī *masc* Ocean (the great
sea which encircles all lands)

ōcius *adv* swifter, more speedily

oculus, -ī *masc* eye

odī, -isse *v perf def* hate (the perfect
tense of this defective verb has
present force)

odiōsus, -a, -um *adj* arousing hatred
in other people, offensive

odium, -ī *neut* hate

odor, -ōris *masc* scent,
odour; perfume

odōrus, -a, -um *adj* fragrant; good at
smelling, keen-scented

offerō, offerre, obtulī, oblātum *vt*
offer, present; **sē offerre** show
oneself, appear

olfaciō, -acere, -ēcī, -actum *vt*
smell, detect odour

ōlim *adv* once, once upon a time; in
the future

ollus, -a, -um *adj* that, those (archaic
form of **ille, illa, illud**)

Olympus, -ī *masc* Mount Olympus,
regarded as the dwelling place
of the gods

ōmen, -inis *neut* omen, sign
from the gods

omnīnō *adv* entirely, completely

omnipotēns *adj* all-powerful,
omnipotent

omnis, -e *adj* each, every; all

onerō, -āre, -āvī, -ātum *vt*
load, burden

opācus, -a, -um *adj* dark, shady

operiō, -īre, -uī, -tum *vt* cover

opēs, -um *fem* resources, wealth

oppugnō, -āre, -āvī, -ātum *vt* attack

optātus, -a, -um *adj* desired,
wished for

optimus, -a, -um *adj* best, excellent
(superlative of **bonus**)

optō, -āre, -āvī, -ātum *vt*
wish, desire

opus, operis *neut* work, task

ōra, -ae *fem* shore, coast

ōrāculum, -ī *neut* oracle, prophecy

ōrātiō, -ōnis *fem* speech

orbis, -is *masc* sphere; **orbis
terrarum** the world, globe

Orcus, -ī *masc* the underworld

Orestēs, -is *masc* Orestes (son of
Agamennon and Clytaemnestra)

orgia, -ōrum *neut* secret rites of
Bacchus, mysteries

Orīōn, -onis *masc* the constellation
Orion, whose rising and setting
are attended by storms

orior, -īrī, -tus *v dep* rise

ornus, -ī *fem* ash-tree

ōrō, -āre, -āvī, -ātum *vt* beg, ask
for, pray; beseech, plead, entreat;
worship, adore

ortus, -ūs *masc* rising; dawn

ōs, ōris *neut* mouth; speech; face

os, ossis *neut* bone

ostendō, -endere, -endī,
-ēnsum *vt* show

ostentō, -āre, -āvī, -ātum *vt*
show, point out

ostrum, -ī *neut* purple dye, purple
(from the murex shellfish)

ōtium, -ī *neut* leisure, spare time

ovis, -is *fem* sheep

ovō, -āre, -āvī, -ātum *vt* rejoice

ōvum, -ī *neut* egg

P

pactum, -ī *neut* bargain, agreement

pactus, -a, -um *adj* agreed
upon, appointed

pallēns, pallentis *adj* pale

pallidus, -a, -um *adj* pale

pallium, -ī *neut* cloak

pallor, -ōris *masc* pale
colour, paleness

papae *interj* wow! cool! (an
exclamation of wonder and joy)

papāver, -is *neut* poppy; poppy-seed

pār, paris *adj* equal

parātus, -a, -um *adj* prepared, ready

parēns, -entis *masc/fem* parent

pāreō, -ēre, -uī, -itum *vi*
obey (+ dat.)

Paris, Paridis *masc* Paris, a Trojan
prince, the son of Priam and
Hecuba, who abducted Helen and
caused the Trojan War

pariter *adv* equally

parō, -āre, -āvī, -ātum *vt* prepare

pars, partis *fem* part

parvulus, -a, -um *adj* very small,
very young

parvus, -a, -um *adj* small
(comparative **minor**,
superlative **minimus**)

passim *adv* here and there;
everywhere

pāstor, -ōris *masc*
shepherd, herdsman

pateō, -ēre, -uī *vt* be open, extend

pater, patris *masc* father

patera, -ae *fem* small bowl, saucer

patior, -tī, -ssus *v dep* suffer,
endure; allow, permit

patria, -ae *fem* homeland,
one's country

patrius, -a, -um *adj* father's,
paternal, ancestral

paucī, -ae, -a *adj* few

paulisper *adv* for a short time

paulum *adv* a little; for a short time

pauper, paupera, pauperum *adj* poor

pāx, pācis *fem* peace

pectus, pectoris *neut* chest, heart; seat of emotions, mind

pecūnia, -ae *fem* money

pecus, pecoris *neut* cattle, herd, flock

pecus, pecudis *fem* sheep; animal

pejor, pejor, pejus *adj* worse (comparative of **malus**)

pelagus, -ī *neut* sea

pellis, -is *fem* skin, hide, pelt

pellō, -ere, pepulī, pulsum *vt* drive out, push

Penātēs, -ium *masc* the Penates, household gods (old Latin guardian deities of the household and state, which Aeneas is said to have brought to Italy from Troy)

pendeō, -ēre, pependī *vt* hang; **pendere ab ore** hang on every word, listen attentively

penetrālis, -e *adj* inner, innermost

penna, -ae *fem* feather, wing

Pentheus, -ī *masc* Pentheus, king of Thebes who treated the rites of Bacchus with contempt and was torn into pieces by his mother and her sisters under the influence of the god

pepulit *see* **pellō**

per *prep* through; throughout, during (+ acc.)

peragō, -agere, -ēgī, -āctum *vt* finish, carry through to the end, complete

peragrō, -āre, -āvī, -ātum *vt* travel over every part of

percurrō, -rrere, -rrī, -rsum *vt* quickly move over; review, skim over

percutiō, -tere, -ssī, -ssum *vt* beat, strike

perdō, -ere, -idī, -itum *vt* ruin, destroy; lose; **tempus perdere** waste time

pereō, -īre, -iī, -itum *vt* die, perish

pererrō, -āre, -āvī, -ātum *vt* wander through, roam over

perferō, -ferre, -tulī, -lātum *vt* bear, endure

perficiō, -icere, -ēcī, -ectum *vt* complete, finish; accomplish

perfidus, -a, -um *adj* faithless, treacherous, traitor

perfundō, -undere, -ūdī, -ūsum *vt* pour over, wet

Pergamum, -ī *neut* Pergamon, the citadel of Troy (also plural **Pergama, -ōrum**)

pergō, pergere, perrēxī, perrēctum *vt* go on, proceed, continue

perhibeō, -ēre, -uī, -itum *vt* present, bestow; **ut perhibent** as they say

perīculōsus, -a, -um *adj* dangerous

perīculum, -ī *neut* danger

perjūrium, -ī *neut* false oath, perjury

permaneō, -ēre, -mānsī, -mānsum *vt* remain

permittō, -ittere, -īsī, -issum *vt* permit, allow; entrust

pernīx, pernīcis *adj* nimble, agile, swift

perpetuus, -a, -um *adj* continuous, everlasting

persentiō, -entīre, -ēnsī, -ēnsum *vt* perceive plainly

persuādeō, -dēre, -sī, -sum *vt* persuade, convince (+ dat.)

pertaedet, -ēre, -uit, -sum *v impers* it wearies (impersonal: **mē pertaedet** I am weary of, can't stand to do it anymore)

perturbō, -āre, -āvī, -ātum *vt* disturb, trouble

perveniō, -enīre, -ēnī, -entum *vt* come to, reach, arrive at

pēs, pedis *masc* foot

pessimus, -a, -um *adj* worst

pestis, -is *fem* plague, pestilence; curse, bane

petō, -ere, -īvī, -ītum *vt* seek, make

for; ask; attack

pharetra, -ae *fem* quiver

philosophus, -ī *masc* philosopher

Phoebēus, -a, -um *adj* belonging to Apollo, the god of the sun

Phoebus, -ī *masc* Phoebus, poetical name for Apollo, the god of the sun

Phoenīcia, -ae *fem* Phoenicia, homeland of Dido

Phoenissus, -a, -um *adj* Phoenician

Phrygius, -a, -um *adj* Phyrgian, from Phrygia, a region of Asia Minor

piāculum, -ī *neut* expiatory offering, animal to be sacrificed for atonement

pictūra, -ae *fem* painting, picture

pictus, -a, -um *adj* painted; decorated, embroidered in colour (perfect passive participle of **pingō**)

pietās, -ātis *fem* sense of duty, piety

piget, -ēre, -uit *v impers* it pains, disgusts; **mē piget** I am ashamed

pilleus, -ī *masc* cap; caul (piece of afterbirth stuck to the head)

pīneus, -a, -um *adj* of pine-wood

pingō, -ere, pīnxī, pictum *vt* paint; decorate, embroider with colour

pinguis, -e *adj* fat; rich

pīnifer, pīnifera, pīniferum *adj* covered with pine trees

pīnus, -ī *fem* pine tree, fir tree

piscis, -is *masc* fish

piscōsus, -a, -um *adj* teeming with fish

pius, -a, -um *adj* pious, devoted

placet, -ēre, -itum *v impers* it is pleasing; it is settled; **mihi placet** I like; I decide

placidus, -a, -um *adj* calm, peaceful

placitus, -a, -um *adj* pleasing

plāga, -ae *fem* trap, snare

plānē *adv* clearly, plainly

plangor, -ōris *masc* outcry, shriek

planta, -ae *fem* sole (of foot)

plēnus, -a, -um *adj* full, full of (+

gen. or abl.)

plūma, -ae *fem* feather

plūrālis, -e *adj* plural

plūrimus, -a, -um *adj* most, very many

plūs, (pl.) **plūrēs** *adj* more (comparative of **multus**)

pluvia, -ae *fem* rain, shower

pluvius, -a, -um *adj* to do with rain

pōculum, -ī *neut* cup

poena, -ae *fem* punishment; **poenās dare** pay the penalty

Poenī, -ōrum *masc* the Phoenicians, Carthaginians

poēta, -ae *masc* poet

polus, -ī *masc* pole; heaven, sky, celestial vault

pondus, ponderis *neut* weight

pōnō, -ere, posuī, positum *vt* put, place

populō, -āre, -āvī, -ātum *vt* plunder, despoil

populus, -ī *masc* people, nation

porta, -ae *fem* gate

portō, -āre, -āvī, -ātum *vt* carry, bring

portus, -ūs *masc* port, harbor

poscō, -ere, poposcī *vt* ask, demand

possideō, -idēre, -ēdī, -essum *vt* be master of, possess

possum, posse, potuī *vt* be able, can (imperfect **poteram**)

post *prep* behind, after (+ acc.)

posteā *adv* afterwards

posterus, -a, -um *adj* coming after, following, further back

postquam *conj* after

postrēmus, -a, -um *adj* last; furthest back

potēns, potentis *adj* powerful, strong

potentia, -ae *fem* force, power

poterat *see* **possum**

potest *see* **possum**

potestās, -ātis *fem* power

potior, -īrī, -ītus *v dep* possess, be master of (+ gen. or abl.)

potius *adv* rather, more, preferably

potuī *see* **possum**

praeceps, praecipitis *adj* head

first, headlong; steep, precipitous; **sociōsque fatīgat praecipitīs** 'and he gives his men no peace till they come tumbling up' (Austin)

praecipitō, -āre, -āvī, -ātum *vt* throw headlong; hasten, hurry

praeclārus, -a, -um *adj* famous, illustrious, distinguished

praeda, -ae *fem* plunder, loot

praedīcō, -īcere, -īxī, -ictum *vt* say beforehand; predict, foretell

praedictum, -ī *neut* prediction

praemium, -ī *neut* gift, reward, prize

praeripiō, -ipere, -ipuī, -eptum *vt* snatch away (before another can), seize first

praesentiō, -entīre, -ēnsī, -ēnsum *vt* feel or perceive beforehand

praetegō, -gere, -xī, -ctum *vt* cover over

praetendō, -dere, -dī, -tum *vt* hold something out as an excuse, pretend

praeter *prep* besides (+ acc.)

praetereā *adv* besides

praetereō, -īre, -iī, -itum *vt* pass, overtake

praeteritus, -a, -um *adj* past

praetexō, -ere, -uī, -tum *vt* weave in front; conceal, disguise

praevideō, -ēre, -vīdī, -vīsum *vt* foresee, see in advance

prāvus, -a, -um *adj* perverse, corrupt, evil

precor, -ārī, -ātus *v dep* beg, pray, beseech

premō, -mere, -ssī, -ssum *vt* press; oppress; **lūmen premere** dim the light

pretiōsus, -a, -um *adj* expensive, precious

pretium, -ī *neut* price, payment

prex, precis *fem* prayer, request

Priamus, -ī *masc* Priam, king of Troy during the Trojan War

prīmō *adv* at first, firstly

prīmum *adv* at first, firstly

prīmus, -a, -um *adj* first; **prīmī** (pl.) chiefs, nobles

prīnceps, prīncipis *masc* chief, leading member, prince

prīncipium, -ī *neut* beginning; **principiō** firstly

prior, prior, prius *adj* earlier, prior, former

prius *adv* before, first; rather

priusquam *conj* before

prō *prep* on behalf of, for; in place of; about (+ abl.); **prō Juppiter** (an angry oath) by God!

probō, -āre, -āvī, -ātum *vt* approve of

probus, -a, -um *adj* good, honest

prōcēdō, -ēdere, -essī, -essum *vt* proceed, advance

procul *adv* at distance, far off

procus, -ī *masc* suitor

prōdō, -ere, -idī, -itum *vt* produce; betray

prōdūcō, -ūcere, -ūxī, -uctum *vt* bring forth

proelium, -ī *neut* battle

profor, -ārī, -ātus *v dep* speak out

profundus, -a, -um *adj* deep, profound

prōgignō, -ere, -uī, -itum *vt* beget, produce

prōgredior, -dī, -ssus *v dep* go, come forth

prohibeō, -ēre, -uī, -itum *vt* hinder, prevent; forbid

prōlēs, prōlis *fem* offspring, descendant

prōmereō, -ēre, -uī, -itum *vt* deserve well of, merit

prōmittō, -ittere, -īsī, -issum *vt* promise

prōnuba, -ae *fem* woman who attended to the necessary arrangements of a wedding on the part of the bride (an epithet of Juno, goddess who arranges marriages)

prope *prep* near (+ acc.)

prōpellō, -ellere, -ulī, -ulsum *vt* drive forward, push forward

properō, -āre, -āvī, -ātum *vt* hurry, hasten (to do something);

move quickly

prophēta, -ae *masc* prophet

proprius, -a, -um *adj* one's own, set aside as belonging particularly to someone

propter *prep* because of, on account of (+ acc.)

prōpugnāculum, -ī *neut* bulwark, rampart, defensive structures

Prōserpina, -ae *fem* Proserpine (Persephone), wife of Pluto and queen of the underworld

prōspiciō, -icere, -exī, -ectum *vt* look out

prōtinus *adv* straight away, immediately

prōveniō, -enīre, -ēnī, -entum *vt* come forth, come into being

pūbēns, pūbentis *adj* full of sap, in full vigour

pūblicē *adv* publicly

pudor, -ōris *masc* honourable sense of shame, modesty, decency

puella, -ae *fem* girl

puer, puerī *masc* boy

pugiō, -ōnis *masc* dagger

pugna, -ae *fem* battle, fight

pugnō, -āre, -āvī, -ātum *vt* fight

pugnus, -ī *masc* fist

pulcher, pulchra, pulchrum *adj* beautiful, handsome

pullus, -ī *masc* chicken; chick, young animal

pulsō, -āre, -āvī, -ātum *vt* beat, hit

pulverulentus, -a, -um *adj* dusty

pulvis, pulveris *masc* dust

Pūnicus, -a, -um *adj* Punic, Phoenician, Carthaginian

pūniō, -īre, -īvī, -ītum *vt* punish

puppis, -is *fem* stern, rear part of a ship

purpura, -ae *fem* purple color, purple

purpureus, -a, -um *adj* purple

putō, -āre, -āvī, -ātum *vt* think, believe

Pygmaliōn, -ōnis *masc* Pygmalion, king of Tyre, brother of Dido and

murderer of Sychaeus

pyra, -ae *fem* funeral pyre

Q

quā *adv* by which route

quaerō, -rere, -sīvī, -sītum *vt* search for, seek; ask

quaesō, -ere *vt* beg, ask; **quaesō** please

quaestiō, -ōnis *fem* question, inquiry

quālis, -e *adj* what kind of? (question word); just like... (introduces a simile)

quam *adv* how; as, than; (with superlative) as... as possible, e.g. **quam celerrimē** as fast as possible

quamquam *conj* although

quandō *conj* when, since

quantus, -a, -um *adj* how great, how much; **tantum... quantum** as great/much/far... as

quārtus, -a, -um *num adj* fourth

quasi *adv* as if, as though

quassō, -āre, -āvī, -ātum *vt* shake repeatedly; batter

quater *adv* four times

quattuor *adj* four

-que *conj* and (attached to the end of first word of the new clause or group)

quercus, -ūs *fem* oak tree

querēla, -ae *fem* complaint

queror, -rī, -stus *v dep* complain, grumble

questus, -ūs *masc* complaint

quī, quae, quod *pron* who, which

quia *conj* because

quīcumque, quaecumque, quodcumque *pron* whoever, whatever

quīdam, quaedam, quoddam *pron* a certain

quidem *adv* indeed, certainly; **ne... quidem** not even

quiēs, -ētis *fem* rest, peace

quiēscō, -scere, -vī, -tum *vt* rest, keep quiet, be at peace

quiētus, -a, -um *adj*

tranquil, peaceful

quīn *adv* why not; **quīn etiam** in fact, moreover

quippe *adv* of course, obviously

quis, quid *pron* who? what? (after **sī, nisī, num, nē**) anyone, anything

quisque, quaeque, quodque *pron* each, every

quisquis, quaequae, quodquod or **quicquid/quidquid** *pron* whoever, whatever

quō *adv* where, to what place? (also masculine/neuter ablative singular of **quī, quae, quod**); (with comparatives) so that, e.g. **quō magis** so that... more; **quō... eō** (with comparatives) the more... the more

quōcumque *see* **quīcumque**

quod *conj* because; which (neuter of **quī, quae, quod**)

quōmodo *adv* how, in what way

quondam *adv* formerly, once

quoniam *conj* because, since, seeing that

quoque *adv* also (placed after the word it emphasises)

quot *adj* (indeclinable) as many; **tot... quot** as many... as

quotiēns *adv* as often as

R

radius, -ī *masc* ray

rādīx, rādīcis *fem* root

raeda, -ae *fem* wagon; car (Neo-Latin)

rāmus, -ī *masc* branch

rapidus, -a, -um *adj* rapid, swift

rapiō, rapere, rapuī, raptum *vt* snatch, seize, carry off; abduct (with intention of forced marriage/sexual relations)

rārō *adv* rarely

rārus, -a, -um *adj* thin; **rēte rārum** wide-meshed net

ratiō, -ōnis *fem* method, plan

ratis, -is *fem* boat

recēdō, -ēdere, -essī, -essum *vt* withdraw, retreat, slip away

recidīvus, -a, -um *adj* restored, rebuilt

recingō, -ingere, -īnctum *vt* ungird, unfasten, undo

recipiō, -ipere, -ēpī, -eptum *vt* receive, accept; **poenās recipere** punish, get compensation

reclūdō, -dere, -sī, -sum *vt* open up, reveal, unsheathe

rēctē *adv* rightly, correctly

recurrō, -rrere, -rrī, -rsum *vt* run back

recursō, -āre, -āvī, -ātum *vt* run back, keep recurring

reddō, -ere, -idī, -itum *vt* return, give back

redeō, -īre, -iī, -itum *vt* go back, return

redūcō, -ūcere, -ūxī, -uctum *vt* bring back

refellō, -ere, -ī *vt* refute, rebut

referō, -ferre, -ttulī, -lātum *vt* bring back; recall; reply

refūtō, -āre, -āvī, -ātum *vt* refute

rēgīna, -ae *fem* queen

regiō, -ōnis *fem* region

rēgius, -a, -um *adj* royal, regal

rēgnātor, -ōris *masc* king, ruler

rēgnum, -ī *neut* kingdom; kingship

regō, regere, rēxī, rēctum *vt* rule, reign

reiciō, -icere, -jēcī, -jectum *vt* throw back; reject, scorn

religiō, -ōnis *fem* worship, religion

relinquō, -inquere, -īquī, -ictum *vt* leave behind, abandon

reliquiae, -ārum *fem* remains, relics

reliquum, -ī *neut* thing left behind, remnant

reliquus, -a, -um *adj* remaining, left behind

rēmex, rēmigis *masc* oarsman, rower

rēmigō, -āre, -āvī, -ātum *vi* row, use oars

remittō, -ittere, -īsī, -issum *vt* send back, repay

removeō, -ovēre, -ōvī, -ōtum *vt*

315

remove, move away

rēmus, -ī *masc* oar

renovō, -āre, -āvī, -ātum *vt*
renew, restore

reor, rērī, ratus *v dep* think,
believe, reckon

repellō, -pellere, -ppulī, -pulsum
vt drive away, push back

reperiō, -perīre, -pperī, -pertum
vt discover, learn

repleō, -ēre, -ēvī, -ētum *vt* fill
again; fill

repōnō, -pōnere, -posuī, -positum
vt lay down, put back (in its
former place)

reppulit *see* **repellō**

**reprehendō, -endere, -endī,
-ēnsum** *vt* blame, rebuke

reprehēnsiō, -ōnis *fem*
blame, rebuke

requiēs, -ētis *fem* rest, respite,
intermission

rēs, reī *fem* thing, matter; deed

reservō, -āre, -āvī, -ātum *vt*
reserve, hold back

resignō, -āre, -āvī, -ātum *vt*
unseal, open

resistō, -istere, -titī *vt* resist (+ dat.)

resolvō, -vere, -vī, -ūtum *vt* loosen,
release; break (a law)

resonō, -āre, -āvī, -ātum *vt* resound

respiciō, -icere, -exī, -ectum *vt*
look back at; consider; care for,
provide for

**respondeō, -ondēre, -ondī,
-ōnsum** *vt* answer

restō, -āre, -itī *vt* be left, remain

resurgō, -rgere, -rrēxī, -rrēctum
vt rise again

rēte, rētis *neut* net

retegō, -egere, -ēxī, -ectum
vt uncover

retināculum, -ī *neut* rope

retrō *adv* backwards

revellō, -ellere, -ellī, -ulsum *vt* tear
away; violate, disturb

reveniō, -enīre, -ēnī, -entum *vt*
come back, return

revinciō, -incīre, -īnxī, -īnctum *vt*
bind fast, fasten

revīsō, -ere *vt* revisit, go back and see

revocō, -āre, -āvī, -ātum
vt call back

revolvō, -vere, -vī, -ūtum
vt roll back

rēx, rēgis *masc* king

rīdeō, -ēre, -rīsī, -rīsum *vt* smile;
laugh at, mock (+ dat.)

rigeō, -ēre *vt* be stiff, stand on end

rīte *adv* in a proper manner,
according to religious observance

rītus, -ūs *masc* rite, ceremony

rōbur, rōboris *neut* oak wood;
strength, firmness

rogō, -āre, -āvī, -ātum *vt* ask

rogus, -ī *masc* funeral pyre

Rōma, -ae *fem* Rome

Rōmānus, -a, -um *adj* Roman

rōscidus, -a, -um *adj* dewy,
wet with dew

rota, -ae *fem* wheel

ruber, rubra, rubrum *adj* red

ruīna, -ae *fem* fall; ruin, destruction

rūmor, -ōris *masc* hearsay,
rumour, gossip

rumpō, rumpere, rūpī, ruptum *vt*
break; destroy

ruō, -ere, -ī, -tum *vt* rush, run

rūrsus *adv* again

rūs, rūris *neut* the country (as
opposed to the city); lands

S

sacer, sacra, sacrum *adj*
sacred, holy

sacerdōs, -ōtis *masc/fem*
priest, priestess

sacra, -ōrum *neut* religious rites

sacrificium, -ī *neut* sacrifice

sacrificō, -āre, -āvī, -ātum
vt sacrifice

sacrō, -āre, -āvī, -ātum *vt*
consecrate, dedicate, devote

saepe *adv* often

saeviō, -īre, -īvī, -ītum *vi* rage,
be ferocious

saevus, -a, -um *adj* savage,

cruel, harsh

sagitta, -ae *fem* arrow

sāl, salis *masc* salt

saliō, -īre, -uī, -tum *vt* jump

salīva, -ae *fem* spittle, saliva

saltem *adv* at least

saltō, -āre, -āvī, -ātum *vt* dance

saltus, -ūs *masc* forest pasture, glade

sānctus, -a, -um *adj* divine,
   holy; Saint

sanguineus, -a, -um *adj* bloody;
   blood-shot

sanguis, sanguinis *masc* blood;
   bloodline, lineage

sānus, -a, -um *adj* sane, of
   sound mind

Sāturnius, -a, -um *adj*
   child of Saturn

Sāturnus, -ī *masc* Saturn, Titan
   father of the Olympian gods
   (including Jupiter and Juno)

satus, -a, -um *adj* sprung
   (from), born of

saucius, -a, -um *adj* wounded

saxum, -ī *neut* rock, stone

scaena, -ae *fem* theatre stage

scelestus, -a, -um *adj* wicked,
   villainous

scelus, sceleris *neut* crime, evil deed

scēptrum, -ī *neut* scepter

scīlicet *adv* certainly, of course

scindō, -ndere, -dī, -ssum *vt*
   tear, rend

sciō, -īre, scīvī, scītum *vt* know,
   understand

scopulus, -ī *masc* crag, projecting
   rock formation, rock ledge
   in the sea

scrībō, -bere, -psī, -ptum *vt*
   write; compose

sē, (gen.) **suī,** (dat.) **sibi,** (abl.)
   sē *pron* himself, herself, itself
   (reflexive) (alternate form **sēsē**)

secō, -āre, -āvī, -ātum *vt* cut, slice

sēcrētus, -a, -um *adj* separate,
   private, secret

secundus, -a, -um *adj* second;

favorable, fortunate, propitious

secus *adv* otherwise, differently

sed *conj* but

sedeō, -ēre, sēdī, sessum *vt* sit,
   remain, be settled

sēdēs, sēdis *fem* seat;
   home, residence

sēdūcō, -ūcere, -ūxī, -uctum *vt*
   lead away, remove

sēgnis, -e *adj* slow, sluggish

sella, -ae *fem* seat, chair

sēmianimis, -e *adj* half-alive

sēmita, -ae *fem* path, footpath

sēmivir, sēmivirī *adj*
   effeminate, unmanly

semper *adv* always

senectūs, senectūtis *fem* old age

senex, senis *masc* old man

sēnsus, -ūs *masc* feeling, sense

sententia, -ae *fem* opinion, thought

sentiō, -īre, sēnsī, sēnsum *vt* feel,
   perceive; realise

sepeliō, -elīre, -elīvī, -ultum *vt*
   bury, inter

septentriō, -ōnis *masc* north

sepulchrum, -ī *neut* grave, tomb

sequor, -quī, -cūtus *v dep* follow

serēnō, -āre, -āvī, -ātum *vt* make
   clear, make calm

serēnus, -a, -um *adj* clear;
   tranquil, peaceful

Serestus, -ī *masc* Serestus, a Trojan

Sergestus, -ī *masc* Sergestus,
   a steersman among the
   followers of Aeneas

sermō, -ōnis *masc* speech,
   conversation; rumour

sērō *adv* late

serpēns, -entis *masc/fem*
   serpent, snake

sertum, -ī *neut* garland, wreath

serva, -ae *fem* female slave

serviō, -īre, -īvī, -ītum *vt* serve, be a
   slave to (+ dat.)

servō, -āre, -āvī, -ātum *vt* save,
   keep, preserve

servus, -ī *masc* male slave

seu *conj* or if; **sīve… seu** whether… or

sī *conj* if; **sī quis** if anyone; **sī quid**

if anything

sīc *adv* thus, so, in such a way

siccō, -āre, -āvī, -ātum *vt* dry

Sicilia, -ae *fem* Sicily

sīcut *adv* just as, just like

Sīdōnius, -a, -um *adj* belonging to Sidon, an ancient Phoenician city; Phoenician

sīdus, sīderis *neut* star, constellation; season

significō, -āre, -āvī, -ātum *vt* signify; mean

signum, -ī *neut* sign; signal; symbol

silēns, silentis *adj* silent, still

sileō, -ēre, -uī *vt* be silent

silva, -ae *fem* wood, forest

similis, -e *adj* like, similar, resembling

simul *adv* at same time, at once; **simul ac/atque** as soon as

simulatque *adv* as soon as, the moment that

simulō, -āre, -āvī, -ātum *vt* imitate, pretend; **simulāre X** pretend something is X when it is not X

sine *prep* without (+ abl.)

sinō, -ere, sīvī, situm *vt* allow, permit

sinus, -ūs *masc* fold; bosom, lap

sistō, -ere, stitī, statum *vt* stop; set up, bring someone

sītis, -is *fem* thirst

situs, -a, -um *adj* positioned, situated

sīve *conj* or if; **sīve... seu** whether... or

societās, -ātis *fem* alliance

sociō, -āre, -āvī, -ātum *vt* unite, join

socius, -ī *masc* associate, companion, ally

sōl, sōlis *masc* sun

soleō, -ēre, solitus *v semidep* be accustomed to

sollicitō, -āre, -āvī, -ātum *vt* disturb, worry

sollicitūdō, -inis *fem* anxiety, concern

sollicitus, -a, -um *adj* concerned, worried

sōlor, -ārī, -ātus *v dep*

console, comfort

sōlum *adv* only, just

sōlum, -ī *neut* the ground

sōlus, -a, -um *adj* only; alone

solvō, -vere, -vī, -ūtum *vt* loosen, release, untie; **vēla solvere** spread sails

somnium, -ī *neut* dream, vision

somnus, -ī *masc* sleep

sonipēs, sonipedis *masc* horse (with loud feet)

sonō, -āre, -āvī, -ātum *vt* make a noise, sound

sonus, -ī *masc* noise, sound

sopor, -ōris *masc* deep sleep

sopōrifer, sopōrifera, sopōriferum *adj* sleep-inducing

soror, -ōris *fem* sister

sors, sortis *fem* lot, fate

spargō, -gere, -sī, -sum *vt* sprinkle, scatter

Sparta, -ae *fem* Sparta, home city of Menelaus and Helen

spatior, -ārī, -ātus *v dep* walk, take a walk

spatium, -ī *neut* space, interval

speciēs, -ēī *fem* appearance

spectō, -āre, -āvī, -ātum *vt* watch, look at

specula, -ae *fem* lookout, watch tower

spēlunca, -ae *fem* cave

spernō, -ernere, -rēvī, -rētum *vt* scorn, despise, spurn

spērō, -āre, -āvī, -ātum *vt* hope for; foresee, predict

spēs, speī *fem* hope

spīna, -ae *fem* thorn; thorn-bush

spīritus, -ūs *masc* breath, soul

spīrō, -āre, -āvī, -ātum *vt* breathe; move as if still alive

splendeō, -ēre, -uī *vi* shine, gleam, be radiant

splendidus, -a, -um *adj* splendid, glittering

spolium, -ī *neut* spoils, plunder

sponte *adv* of one's own will, voluntarily

spūma, -ae *fem* foam, froth

spūmō, -āre, -āvī, -ātum *vt* foam,

froth (at the mouth)

stabilis, -e *adj* stable, steadfast

statim *adv* at once, immediately

statua, -ae *fem* statue

statuō, -uere, -uī, -ūtum *vt* set up, establish, build

stēlla, -ae *fem* star

stēllātus, -a, -um *adj* starry; dotted with stars or jewels

stetit *see* **stō**

stimulō, -āre, -āvī, -ātum *vt* incite, rouse to frenzy

stīpes, stīpitis *masc* trunk (of a tree)

stīpō, -āre, -āvī, -ātum *vt* crowd, press together, throng

stirps, stirpis *fem* stock, race, lineage

stō, stāre, stetī, statum *vt* stand

strātum, -ī *neut* bed-covering; blanket, pillow

strēnuus, -a, -um *adj* active, vigorous, strenuous

strīdō, -ere, -ī *vi* make a shrill sound, shriek, hiss, creak

strīdor, -ōris *masc* high-pitched sound, creaking sound

stringō, -ingere, -īnxī, -īctum *vt* draw

struō, -uere, -ūxī, -ūctum *vt* build, construct; plan

studium, -ī *neut* eagerness, enthusiasm, zeal

stultus, -a, -um *adj* foolish, stupid

Stygius, -a, -um *adj* Stygian, of the river Styx

Styx, Stygis *fem* the Styx (a river in the underworld)

suādeō, -ēre, suāsī, suāsum *vt* urge; induce

suāvis, -e *adj* pleasant, sweet

sub *prep* under, beneath (+ acc. or abl.)

subitō *adv* suddenly

subitus, -a, -um *adj* sudden, unexpected

sublīmis, -e *adj* high, lifted up

subnectō, -ctere, -xuī, -xum *vt* fasten, attach

subolēs, subolis *fem* offspring

subrigō, -igere, -ēxī, -ectum *vt* lift; **aurēs subrigere** prick up one's ears

subter *adv* beneath, below

succēdō, -ēdere, -essī, -essum *vt* approach; enter

succumbō, -mbere, -buī, -bitum *vi* succumb, yield

sum, esse, fuī *vi* be (I am, he is, *etc.*); (future active infinitive **fore**, future active participle **futūrus**)

summittō, -ittere, -īsī, -issum *vt* put under; submit, yield

summus, -a, -um *adj* highest, greatest; the top of

sūmō, -ere, sūmpsī, sūmptum *vt* take up; begin

super *prep* over, above (+ acc. or abl.)

superbus, -a, -um *adj* arrogant, proud

superī, -ōrum *masc* the gods

superus, -a, -um *adj* above, higher

supīnus, -a, -um *adj* lying face upwards, turned palm upwards

supplex, supplicis *masc* suppliant, humble petitioner

supplicium, -ī *neut* punishment, suffering

suprā *prep* above, on top of (+ acc.)

surgō, -rgere, -rrēxī, -rrēctum *vt* rise up, get up

sūrsum *adv* upwards

suscipiō, -ipere, -ēpī, -eptum *vt* take up, support; receive

suspēnsus, -a, -um *adj* anxious, in suspenseful uncertainty

suspiciō, -icere, -exī, -ectum *vt* look from beneath; suspect, mistrust

suspicor, -ārī, -ātus *v dep* mistrust, suspect

sustineō, -inēre, -inuī, -entum *vt* support, hold up

suus, -a, -um *adj* one's own

Sȳchaeus, -ī *masc* Sychaeus, husband of Dido

Syrtis, -is *fem* the Syrtes, dangerous sandbanks in the gulf of Sidra, North Africa

319

T

taceō, -ēre, -uī, -itum *vt* be silent

tacitus, -a, -um *adj* silent

taeda, -ae *fem* pine torch

taedet, -dēre, -duit, -sum *v impers* be weary of, be tired of (+ gen. or + acc. & inf.); mē taedet I am weary of

tālāria, -um *neut* Mercury's winged sandals

tālis, -e *adj* such, of such kind

tam *adv* so, so much

tamen *adv* but, however; nevertheless

tandem *adv* finally, at last

tangō, -ere, tetigī, tāctum *vt* touch; arrive at

tantum *adv* so much, so far; tantum... quantum as great/ much/far... as; sī tantum if only

tantus, -a, -um *adj* so big, so great, so much

Tartara, -ōrum *neut* Tartarus, the deepest part of the underworld

Tartarus, -ī *masc* Tartarus, the deepest part of the underworld

taurus, -ī *masc* bull

tēctum, -ī *neut* roof; house, building

tegō, -ere, tēxī, tēctum *vt* cover

tegumentum, -ī *neut* covering

tēla, -ae *fem* warp (stationary threads that run lengthwise in the loom)

tellūs, tellūris *fem* earth, ground; Tellūs Tellus, a goddess of the Earth

tēlum, -ī *neut* ranged weapon, spear, arrow

tempestās, -ātis *fem* storm

templum, -ī *neut* temple

temptō, -āre, -āvī, -ātum *vt* try, make an attempt on

tempus, temporis *neut* time; season

tenāx, tenācis *adj* holding fast, clinging; wanting to hold onto

tendō, -ere, tetendī, tentum *vt* stretch out, extend

teneō, -ēre, -uī, tentum *vt* hold; keep back

tenuis, -e *adj* thin, fine

ter *adv* three times

tergeminus, -a, -um *adj* threefold, triple

terminus, -ī *masc* boundary, limit, end

terō, -ere, trīvī, trītum *vt* rub, wear out; tempus terere waste time

terra, -ae *fem* earth, land

terreō, -ēre, -uī, -itum *vt* frighten, scare, terrify

terribilis, -e *adj* terrible

terrificō, -āre, -āvī, -ātum *vt* terrify

terrificus, -a, -um *adj* terrifying

territō, -āre, -āvī, -ātum *vt* frighten, alarm, keep terrifying

terror, -ōris *masc* terror, panic

tertius, -a, -um *num adj* third

testis, testis *masc/fem* witness

testor, -ārī, -ātus *v dep* bear witness; swear, testify

Teucer, Teucrī *masc* Teucer, a king of Troy and ancestor of the Trojans

Teucrus, -a, -um *adj* belonging to Teucer, Trojan

texō, -ere, -uī, -tum *vt* weave

textum, -ī *neut* cloth

thalamus, -ī *masc* bedroom; bed

theātrum, -ī *neut* theater

Thēbae, -ārum *fem* Thebes, ancient Greek city in Boeotia

Thȳias, Thȳiadis *fem* female worshiper of Bacchus, Bacchante

tigris, -is *masc/fem* tiger

timeō, -ēre, -uī *vt* fear, be afraid

timidus, -a, -um *adj* fearful, cowardly

timor, -ōris *masc* fear

Tītān, Tītānis *masc* a Titan, a member of a family of giants who ruled until the rise of the Olympian gods; Titan, another name for Sol, the sun-god

Tīthōnus, -ī *masc* Tithonus, a Trojan, son of Laomedon, consort of the goddess Aurora

Titus, -ī *masc* Titus (a common first name)

tollō, -ere, sustulī, sublātum *vt* lift, raise; take away

tonitrus, -ūs *masc* thunder

tonō, -āre, -āvī, -ātum *vt* thunder, sound like thunder

torqueō, -ēre, torsī, tortum *vt* turn, twist; hurl

torus, -ī *masc* cushion; bed, couch

tot *adj* (indeclinable) so many; **tot... quot** as many... as

totiens *adv* so often

tōtus, -a, -um *adj* whole, all

trabs, trabis *fem* beam; ship

tractābilis, -e *adj* manageable, tractable, easy to deal with

trādō, -ere, -idī, -itum *vt* hand over, surrender

tragoedia, -ae *fem* tragedy

trahō, -ahere, -āxī, -actum *vt* drag, haul

trānō, -āre, -āvī, -ātum *vt* swim across; fly through

trāns *prep* across (+ acc.)

trānseō, -īre, -iī, -itum *vt* go across

trānsfīgō, -īgere, -īxī, -īxum *vt* transfix, pierce through

trānsmittō, -ittere, -īsī, -issum *vt* send across; go across

trānstrum, -ī *neut* rowing bench

trecentī, trecentae, trecenta *num adj* three hundred

tremō, -ere, -uī *vt* tremble, shake

trepidō, -āre, -āvī, -ātum *vt* hurry with alarm, scurry about

trepidus, -a, -um *adj* alarmed, frightened

trēs, trēs, tria *adj* three

trietēricus, -a, -um *adj* recurring every three years (counting inclusively), *i.e.* every second year (not counting inclusively)

triplex, triplicis *adj* threefold, triple

trīstis, -e *adj* sad

trīstitia, -ae *fem* sadness

triumphō, -āre, -āvī, -ātum *vt* celebrate a triumph

triumphus, -ī *masc* triumph, victory parade

trivium, -ī *neut* crossroads, where three roads meet

Troja, -ae *fem* Troy, city in Asia Minor

Trojānus, -a, -um *adj* Trojan

trūdō, -dere, -sī, -sum *vt* thrust, push, shove

truncus, -ī *masc* trunk (of a tree)

tū, (acc.) **tē,** (gen.) **tuī,** (dat.) **tibi,** (abl.) **tē** *pron* you

tueor, -ērī, tūtus *v dep* watch, see, look at

tulissem *see* **ferō**

tulit *see* **ferō**

tum *adv* then; at that time

tunc *adv* then, at that time

tundō, -ere, tutudī, tūnsum *vt* beat, strike, buffet

turba, -ae *fem* crowd

turbidus, -a, -um *adj* stormy; stirred up, troubled

turbō, -āre, -āvī, -ātum *vt* disturb, agitate, throw into confusion

tūricremus, -a, -um *adj* incense-burning

turpis, -e *adj* ugly; disgraceful, shameful

turris, -is *fem* tower

tūs, tūris *neut* frankincense

tūtus, -a, -um *adj* safe

tuus, -a, -um *adj* your

tyrannus, -ī *masc* tyrant; absolute ruler

Tyrius, -a, -um *adj* Tyrian, Phoenician, Carthaginian

Tyros, Tyrī *fem* Tyre, ancient city of Phoenicia and homeland of Dido, known for Tyrian purple dye

U

ūber, -is *neut* breast, teat

ubi *adv* where; when

ubīque *adv* everywhere

ulcīscor, -ī, ultus *v dep* avenge; punish

ūllus, -a, -um *adj* any

ultimus, -a, -um *adj* last

ultor, -ōris *masc* avenger

ultrīx, ultrīcis *fem* female avenger

ultrō *adv* spontaneously, without being asked

ululātus, -ūs *masc* howling, wailing

ululō, -āre, -āvī, -ātum *vt* howl, yell; proclaim with howling

umbra, -ae *fem* shade, shadow; poetic word for ghost

ūmēns, ūmentis *adj* moist, dewy

umerus, -ī *masc* shoulder

ūmidus, -a, -um *adj* damp, moist

umquam *adv* ever, at any time

ūnā *adv* together with

ūnanimus, -a, -um *adj* of the same mind, sharing a single purpose

unda, -ae *fem* wave

unde *adv* from where

undique *adv* from every side

undōsus, -a, -um *adj* full of waves, heaving

unguis, -is *masc* fingernail

unguō, -ere, ūnxī, ūnctum *vt* smear with oil, tar

ūnicus, -a, -um *adj* one and only

ūnus, -a, -um *num adj* one

urbs, urbis *fem* city

urgeō, -ēre, ursī *vt* urge, press on

ūrō, -ere, ussī, ustum *vt* burn

ūsus, -ūs *masc* use

ut *conj* to, in order to (+ subjunctive); that (+ subjunctive); as, when (+ indicative); **ut prīmum** as soon as

uterque, utraque, utrumque *adj* each, both

uterus, -ī *masc* womb

ūtilis, -e *adj* useful, helpful

utinam *adv* if only, I wish that

ūtor, ūtī, ūsus *v dep* use (+ abl.)

utrum *adv* whether

uxor, -ōris *fem* wife

uxōrius, -a, -um *adj* excessively fond of one's wife

V

vacca, -ae *fem* cow

vacuus, -a, -um *adj* empty; devoid of

vādō, -ere, vāsī *vt* go, hurry

vāgīna, -ae *fem* sheath, scabbard

vagor, -ārī, -ātus *v dep* wander, roam

valdē *adv* very, greatly

valeō, -ēre, -uī, -itum *vt* be strong, have the power to do something; **valē** goodbye

validus, -a, -um *adj* strong

vallēs, vallis *fem* valley

vānus, -a, -um *adj* empty, vain

varius, -a, -um *adj* different; various; changing; multi-colored

vātēs, vātis *masc* prophet, seer

-ve *conj* or (attached to the end of first word of the new clause or group)

vehementer *adv* vehemently, vigorously

vel *conj* or; **vel... vel** either... or

vellus, velleris *neut* fleece

vēlōx, vēlōcis *adj* swift, quick

vēlum, -ī *neut* sail

velut *adv* just as, as if

velutī *adv* just as, as if

vēna, -ae *fem* blood-vessel, vein

vēnābulum, -ī *neut* hunting-spear

vēnātor, -ōris *masc* hunter

vēnātōrius, -a, -um *adj* to do with hunting

vēnātus, -ūs *masc* hunting, hunt

vēnditor, -ōris *masc* seller

vēndō, -ere, -idī, -itum *vt* sell

venēnum, -ī *neut* poison; drug

venia, -ae *fem* favour; pardon, forgiveness; permission

veniō, -īre, vēnī, ventum *vt* come

vēnor, -ārī, -ātus *v dep* hunt

ventus, -ī *masc* wind

Venus, Veneris *fem* Venus, goddess of love, mother of Aeneas

vēr, vēris *neut* spring

verbum, -ī *neut* word

Vergilius, -ī *masc* Vergil, the Roman poet who wrote the Aeneid

vērō *adv* truly, indeed

verrō, -ere, verrī, versum *vt* sweep

versō, -āre, -āvī, -ātum *vt* keep turning, turn over and over

versus, -ūs *masc* line, verse

vertex, verticis *masc* crown of the head; peak of a mountain; pole of the sky

vertō, -ere, vertī, versum *vt*
turn; change

vērus, -a, -um *adj* true, real

Vesper, -is *masc* Vesper, the
evening star

vester, vestra, vestrum *adj* your

vestīgium, -ī *neut* footprint, trace

vestīmentum, -ī *neut* clothing

vestis, -is *fem* clothing

vetō, -āre, -āvī, -ātum *vt*
forbid, prohibit

vetus, veteris *adj* old

vexō, -āre, -āvī, -ātum *vt* trouble,
harass, torment **nōlī tē vexāre**
don't worry

via, -ae *fem* way, road

viātor, -ōris *masc* traveler

vicissim *adv* in turn, by turns

victor, -ōris *masc* victor, victorious

victōria, -ae *fem* victory

videō, -ēre, vīdī, vīsum *vt* see;
(passive) seem, appear

vigeō, -ēre *vt* thrive, flourish, bloom

vigil, vigilis *masc* watchman

vigilō, -āre, -āvī, -ātum *vt* remain
awake, stand watch, be vigilant

vincō, -ere, vīcī, victum *vt*
conquer, defeat

vinculum, -ī *neut* chain, bond
(alternate form **vinclum**)

vindicō, -āre, -āvī, -ātum *vt* claim,
vindicate; rescue

vīnum, -ī *neut* wine

violō, -āre, -āvī, -ātum *vt*
violate, dishonor

vir, virī *masc* man; husband; hero

vīrēs, -ium *fem* strength

virga, -ae *fem* rod, staff, wand

virgō, -inis *fem* young woman, virgin

viridis, -e *adj* green

virtūs, virtūtis *fem* courage,
character, virtue

vīs you want (2nd person
singular of **volō**)

vīs, (acc.) vim, (abl.) vī *fem* force;
odōra canum vis keen-scented
pack of hounds

vīsitō, -āre, -āvī, -ātum *vt* visit

vīsne do you want? (from
volō and **-ne**)

vīsus, -ūs *masc* sight, vision

vīta, -ae *fem* life

vitta, -ae *fem* sacred
headband, ribbon

vīvō, -ere, vīxī, vīctum *vt* be
alive, live

vīvus, -a, -um *adj* alive, living

vix *adv* scarcely, barely, with difficulty

vocābulum, -ī *neut* word

vocō, -āre, -āvī, -ātum *vt* call

volātilis, -e *adj* flying, winged, swift

volō, -āre, -āvī, -ātum *vt* fly

volō, velle, voluī *vt* wish, want,
be willing

volucris, -is *fem* bird

voluntās, -ātis *fem* will, desire

volūtō, -āre, -āvī, -ātum *vt* roll;
turn over in one's mind

volvō, -vere, -vī, -ūtum *vt* roll, turn

vōs, (acc.) vōs, (gen.) vestrum,
(dat.) **vōbīs,** (abl.) vōbīs *pron*
you (plural)

vōtum, -ī *neut* vow, pledge, prayer

vōx, vōcis *fem* voice; speech

vulnerō, -āre, -āvī, -ātum *vt*
wound, injure

vulnus, vulneris *neut* wound

vult he wants (3rd person
singular of **volō**)

vultus, -ūs *masc* face, expression

X

Xanthus, -ī *masc* Xanthus, a
river near Troy

Z

Zephyrus, -ī *masc* Zephyr, a gentle
west wind; breeze

About the author

Carla Hurt is a high school Latin teacher and YouTuber who has converted to input-based approaches. She runs **foundinantiquity.com**, a blog about classical languages. Her goal is to make engaging, learner-friendly content in Latin and Ancient Greek, so that the beauty and richness of ancient languages can be more accessible to people of all backgrounds, learning abilities, ages, and interests.

She is based in Melbourne, Australia where she lives with her husband, little son, and greyhound. She teaches Latin at Heathdale Christian College. An active member of the Classical Association of Victoria, she has given talks on Latin pedagogy from 2022-2024 at the annual Latin teacher conferences.

You might also like...

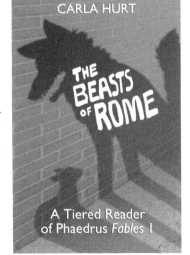

...a tiered reader of Phaedrus' Fables I! Who doesn't love a witty animal fable? But these are not just about animals—did you know that Phaedrus was an ex-slave of Augustus and fables were a way of writing subversive social commentary without getting in trouble for calling out corrupt individuals by name? *The Beasts of Rome: A Tiered Reader of Phaedrus Fables I* features 10,000 words of tiered poetry, including 32 fables and over 100 illustrations.

This book is fully drafted and in the editing phase, so check out **foundinantiquity.com/thebeastsofrome** and subscribe to my email newsletter with the QR code on the facing page for updates!

Coming up...

It's been just over a year since his father Anchises died. Aeneas has had a rough relationship and even worse breakup. But the promised land is in sight—he's reached Italy at last.

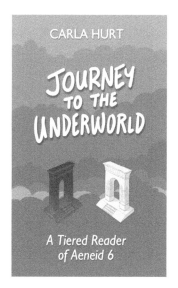

There is one grim task he must do before he ventures inland to establish his people in Italy. He must make the ultimate descent—the *Journey to the Underworld*. His dead father calls to him from the ghostly realms. Can he make it to hell and back alive? And what does his father so desperately want to show him there?

Journey to the Underworld: A Tiered Reader of Aeneid 6 is currently in the draft stage. Subscribe to my Latin email newsletter by visiting foundinantiquity.com/theloverscurse (or by scanning the QR code below) to never miss an update about upcoming projects!

Made in United States
Cleveland, OH
12 July 2025

18493608R00197